オーストラリア連邦の個別化才能教育

―― 米国および日本との比較 ――

本多泰洋 著

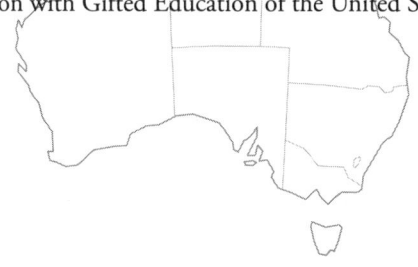

Differentiated Gifted and Talented Education in Australia
―In Comparison with Gifted Education of the United States and Japan

学文社

本書は，オーストラリア連邦の豪日交流基金サー・ニール・カリー出版助成プログラムの助成をいただいて出版致しました．

はじめに

　歴史のあるヨーロッパ諸国などでは，とくに公立の学校教育においては，才能教育（Gifted (and Talented) Education）は実践されていません．これらの国々では，古くからあるさまざまな教育の諸制度の中に，才能教育に代わる制度が存在するようにみえます．一方，アジア太平洋地域では，カナダ，米国，韓国，台湾，シンガポール，オーストラリア連邦（以下，オーストラリアと記述します）などの国々が，才能教育を実践しています．また，日本では変則的な「才能教育」が実施されています．とくに，公立の学校教育の中で，個性化教育の一環として教育機会の平等性を確保しながら，大学進学のための受験などと切り離して，系統的な才能教育を実践しているのが，カナダ，米国，オーストラリアです．いずれも，100年から250年前に英国から独立した，比較的国の歴史が新しい国々ばかりであるのは，偶然ではない気がします．

　世界中から移民を受け入れているオーストラリアや米国では，他の国と比較して同じクラスの子どもたちの間に，学習の習熟度，民族および母語，社会経済的な状況などの顕著な多様性が存在します．米国では1980年代頃から，このような状況のクラスの子どもたちを効率的に教育するために，個別化指導（Differentiation of Instruction）という教育方法がとられるようになりました．もともと個別化指導法は，特別支援教育の中で多様な状況の子どもたちを指導する方法として用いられてきた教育方法ですが，これが才能教育の実践にも取り入れられ，さらに一般の教育実践でも用いられるようになったのです．米国やオーストラリアにおける，近年の個別化教育の理論の発展と教育実践の進展に

は，目を見張るものがあります．才能教育の実践報告の例として，アンカリング（係留活動），チックタックトー，ブルーム分類法，センター，学習ステーション，階層別学習指導などの教育方法による実践についても触れたかったのですが，あまりにも紙数が増えすぎるので断念せざるを得ませんでした．いずれにしても，両国とも民族的な多様性を指向し，国の基本的な教育方針として教育の多様性を追求し，個人のもてる能力を最大限に伸ばそうと考える個性化教育を指向するなどの共通点が多いと考えます．

米国で才能教育が通常の公立の学校教育の中に取り入れられるようになった1972年以来，すでに35年以上の年月が経ちます．しかし，オーストラリア全土で才能教育が実施されるようになったのは，連邦議会の上院が，上院才能児教育特別委員会報告（The Report of the Senate Selected Committee on Education of Gifted and Talented Children）を発表した1988年以降のことです．約2年半の月日をかけて作成されたこの文書は，それまでのオーストラリア国内でのさまざまな才能教育の試みを調査して総括するとともに，今後のオーストラリアでの系統的な才能教育の振興と改善をめざして，連邦政府に8項目の勧告を行っています．その勧告に沿って1991年に州内でもっとも早く新しい形の才能教育を開始したのは，ニューサウスウエールズ州で，すでに17年以上の歴史があります．2000年になってもっとも遅く才能教育を開始したのはタスマニア州で，わずか8年の歴史でしかありません．このように，いわばオーストラリア連邦の才能教育は，立ち上がったばかりであり，創生期によくある担当者の苦労も垣間みられます．

本書は，才能教育の理論的研究を目的としたものではなく，オーストラリアにおける才能教育の実践の最近の知見についてまとめたものです．また，第1に才能教育とはどのようなものかを理解していただくこと，第2にオーストラリアにおける才能教育の教育実践について理解していただくこと，そして，第3に才能教育先進国ともいえる米国の才能教育の実践とオーストラリアの才能教育の実践の比較，そして本文で詳述するように，変則的な「才能教育」が実

施されている日本の教育実践との比較です．また，早くから系統的に才能教育に取り組んできた米国の教育実践と比較することで，現在のオーストラリアの才能教育の占める位置が，より鮮明にみえてくるものと考えます．

　オーストラリア各州・地域（テリトリー）の学校教育制度や，才能教育の実践方針や制度などは，州や地域によってそれぞれ異なります．このような多様性があるため，まずオーストラリアにおける各州の学校教育制度などを概観し，その後に才能教育の実践過程について記述するという構成にしました．一方，50州からなる同じ連邦国家の米国では，州ごとに，あるいは同じ州内でも郡（County）が異なれば教育制度なども異なるため，才能教育の制度や教育方法も異なります．このため両国の才能教育を国や州のレベルで単純に比較することはできません．そこで両国の才能教育の実践の比較は，適宜それぞれの項目について行うようにしました．

　オーストラリアは，北から，また東から順に，クイーンズランド州（Qld），ニューサウスウエールズ州（NSW），オーストラリア首都テリトリー（ACT），ヴィクトリア州（Vic），タスマニア州（Tas），ノーザンテリトリー（NT），南オーストラリア州（SA），西オーストラリア州（WA）の6州2地域から構成される連邦国家です．教育制度などは，各州・地域で大きく異なりますが，近年になって同じ州内でのそれらの相違は小さくなりました．なお，ここに記したオーストラリア国内で頻繁に使用される各州・地域の名称の省略形を，本文中でも使用することがあります．

　オーストラリアの連邦政府および各州・地域政府の教育を統括する省庁の名称は，省庁の統廃合や政権が代わると変更されることが多く，資料に目を通していると，時に連邦政府なのか，あるいはある州の教育省なのか混乱をきたすことがあります．たとえば，ニュー・サウス・ウエールズ州，オーストラリア首都特別地域，西オーストラリア州の教育を統括する省庁の名称は同じです．記述に正確さを期するとかえって読者の方々が混乱すると思われますので，本文中では資料を引用する場合や，とくに問題がある場合を除き，単に連邦教育

省，○○州教育省などと記述しました．米国についても同様です．参考までに，オーストラリアの連邦政府と各州・地域政府の教育を統括する省庁の現在の名称と，ここ10年以内の直近の変更前の名称とを，現地で使用されている略称（カッコ内）とともに以下に列挙しました．

- オーストラリア連邦政府

    現：Department of Education, Employment and Workplace Relations (DEEWR)

    旧：Department of Education, Science and Training (DEST)

- クイーンズランド州

    現：Department of Education, Training and the Arts (DETA)

    旧：Department of Education and Manpower (DEM)

- ニュー・サウス・ウエールズ州

    現：Department of Education and Training (DET)

    旧：Department of School Education (DSE)

- オーストラリア首都特別地域

    現：Department of Education and Training (DET)

    旧：Department of Employment, Education, Training and Youth Affairs (DEETY)

    旧：Department of Education and Community Services (DECS)

- ヴィクトリア州

    現：Department of Education and Early Childhood Development (DEECD)

    旧：Department of Education (DE)

- タスマニア州

    現：Department of Education (DE)

    旧：Department of Education, Community and Cultural Development (DECCD)

- ノーザンテリトリー

現：Department of Employment, Education and Training（DEET）

　旧：Department of Education（DE）

● 南オーストラリア州

　現：Department of Education and Children's Services（DECS）

　旧：Department of Education, Training and Employment（DETE）

● 西オーストラリア州

　現：Department of Education and Training（DET）

　旧：Education Department（ED）

　また，資料にあたっていて，日本にはこのような制度がないのでとまどうことも多いのが，一つの省に複数の大臣ポストがあることです．関連事項については連名で，あるいはそれぞれ別々に文書が出されることもあります．たとえば，連邦政府の旧 DEST には，教育科学訓練大臣（Minister for Education, Science and Training）と職業・生涯教育大臣（Minister for Vocational and Further Education）の2つの大臣ポストがありました．現 DEEWR には，教育大臣（Minister for Education），雇用・職場関係大臣（Minister for Employment and Workplace Relations），社会一体化大臣（Minister for Social Inclusion），雇用調整大臣（Minister for Employment Participation），青少年大臣（Minister for Youth）の5つの大臣ポストがあり，最初の3大臣ポストは，首相代理も務める政治家が兼任しています（Philip Michael Jeffery, Governor-General, Administrative Arrangements Order, December 7, 2007）．

　記述や説明の根拠となった資料や論文については，各章の終わりや書籍の巻末にまとめて記述するのが一般的にとられる体裁ですが，本書ではあえてそれぞれの項目に対応する資料や論文，引用文献などは，本文中のその項目の記述や説明文あるいは節の最後に，カッコ書きとしてその都度記入しました．これは筆者の経験から，資料や論文を確かめるために，いちいちページをめくって章末や巻末を参照するわずらわしさを避けたいという思いからです．また，本書の執筆にあたり，可能な限り原著論文や資料にあたって内容の正確さを期し

ましたが，誤りなどがある場合には，ひとえに筆者の誤解やつたない英語力が原因によるものです．

　前にも述べたように，日本では，通常の公立の学校教育の中で才能教育は行われていません．しかし，今後少子化がますます進行すれば，とくに東京や大阪の大都市圏にある私立の小・中・高等学校では，独自色を打ち出さざるを得なくなり，21世紀半ばの将来には，才能教育を導入しようとする動きもあるのではないかと予想されます．そのような時に，才能教育の教育実践についての本書が，大いに参考になればと期待しています．

　一昨年2006年は，1976年6月6日に日豪友好協力基本条約が調印されてから30年になるのを記念した日豪交流年でした．また，昨年2007年は日米豪の緊密な協力関係が宣言された年で，とくに今後，日豪のさらなる関係強化が図られる出発点となった年でした．このような時期に，本書が，日本におけるオーストラリア連邦の理解をさらに促進するために，少しでも役立つならば，筆者の大きな喜びです．

2008年4月

本多　泰洋

目 次

はじめに ………………………………………………………………… i

chapter 1　オーストラリアの概要 ……………………………………1

chapter 2　才能教育 ……………………………………………………8
　(1) 才能児の探索・発見　10
　(2) 才能児の認定　16
　　　1) チェックリストと面接調査用シート　16
　　　2) 基準尺度測定シート　27
　　　3) 判定用テスト　30
　　　　A．知的能力の判定に用いられるテスト　30
　　　　B．標準テスト　33
　　　　C．米国大学入学標準試験と大学入学標準学力試験　35
　(3) 才能児の評価　38
　(4) 才能教育の教育方法　38
　　　1) 拡充教育　39
　　　　A．自己学習　40
　　　　B．共同学習　41
　　　　C．メンターシップ教育　43
　　　　D．課外学習教育　46
　　　　E．名誉プログラムとAPプログラム　49
　　　2) 促進教育　51
　　　　A．学校教育の短縮　52
　　　　B．学習時間の短縮　71
　　　3) 教育施設　72
　(5) カウンセリング　73

（6）連絡・調整　74

chapter 3　教育法制度と教育制度 ……………………………… 75
　（1）各国の憲法と法律および教育制度の特徴　75
　　　1）日本の教育の概要　75
　　　2）オーストラリアの教育の概要　78
　　　3）米国の教育の概要　83
　（2）オーストラリアの教育の歩み　88
　（3）オーストラリア各州・地域の教育の概要　94

chapter 4　才能教育の法制度と才能教育の動向 ………………… 102
　（1）日本の才能教育関係法制度と「才能教育」　102
　（2）米国の才能教育関係法制度と才能教育　106
　（3）オーストラリアの才能教育への関心　113
　（4）オーストラリア各州・地域の才能教育の動向　125
　　　1）クイーンズランド州　126
　　　2）ニューサウスウエールズ州　133
　　　3）オーストラリア首都テリトリー　135
　　　4）ヴィクトリア州　141
　　　5）タスマニア州　147
　　　6）ノーザンテリトリー　153
　　　7）南オーストラリア州　154
　　　8）西オーストラリア州　158

chapter 5　才能児の認定と才能教育の実践事例 ………………… 162
　（1）才能児の認定理論　162
　　　1）レンズーリの才能児認定理論　162
　　　2）ガニエの才能児の個別化モデル　163
　（2）オーストラリア・ニューサウスウエールズ州の才能児の認定と才能教育　167
　　　1）学校教育制度　167
　　　2）才能教育　168

3）オポチュニティ学級　172
　　4）選抜ハイスクール　177
　　5）シドニー女子ハイスクールの才能教育　180
（3）米国メリーランド州モンゴメリー郡の才能児の認定と才能教育　186
　　1）学校教育制度　186
　　2）才能教育　187
　　3）大規模審査による才能児の探索と発見　190
　　4）小学校の才能教育プログラム　194
　　5）小学校のきわめて高い能力の才能児の認定と才能教育プログラム　196
　　6）中学校のきわめて高い能力の才能児の認定と才能教育プログラム　198
　　7）ハイスクールのきわめて高い能力の才能児のための才能教育プログラム　202

chapter 6　才能教育を担う教師　……………………………………210
（1）才能教育教師の資質と役割　211
（2）オーストラリアの才能教育を担う教師の養成　213
（3）米国の才能教育を担う教師の養成　220

chapter 7　教育予算　……………………………………………………229

おわりに……………………………………………………………………… 233
参考図書……………………………………………………………………… 239
索　　引……………………………………………………………………… 243

図表一覧

表1－1　日本・オーストラリア・米国・英国の国勢比較　3
表1－2　オーストラリア各州・地域の面積・人口・首都・首都人口・時差　6
表1－3　日本・オーストラリア・米国の立法府　7
表3－1　2003年および2006年の経済協力開発機構（OECD）の15歳生徒の学習到達度調査（PISA）の数学的リテラシーと科学的リテラシーの結果　93
表3－2　2003年国際教育到達度評価学会（IEA）の国際数学・理科教育動向調査（TIMSS）結果　94
表3－3　オーストラリア各州・地域の初等中等教育期間と義務教育期間　95
表3－4　オーストラリア各州・地域の主な初等中等学校の種類と名称　96
表3－5　日本の2006年度の学校数・在学者数・教員数・教員一人当たりの在学者数　99
表3－6　米国の2006年度の学校数・在学者数・教員数・教員一人当たりの在学者数　100
表3－7　2005年度のオーストラリア各州・地域の学校数・在学者数・教員一人当たりの在学者数　101
図5－1　ガニエのギフテッドネスとタレントの個別化モデル　166
表5－1　米国メリーランド州およびモンゴメリー郡の学校教育　187
表5－2　2002年および2005年の米国メリーランド州モンゴメリー郡公立小学校2年生の大規模審査による民族別才能児の探索と認定　193
表5－3　米国メリーランド州モンゴメリー郡タコマパーク小学校マグネットプログラムの2006～2007学年度の児童数と割合　198
表5－4　モンゴメリー・ブレアー・ハイスクールの数学・コンピュータ科学の履修モデル　206
表5－5　モンゴメリー・ブレアー・ハイスクールの科学の履修モデル　207
表5－6　2005年度のメリーランド州モンゴメリー郡モンゴメリー・ブレアー・ハイスクールの読解標準テストの結果　208
表5－7　2005年度のメリーランド州モンゴメリー郡モンゴメリー・ブレアー・ハイスクールの算数・数学標準テストの結果　208
表5－8　2006年度の米国公立ハイスクール（HS）3年生のAPテストの結果　209

【 chapter 1 】

オーストラリアの概要

　オーストラリアの国名は，「南の地」というラテン語 terra australis が由来といわれている．南半球に位置するオーストラリア大陸は，1642年にオランダのタスマンが発見後，西欧社会にその存在が知られるようになった．1770年に英国のジェームス・クックがオーストラリア東海岸の領有を宣言し，1788年1月25日にフィリップ英国海軍大佐が現在のシドニー湾付近に入植し，初代総督となった．1829年には英国議会ではじめてオーストラリアという名称が承認された．同年6月18日，英国は西オーストラリアの入植を宣言し，全オーストラリア大陸の領有宣言となった．その後1901年にオーストラリア連邦（Commonwealth of Australia）が結成され独立，英国の自治領の一員となった．

　オーストラリアは独立直後から，連邦移住制限法，帰化法，太平洋諸島労働者法などを成立させ，いわゆる白豪主義へと傾いて行った．1931年英国は，自治領に自主的立法権を与えるウエストミンスター憲章を制定し，オーストラリアは1942年，ウエストミンスター法を批准（Statute of Westminster Adoption Act 1942）し，英国議会から独立した立法機能を得た．1973年ウィットラム労働党政権は，移民法やオーストラリア市民憲法を改正し，さらに1975年人種差別禁止法を制定してアジアからの移民を積極的に受け入れ，国策として多文

化主義を掲げ，完全に白豪主義と決別した．1986 年 12 月 2 日には，英国議会のオーストラリアに関する立法権の放棄，英国の枢密院にオーストラリアの州高等裁判所が上訴する権利の廃止，英国王権を州総督が代行することを廃止するなどの内容が含まれるオーストラリア法（Australia Act 1986）が議会で可決され，翌 1986 年 3 月 3 日から施行され，法的に完全にオーストラリアの主権と英国からの独立を確立した．なお，大陸の発見から英国領となり，植民地からオーストラリア連邦となるまでの歴史や，日本や日本人とのかかわりを簡潔に記した遠藤雅子氏の好著がある（参考図書の項参照）．

オーストラリアは，南緯 10 度 41 分から 43 度 39 分，東経 113 度 9 分から 153 度 39 分に位置するオーストラリア大陸，および，信託統治領（External territories）のノーフォーク諸島，クリスマス諸島，ココス諸島などからなる．信託統治領を除く面積は約 769 万 km² で日本の約 20.4 倍，米国の約 0.84 倍（米国はオーストラリアの約 1.19 倍），英国（連合王国）の約 31.7 倍を占める一大陸一国家である．日本とオーストラリア連邦の首都キャンベラとは，わずか 1 時間の時差があるだけである．また，人口は日本の約 6 分の 1，米国の約 15 分の 1，英国の約 3 分の 1 である．この国の広さと人口の少なさが，国の教育制度に大きく反映している（表 1 − 1）．

地球の赤道付近は常に太陽の強い日差しにさらされているため，海水が水蒸気となって上昇気流に乗って雲を形成する．この雲が熱帯特有のスコールと呼ばれる激しい雨となって地上に大量の水を提供するため，熱帯雨林が発達する．ところが，雲を形成して水蒸気を失った上昇気流は上空で冷却されて，地表へと下降して来る．この乾いた空気が下降してくるのが北緯あるいは南緯 30 度付近で，この空気は再び赤道付近へともどる（この空気の循環はハドレー循環と呼ばれている）．このため赤道より北側では常に北から風が吹くが，地球が自転しているため北東貿易風となる．南側では常に南から風が吹くが，同様の理由により南東貿易風となる．この乾いた風により，北緯 30 度付近から南は，また南緯 30 度付近から北は，極端に雨が少なく，たとえばアフリカのサハラ

表1—1　日本・オーストラリア・米国・英国の国勢比較

国	国土面積 (km²)	国土面積の日本との比	人口 (千人)	人口密度 (人／km²)	GDP (億$)	GDP／人 ($)	失業率 (%)
日　本	377,907 (Oct. 2004)	1.0	127,757 (Oct. 2006)	338.1	45,569 (2004)	35,668 (2004)	4.4 (2004)
オーストラリア	7,692,024 (Oct. 2005)	20.4	20,111 (Aug. 2004)	2.6	5,426 (2003-04)	27,120 (2003-04)	5.1 (Jun. 2005)
米　国	9,629,091 (2002)	24.24	298,213 (2005)	31.0	117,340 (2004)	39,348 (2004)	5.5 (2004)
英　国	242,900 (2002)	0.64	59,668 (2005)	245.6	19,497 (2004)	32,677 (2004)	4.6 (2004)

注）カッコ内は調査年月。GDP：国内総生産は日本は実質，他国は名目。米$に対する為替レート換算率：日本¥110，オーストラリアA$1.45，英国£0.597
（日本は日本の統計2006，総務省統計局，オーストラリアはYear Book Australia 2006, Australian Bureau of Statistics，米国と英国は世界の統計2006，総務省統計局による）

砂漠，サウジアラビアのネフド砂漠，インドとパキスタンの国境付近に広がるタール砂漠などが，北緯20度から30度の付近に広がっている．

オーストラリア大陸の地理的な主要部分は，南緯16度から32度に位置しており，上で述べたように乾いた南東貿易風が常に吹いているため極端に雨が少ない．これがオーストラリア大陸の大きな部分が，乾燥した大地である主要因で，西オーストラリア州北部とノーザンテリトリーの間にはサンデー砂漠が，西オーストラリア州の中央部にはギブスン砂漠が，また，西オーストラリア州の南部と南オーストラリア州の境界付近にはビクトリア砂漠が広がっている．

このため頻繁に森林火災の発生が見られ，とくに1983年2月16日にビクトリア州で発生した雑木林地帯の山火事（bushfire）は，Ash Wednesday firesと呼ばれ，南オーストラリア州にも燃え広がり約5,200km²を消失した（ビクトリア州2,100km²，南オーストラリア州2,080km²）オーストラリア連邦史上最悪の火災として記憶されている（Report No. 20, Fire Research Branch, Department of Sustainability and Environment, Victoria 他）．

2006年8月には全豪の降雨量が史上最小を記録してオーストラリア各地で干ばつとなり，農作物や家畜の飼育に大きな影響が出た．その上，2006年12

月から 2007 年 1 月にかけてビクトリア州で多数の山火事が発生し，その煙が太平洋岸やタスマニア州へ流れて行く様子が NASA の地球観測衛星（Earth Observatory）からも鮮明に捉えられている（2006 年 12 月 7 日 The Age 紙）．1939 年の Black Friday に匹敵すると報道されており，家屋が消失するなど市民生活にも大きな影響を与えている．

オーストラリアの 1808 年の先住民族を除く推定人口は 10,263 人，独立前の 1891 年の国勢調査では人口 3,233,281 人，独立後の 1921 年の国勢調査の人口は 5,435,700 人であった．1947 年の総人口は，先住民が 46,638 人，非先住民が 7,579,358 人であった．総人口が 1 千万人に達したのは 1959 年，1 千 500 万人になったのは 1981 年，2 千万人に達したのは 2004 年のことである．2004 年のオーストラリアの人口は約 20,111 千人，日本（2005 年国勢調査値）の東京都（約 12,571 千人）と新潟県（約 2,431 千人）と福岡県（約 5,049 千人）を合わせたぐらいの人びとが，日本の約 20 倍の国土に住んでいることになり，人口密度は約 2.6 人／km^2（日本 338 人／km^2）である．

宗教的には 2006 年，国民の 63.9％がキリスト教で，カソリックが 25.8％，英国国教が 18.7％，プロテスタント系が 19.3％，その他の宗教 5.6％，宗教なし 18.7％，不適切な回答者 11.9％である．

英国のポンドに代わって，オーストラリア・ドルを導入したのは，1966 年のことである．国内総生産（GDP）は，2003〜04 年度に US＄5,426 億（日本 US＄45,569 億）である．日本の経済規模の約 1/12 である．一人当たりの国内総生産（GDP/capita）は日本の 3/4 であり，経済規模が日本の約 1/12 であるにもかかわらず一人当たりの国内総生産が日本の 3/4 であることから，経済的に豊かであることが分かる．失業率は，1997 年に 8.7％（日本 3.4％）であったが，2005 年 6 月の時点で 5.1％（日本 4.4％）と，日本とは逆に大幅に改善されている．

日本の 2006 年度の国家予算は約 79.7 兆円（内約 30 兆円が国債で依存率は 37.6％），オーストラリアの 2006〜07 年度の国家予算は歳出ベースで約 19.3 兆円

（オーストラリア＄＝88円の為替交換レートで計算）である．これを人口一人当りでみると，日本は約63万円，オーストラリアは約102万円の国家予算であり，日本より実質豊かな財政といえる．

　オーストラリアと日本は，1957年に通商協定を締結．この年オーストラリア政府は相互理解の促進のために豪日交流基金を設立している．1976年6月16日には，東京で日豪友好協力基本条約が調印され（1977年8月21日発効），両国の貿易関係が大幅に促進されることとなった（Moreen Dee, Friendship and Co-operation: The 1976 Basic Treaty between Australia and Japan, Australia in the World, The Foreign Affairs and Trade File No. 3, Department of Foreign Affairs and Trade, Australian Government, 2006）．2005年の両国の貿易関係は，日本からの輸入額が13,705億円に対し，輸出額が27,062億円と，日本のオーストラリアからの輸入額が輸出額の約2倍となっている．日本の輸入品の主な品目は，石炭（オーストラリアの輸出額の32.5％），石油・ガス類（同13.9％），鉄鉱石（同12.5％）と，輸入品の約半分が原材料を占めている．

　一方，オーストラリアの日本からの輸入品の主な品目は，輸入額の48.7％を占める自動車である．オーストラリアには，米国のゼネラルモーターズ（GM）が1926年にメルボルンに設立した自動車会社ホールデン（GM Holden Ltd.）があるが，2005年度の生産台数が約15万台，内40％の6万518台を中東などに輸出しているが規模は小さい（トヨタの2005年の国内生産台数379万台，海外生産台数245万7千台，計624万7千台）．

　オーストラリアの行政区分は，6州と2地域（テリトリー）に分かれている（表1－2）．1911年1月1日，連邦政府にニューサウスウエールズ州からオーストラリア首都テリトリー（ACT）が引き渡され，1913年3月12日にキャンベラと命名して首都の建設が始まった．この首都テリトリーは，政府直轄地で準州と呼ばれることもあるが，1988年にACT自治政府の樹立が承認され，翌1989年3月4日に発効し，他の州とほぼ同様の自治権をもつこととなった．

　同じ1911年1月1日に，西オーストラリア州はノーザンテリトリーを連邦

表1—2　オーストラリア各州・地域の面積・人口・首都・首都人口・時差

州	省略形	州面積 (km²)	(%)	州人口 (万人)	(%)	首都名	首都人口 (万人)	時差[1] GST	JST
クイーンズランド州	Qld	1,730,648	22.5%	388.2	19.3%	ブリスベン	168.9	+10	+1
ニューサウスウエールズ州	NSW	800,642	10.4%	673.1	33.5%	シドニー	417.1	+10	+1
オーストラリア首都テリトリー	ACT	2,358	—	32.4	1.6%	キャンベラ	32.2	+10	+1
ヴィクトリア州	Vic	227,416	3.0%	497.3	24.7%	メルボルン	352.4	+10	+1
タスマニア州	Tas	68,401	0.9%	48.2	0.9%	ホバート	19.8	+10	+1
ノーザンテリトリー	NT	1,349,129	17.5%	20.0	1.0%	ダーウイン	10.7	+9.5	+0.5
南オーストラリア州	SA	983,482	12.7%	153.4	7.6%	アデライド	111.4	+9.5	+0.5
西オーストラリア州	WA	2,529,875	33.0%	198.2	9.9%	パース	141.4	+8	−1
全オーストラリア	AZ	7,692,024[2]	100%	2,011.1	100%	キャンベラ	—	—	—

注1）Greenwich Mean Time（GMT）およびJapan Standard Time（JST）との差。
　2）Jevis Bay Territory 70km²を含む。
　　（Year Book Australia, 2006, Australian Bureau of Statistics）

政府に引き渡した．政府直轄地であったノーザンテリトリーも，1978年7月1日に自治政府を樹立し，連邦政府の直轄地から離脱した．

　オーストラリアの面積，人口，州・地域の首都，首都人口，日本との時差などについて，表1—2にまとめた．これを見れば明らかなように，オーストラリアの全人口の約33.5%がニューサウスウエールズ州に集中し，さらに全人口の8.4%が，州都シドニーに集中している．また，ニューサウスウエールズ州，ビクトリア州，クイーンズランド州を合わせると，全人口の約75%がこの3州に居住しているのが分かる．したがって，ニューサウスウエールズ州の学校教育の動向が，オーストラリアの教育の動向に大きな影響を与えることが理解される．

　オーストラリアの立法府は，上院（Australia's Senate，元老院と訳されることもある）と下院（Australia's House of Representatives）の二院制の連邦議会（Parliament of Australia）である（表1—3）．上院は，各州・地域の代表，下院は全豪の各地域の代表という性格をもっている．上院には，予算の先議権と修正権がないが，下院と同等の議決権をもっている．日本の参議院と異なるの

表1—3　日本・オーストラリア・米国の立法府

国	立法府	議　会	定数	選　挙　区	任　期
日本	国会 National Diet of Japan	参議院 House of Councillors	242人	都道府県単位47選挙区146人 比例代表96人	6年，3年毎 半数改選
		衆議院 House of Representatives	480人	小選挙区制300人 全国11選挙区比例代表180人	4年 （解散あり）
豪連邦	オーストラリア連邦議会 Parliament of Australia	上院 Australia's Senate	76人	6州 各12人，NT，ACT 各2人 （代表任期3年）	6年，3年毎 半数改選 （解散あり）
		下院 Australia's House of Representatives	148人	州，およびNTとACTの2特別地域の人口分布に基づく選挙区から選出	3年 （解散あり）
米合衆国	米国議会 United States Congress	上院 US Senate 議長は副大統領	100人	人口分布に関係なく各州から2人	6年，2年毎 1/3改選
		下院 US House of Representatives	435人	50州の人口分布による選挙区から選出	2年

は，上院にも解散があることである．教育にかかわる内容を審議する委員会は，上院には常設の雇用・職場関係・教育委員会（Senate Employment, Workplace Relations and Education Committee）が置かれ，下院には教育・職業訓練常任委員会（Standing Committee on Education and Vocational Training）が置かれている．上院および下院には，集中的に審議する必要のある議題に応じて特別委員会（Select Committee）が組織される．後述する才能教育についての審議が行われた特別委員会は，上院に組織されたものである．

【chapter 2】

才能教育

　テレビ番組や新聞の記事の中などでは，英才教育（Education for Brilliant Children）という言葉や，エリート教育（Elite Education）という言葉が良く使われている．これらの言葉は，バイオリンの英才教育，オリンピック選手養成のエリート教育などのように，「ある特定の分野における個人の優れた能力の発達を促すための教育」といった意味合いで使われているようである．
　これに対し，「個人の全人格の発達を促す教育を行いながら，同時にその優れた能力をできるだけ引き出すことを目的とした個別化教育」の一つが，才能教育（Gifted (and Talented) Education）である．
　オーストラリアのニューサウスウエールズ州の小学校で，拡充教育による才能教育が実施されたのは，米国よりも早く1932年からである．しかし，通常の学校教育の中で系統的に才能教育が行われるようになったのは，約30年前の1972年に米国で始まった．特別の教育システムの中で才能のある子どもたちを教育し，通常の子どもたちに比べ早くから社会で活躍してもらえれば，個人にとっても社会にとっても意義があると考えられたからである．個人にとっては，通常よりも早期に社会に出ることにより，時間と教育費の節約をはかることが可能であり，社会にとっても，優れた才能の持ち主が新しい考え方や新しい物を創出することで社会や経済の活性化に寄与し，ひいては国の発展も促

してくれると期待されるからである.

　米国でも当初,一部の子どもたち(才能児 Giftedness, Gifted Children)のために,特別な教育課程を開発し,特別な施設や学校を設け,その教育を担当する教師を養成するために,州や郡,市の教育予算を使うことに対して批判や反対もあった.しかし教育の実践の立場からみても,発達の遅い子どもたちや障害をもった子どもたちのためには,特別支援教育(Special Education)が行われているにもかかわらず,発達の早い子どもたちのためには,特別な教育的配慮がなされていないのは不自然なことである.実際,平均的な子どもたちを想定した教育課程や教育方法で進められる通常の学校教育では,才能のある子どもたちは退屈してしまい,なかには教師の誤解から通常の学校教育に適さない子どもと考えられ,落ちこぼれとして扱われた子どももいた.このような状況から,才能教育が次第に米国社会に受け入れられて行ったのである.現在米国では,才能教育は公教育制度の中にすっかり定着し,もはや特別の教育制度とは考えられず,学校教育を構成する自然な一部として扱われているといっても過言ではない.

　それでは,才能教育とはどのような教育なのであろうか.以下にその大きな特徴をまとめてみた.

1. 公立の学校教育制度の中で実施される.
2. 主として幼稚園から高等学校までの年齢範囲の子どもたちを対象とする.
3. 才能教育を実施するために,特別の学級,学校,施設などが用意されることもある.
4. 才能教育に特有の教育課程,カリキュラム,教育方法などが採られる.
5. 才能教育を受けるためには,一般に教育委員会などによる認定が必要である.
6. 才能教育を実施するためには,特別の訓練を受けた教師を養成する必要がある.
7. 才能児の精神的安定を図るために心理カウンセラーなどによる支援がなさ

れる.

8．才能教育を受けるために特別の授業料などを払う必要はない.

このように，通常の公教育制度の中の学校で行われるのが，才能教育なのである.「公立の学校教育制度の中で行われる」ということは，国民の税金を使って教育するということであり，また，対象となる子どもたちが選ばれる機会は平等であるという意味である．対象となる子どもたちの年齢範囲は，一般的に幼稚園から高等学校までの年齢範囲の子どもたちであるが，とくに幼稚園の学齢期の低年齢の子どもたちを対象外としている州や郡，市町村は多い．これは，この学齢期の子どもたちを，才能児として認定する方法に限界があるからである．日本では，公立の学校教育制度の中で行われるべき才能教育は，実現していない.

（1）才能児の探索・発見

それでは実際に才能教育がどのように実践されているのか，以下に教育実践の過程にそってその概要について述べる.

まず，潜在的に才能をもっている可能性のある児童・生徒を，才能児の探索，あるいは才能児の発見（Talent Search）によって見出す作業がある．才能児の探索・発見は，才能児の認定過程とともに，才能教育全体の中でも，もっとも難しい作業の一つである．米国でもオーストラリアでも，ほとんどの国や州では，子どもが通学している学校の教師に，発見者の役割をまかせている場合が多い．しかし，すべての教師が才能教育の訓練を受けているわけではないので，なかには教師が，才能児として気が付かずに見過ごしてしまう子どもがいる場合もある．あるいは，子どもの保護者が，教師に自分の子どもは才能児の可能性があると伝えても，教師が適切な対応をしてくれない場合などに，保護者が利用することができる．あるいは，遠隔地に居住しているために才能教育に関する情報が届かず保護者が気付かない場合や，保護者が気付いていて

も，近隣で才能教育の機会がない場合など，さまざまなケースに対応する目的で才能児の探索・発見が実践されている．

　まず，教育委員会や大学，研究所，才能教育センターなどが，才能児の児童・生徒を対象に拡充教育を中心とした土曜講座や夏季講座を開催し，講座に参加する子どもたちの中から，新たに才能児を発見する場合などがある．これにはたとえば，オーストラリア連邦のニューサウスウエールズ大学才能教育研究・資料・情報センター（Gifted Education Research, Resource and Information Centre, GERRIC）が実施している，いずれも1月に2日間にわたって開催する各種のプログラムがある．4～5歳の子どもたちを対象にした小学校1～2年レベルの内容の「ケシの実プログラム（Poppyseeds Program）」，小学校1～2年の子どもたちを対象にした小学校3～4年レベルの内容の「小さなケシのプログラム（The Small Poppies Program）」，小学校3～4年と5～6年の子どもたちを対象にした小学校5～6年および中学校1～2年レベルの内容の「少年少女知識プログラム（The Junior Scientisa Program）」，さらに，これまで才能児として認められている子どもたちを対象としている「知識挑戦プログラム（The Scientisa Challenge Program）」などがある．

　なぜケシが講座の名称に使われているのかには理由がある．オーストラリアでよく聞かれる言葉に，背高ケシ症候群（The Tall Poppy Syndrome）というのがある．他のケシに比べて背の高いケシは刈り取られるという，日本の諺でいえば「出る杭は打たれる」という意味である．才能のある児童・生徒は，平均的な児童・生徒に比べると何かと目立つため，その才能の芽が摘まれてしまう可能性があることをさしている．

　さらに，才能児の探索・発見のみを目的とした試みとしては，GERRICのオーストラリア初等才能児探索（Australian Primary Talent Search, APTS）や，オーストラリア中等学校教育才能児探索（Australian Secondary Schools Educational Talent Search, ASSETS），あるいは米国メリーランド州ボルチモア市にあるジョン・ホプキンス大学の才能ある若者のためのセンター（The Center for Talented Youth, CTY) が行っている, CTY 才能児探索 (CTY Talent Search) など, 多くの例がある.

　GERRIC の APTS は, 小学校 4～6 年までの児童を対象とした才能児探索・発見プログラムで, 保護者からの申請によって登録を受け付けた児童は, 米国アイオワ州に本部をもつ ACT, Inc. がオーストラリアなどの海外でも実施するエクスポローラー試験 (EXPLORE Test) を受ける. エクスポローラー試験は, 8 年～9 年生 (中学 2～3 年生) を対象とした試験で, 各 30 分ずつの英語 (国語), 読解, 算数, 理科を内容とし, 理科は 5 択, その他の教科は 4 択で回答する. 児童には, 試験結果を踏まえて作成される総合評価票が送られ, 学校で才能教育に加わる際の参考資料となる. また, とくに成績優秀な子どもはニューサウスウエールズ大学から表彰され, あるいは GERRIC が開催する知識挑戦プログラムに参加する資格が与えられる.

　GERRIC の ASSETS は, 7～9 年生 (中学 1～3 年生) を対象とした才能児探索・発見プログラムである. 登録した生徒は, ACT, Inc. が国内と国外で年 6 回実施する米国の大学に入学するための米国大学入学標準学力試験 (Standardized Achievement Examination for College Admissions, ACT 試験) を受ける. ACT 試験の内容は, 英語 (国語, 75 問 45 分), 読解 (40 問 35 分), 数学 (60 問 60 分), 科学 (40 問 35 分) である. 試験結果を踏まえて作成される総合評価票が作成され, 才能児と認定された場合には生徒に才能児証明書が送られる. また, GERRIC が一週間にわたって開催する ASSETS 大学内プログラム (ASSETS Residential Program) に参加する資格が与えられる.

　米国ジョン・ホプキンス大学の CTY 才能児探索は, 2～6 年までの児童を対象とした探索と, 7～8 年生 (中学 1～2 年生) までを対象とした探索とがある. CTY に申請・登録し, 2～6 年までの児童は, CTY が開発した才能児探索のための試験である SCAT (School and College Ability Test) を受験する. 7 年から 8 年までの生徒は, ニューヨーク州に本部をもつカレッジボード (The College Board) が国内で年 7 回, 国外で年 5 回実施している米国大学入学標準

試験（Standardized test for USA college admissions, SAT 試験）か，または ACT 試験の読解と数学能力試験を受験する．その試験結果の成績が優秀な2年から6年までの児童と7年から8年までの生徒は，特別表彰され，7年から8年までの各州でトップになった生徒には，大学の1コース分の奨学金が与えられるなどの特典がある．

分野を限定した才能児の探索・発見には，科学分野の才能児の発見や探索がある．ニューサウスウエールズ州のシドニー大学理学部が主催している，科学の協調（Science Alliance）と題する一連の活動の一つとして，9年生（中学3年生）と10年生（高校1年生）を対象にした才能児発見プログラム（Gifted and Talented Discovery Program）がある．1996年から続けられているこのプログラムに，これまで1,300人以上の生徒が参加している．生徒は，10月までに有料（A$ 6）の才能児発見プログラム検定試験（Gifted and Talented Discovery Program Qualifying Exam）の登録をして，各学校に送られてくる40分間の試験を11月に受ける．試験問題には，多肢選択で回答する．たとえば，以下のような問題が出題されている．

分析のために，あなたの研究室に内容の不明な溶液が送られ，上司は2時間以内に溶液の水素イオン濃度（pH）を測定して報告するようにと指示しました．あなたは不幸にして最後の指示薬を使ってしまい，もう夜も遅く朝まで指示薬は手に入らないので，天然の指示薬を自分で作る必要があります．そこで，冷蔵庫から夕食の残りのムラサキキャベツを取り出して千切りにし，水を加えて30分程煮ました．青色の上澄み液を取り，未知の溶液に加えたところ，緑色に変色しました．この未知の溶液のpHは，(A) 7以上，(B) 7，(C) 酸性，(D) さらなるテストをするまで決定できない．

これは，アジサイなどにも含まれるムラサキキャベツのアントシアニン色素が，酸性側では濃いピンク，中性では薄いピンク，弱アルカリ性では緑，強アルカリ性では黄色に変色する性質を利用した問題である．

試験結果は2月までに生徒と学校に通知され，上位約15％の成績をとった

生徒は，有料（A$180）の才能児発見プログラムの3日間のワークショップに招待される．ワークショップは，生物学，化学，物理学の3分野に分かれ，それぞれ中学校や高等学校では学習することのできない内容の拡充教育を受けることができる．

西オーストラリア州理科教員協会（Science Teachers' Association of West Australia, STAWA）が実施している，2007年で49回目になる科学才能児の探索（Science Talent Search）がある．初等教育部門は，研究，科学モデル，科学コミュニケーションの3部門からなり，科学コミュニケーション部門は，科学写真，マルチメディア・デザイン，科学ポスターの3サブ部門からなっている．中等教育の生徒を対象とした部門は科学研究部門のみで，地球と地球を超えて，エネルギーと変化，天然および製造された物質，生命と生き物―人びと，生命と生き物―動物と植物，消費者科学の6部門である．

また，ヴィクトリア州理科教員協会（Science Teachers' Association of Victoria, STAV）が1952年から続けている，2007年で46回目になる科学才能児の探索（Science Talent Search）がある．この科学才能児の探索は，小学1年から高校3年までの児童・生徒を対象とし，実験研究，創造的作文，作業モデルと発明，コンピュータ・ゲーム，ポスター，科学図表，ビデオ制作，科学写真の8部門から構成されている．しかし，西オーストラリア州やヴィクトリア州の科学才能児の探索は，才能児の探索と称してはいるが，実際の内容は，科学コンペである．したがって，本来の意味の才能児の探索・発見とは異なる．

これらのプログラムに対し，行政機関として才能児の探索と発見をもっとも系統的に実施しているのが，米国メリーランド州モンゴメリー郡教育委員会（Montgomery County Public Schools, MCPS）の教育実践例である．モンゴメリー郡では，公立小学校に在籍する2年生の子どもは，毎年4月の終りか5月の初めに実施される，1995年より導入された大規模審査（Global Screening）と呼ばれる才能児発見のための一連の認定審査を受けなければならない．また，新たにモンゴメリー郡内の公立小学校に転校した3年から5年の児童は，それぞれ

10月に一連の才能児探索のための認定審査を受けなければならない．

　大規模審査の1段階目の審査は，各小学校を通じて在籍する2年生の全児童の保護者や両親に，認知スキル（Cognitive Skills）などに関する予備調査票を配布し（Parent Survey of Child's Strengths for Grade 2 Global Screening, Montgomery County Public Schools, MD, USA），保護者は一週間以内に回答するように要請される．内容は，創造性（Creativity），リーダーシップと社会性（Leadership & Social Skills），意欲（Motivation），学習（Learning）の4項目で，4項目のそれぞれは3つの調査項目から構成されている．予備調査の質問には，ありません（Not Observed），たまに（Very Rarely），時には（Occasionally），いつも（Almost Always）の4つの回答欄の該当する場所にチェックを入れて回答するチェックリスト形式である．

　2段階目の審査は，レヴィン知能検査（Raven Intelligent Test）で，モンゴメリー郡が使用している試験の内容は公開されていないが，言語を使うことなくパターンを示してその相似性などを判断させる知能検査である．3段階目の審査は，レンズーリ・ハートマン行動基準尺度測定（Renzulli Hartman Behavioral Rating Scales）による評価を受ける．これは，チェックリスト形式にした定量的評価票で，子どもが普段の学習や日常生活で示す行動に当てはまる項目にチェックを入れていき，その結果を点数化して評価するものである．4段階目の審査は，教員の推薦である．普段から子どもに接している教員は，教室での子どもの学習や行動を直接見聞する立場にあるため，最終審査には教員による推薦を重視している．教員の推薦がどのように行われるかについての情報は公開されていないため詳細は不明であるが，その書式は，後に述べる才能児認定チェックリストの形式と考えられる．

　大規模審査の結果，潜在的な能力があると認定された子どもは，さらに学校を通じたMCPSへの申請によって，きわめて高い能力の才能児（Highly Gifted Student）の認定過程を受けることができる．

　このように，米国メリーランド州MCPSのような行政機関自らが，かなり

徹底した系統的な才能児の探索・発見の方法をとる地域は，米国内でもまれである．才能児の発見者としての役割を教師のみに課すのは，酷であると考える教育委員会も多く，子どもたちが才能教育を受ける機会の平等化をはかる必要があると考えている国や州は多いが，しかし，財政的理由や人材の問題，あるいは住民の理解が得られないなどの理由で，踏み切る国や州は少ない．MCPSの大規模審査を中心とした才能児の探索・発見と認定については，後の章で詳述する．

（2）才能児の認定

オーストラリアでも米国でも，教育省や教育委員会などの行政機関が，積極的に才能児の探索や発見に努めている例はほとんどない．多くは，州，市や郡，学校区，学校，保護者，教師，専門家などの推薦によって才能児の発見に着手し，認定する方法を採っている．実際には，日々教室で児童・生徒の指導に当たっている教師が，児童・生徒の学校での学習記録（School Records）や事例記録（Anecdotal Records）などの記録や，児童・生徒の普段の行動や学習態度に基づいて才能児を認定する（Identification of Gifted and Talented Children）場合がほとんどである．

1）チェックリストと面接調査用シート

保護者，教師や専門家が，最初に才能児の認定の判断に用いるのが，才能児認定用チェックリストなどである．才能児認定用チェックリストは，主に幼児から小学校中学年までの年齢の子どもたちを対象とした，才能児の定性的な判定（Qualitative Assessment）を行うためのシートである．すなわち，保護者，教師や専門家などが，対象となった子どもの普段の学習態度や行動を観察し，シートにあげられている質問項目の該当する部分にチェックを入れ，その結果によって対象となった子どもが才能児であるかどうかを判断するためのシート

である.

　才能児の認定作業には，いわゆる頭の良い子ではなく，真の才能児であるかどうかを認定する過程が必要である．米国ヴァージニア州で，小学校や中学校の校長を勤めた英語教員のスザボス氏が，長年の教育経験から導き出して作成した聡明な児童・生徒と才能児との学習態度や学習方法の相違を示す対比表は，両者の違いを明確に表す基準である（Janice Szabos, Bright Child, Gifted Learner, Challenge Magazine, Issue 34, Good Apple Inc., 1989）．左側が聡明な子ども（Bright Student）の，右側は才能児の，それぞれ学習や行動に関する対応や傾向を示している．保護者が，自分の子どもが才能児の可能性があるかどうかを家庭で診断するための参考として，米国で広く使われている．

1．答えを知っている	1．質問をする
2．興味をもつ	2．非常に好奇心が強い
3．注意深い	3．精神的にも身体的にも没頭する
4．良いアイデをもつ	4．奔放な論理にあわないアイデアをもつ
5．一生懸命にやる	5．遊び廻るがテストは良い
6．質問に答える	6．微に入り細にわたって論じる
7．グループのトップ	7．グループからはみだしている
8．興味をもって聞く	8．強いわだかまりと意見をもつ
9．容易に学ぶ	9．すでに知っている
10．6〜8回の繰り返しで習熟する	10．1〜2回の繰り返しで習熟する
11．アイデを理解する	11．抽象的な論理の組立をする
12．同年齢といることを楽しむ	12．大人の方が好き
13．意味を把握する	13．推論から結論を得る
14．課題を完璧にこなす	14．プロジェクトを始める
15．理解が早い	15．一心不乱
16．正確にコピーする	16．新しいデザインを造る
17．学校が好き	17．学習が好き

18. 情報を吸収する	18. 情報を操作する
19. 手先が器用	19. 発明家
20. 記憶力が良い	20. 良き推察者
21. 自己学習が好き	21. 大いに自己反省をする
22. 機敏	22. 熱心な観察者
23. 飾らない一連のプレゼンテーションが好き	23. 複雑なことを目標とする

　好奇心が強くて興味をもったことは熱心に観察し，周囲のことを気にせずに興味の対象に没頭し，微細な点についてもおろそかにせず，抽象的な論理の組立をするかと思えば理屈に合わないアイデを出すなどの，才能児の学習や行動の特徴を見事に表していると考える．また，一般には才能児の特徴ではないかと思われる項目が，実は聡明な子どもの特徴であることが理解される．したがって，才能教育の知識がない家庭の保護者や，訓練を受けていない教師にとっては，子どもが頭の良い子であるのか，才能児であるのかを判断するのは，いかに難しいことであるかが理解される．

　米国ミネソタ州の才能教育委員会（Minnesota Council for the Gifted and Talented）が，保護者や両親が教育委員会に才能児の認定を申請する前に，自身の子どもが才能児である可能性が高いかどうかを自己診断するための30項目からなる「チェックリスト：あなたのお子さんは才能児？（Checklist: Is your child gifted?）」を作成している．以下に示すように，このチェックリストは質問形式で作成され，YesまたはNoで回答する形式となっており，質問項目の2/3以上に対してYesが該当する場合には，その子どもは才能児である可能性が高いとされている．

1. あなたのお子さんは，ほとんどの他の同年齢や同性の子どもたちよりも早くから歩き始めたりしゃべり始めたりしましたか？
2. あなたのお子さんは，比較的早くから言葉に興味を示しましたか？
3. あなたのお子さんは，年齢に比べ例外的に多くの語彙をもっていますか？

4. あなたのお子さんは，早くから時計やカレンダー，ジグソーパズルに興味を示しましたか？
5. あなたのお子さんは，早くから数に興味を示しましたか？
6. あなたのお子さんは，早くから読むことに興味を示しましたか？
7. あなたのお子さんは，多くのことに好奇心を示しますか？
8. あなたのお子さんは，他の同年齢や同性の子どもたちよりも体力や精神力がありますか？
9. あなたのお子さんは，自分の年齢よりも年上の子どもたちと友達になる傾向がありますか？
10. あなたのお子さんは，同年齢の子どもたちの中でリーダー的役割を果たしますか？
11. あなたのお子さんは，記憶力が良いですか？
12. あなたのお子さんは，非凡な論理的考え方をする能力を示しますか？
13. あなたのお子さんは，非凡な計画立案能力や系統的にまとめる能力をもっていますか？
14. あなたのお子さんは，過去に得た情報とお子さんが求める新しい知識とを関連付けますか？
15. あなたのお子さんは，決まり切った繰り返しの作業よりは創造的な努力や新しいことにもっと興味を示しますか？
16. あなたのお子さんは，お子さんがするほとんどのことをずば抜けたやり方でやろうとしますか？
17. あなたのお子さんは，退屈することなく長時間にわたって一つのことに集中しますか？
18. あなたのお子さんは，いつも忙しく多くのことに興味をもちますか？
19. あなたのお子さんは，予期せぬ困難に直面した時辛抱強く努力しますか？
20. あなたのお子さんは，問題に対して自分自身の解決法を考えて非凡な実際的な判断力を示しますか？

21. あなたのお子さんは，お子さんの年齢にしては先んじたユーモアのセンスをもっていますか？
22. あなたのお子さんは，他人の感じ方に対して敏感ですか？
23. あなたのお子さんは，比較的早くから真相，宗教，神，あるいは／または正義などに関する質問に興味を示しますか？
24. あなたのお子さんは，同年齢の子どもたちに比べ先んじた，あるいは普通でないコレクションをしますか？
25. あなたのお子さんは，絵を描くこと，歌を唄うこと，踊ること，書くこと，あるいは楽器の演奏などの何らかの芸術活動に強い興味を示しますか？
26. あなたのお子さんは，生き生きとした感動的な，あるいは随分と細部まで正確な自分の経験に関連したお話を組み立てますか？
27. あなたのお子さんは，パズルや問題を解くような色々な種類のゲームが好きですか？
28. あなたのお子さんは，並外れた算数の能力をもっていますか？
29. あなたのお子さんは，理科や算数に格別の興味を示しますか？
30. あなたのお子さんは，新しいあるいは斬新なことに気づきますか？

　上記のチェックリスト項目の内容をみると，自ずと才能児の学習や行動の特徴が浮かび上がってくる．

　才能児の発見を教師に委ねているオーストラリアや米国の多くの州や郡では，教師のための才能児認定用チェックリストを用意している所が多い．才能児認定用チェックリストは，才能児のもつ学習や行動の特徴を示すチェック項目から構成されている．それぞれの項目の内容に該当する場合にはチェックを入れ，チェック項目の数が一定数以上ある場合には，才能児の可能性が高いと考えられ，次の認定段階に進むことになる．たとえば，西オーストラリア州の教師用の才能児の学習の特徴のチェックリストと行動の特徴のチェックリスト

は，以下のような内容である．

才能児学習特徴チェックリスト
☐学習速度が速い？　より上位の問題を容易に理解する
☐原因と結果の関係について洞察や奇抜な着想をする
☐学習を完成するまでやり抜く
☐問題点を速やかに理解しイニシィアティブをとる
☐基本的な技術（スキル）を速やかに学習するが練習はしたがらない
☐すでに身に付けた技術の練習は嫌がり，そのような練習は成果をもたらさないと知っている
☐複雑な指示も容易にたどることができる
☐高いレベルの抽象概念を組み立てて扱う
☐一度に一つ以上の着想（アイデア）で対処する
☐強い批判的思考スキル法をもち自己反省がある
☐驚くべき認識と深い洞察力をもつ
☐熱心に，また鋭く観察し，細かな点もメモをし，類似点と相違点を素早く見抜く
☐心も体も不断に活動し，一度やる気になるとけっして受け身となることはない
☐一つまたはそれ以上の分野で一般的な，あるいは特殊な知識の驚くべき広がりをもつ
☐しばしば教師よりも幅広い一般的知識をもち，クラスにある本は深みがないと感じている
☐幅広く特別な興味を誘うことについて，しばしば非常に深い所まで調べる
☐素早く身に付け，素早く思い出し，復習の必要がないようにみえ，反復することに我慢できない
☐早く読むことができ，何を読んだかを覚えており，細かなことまで思い出せ

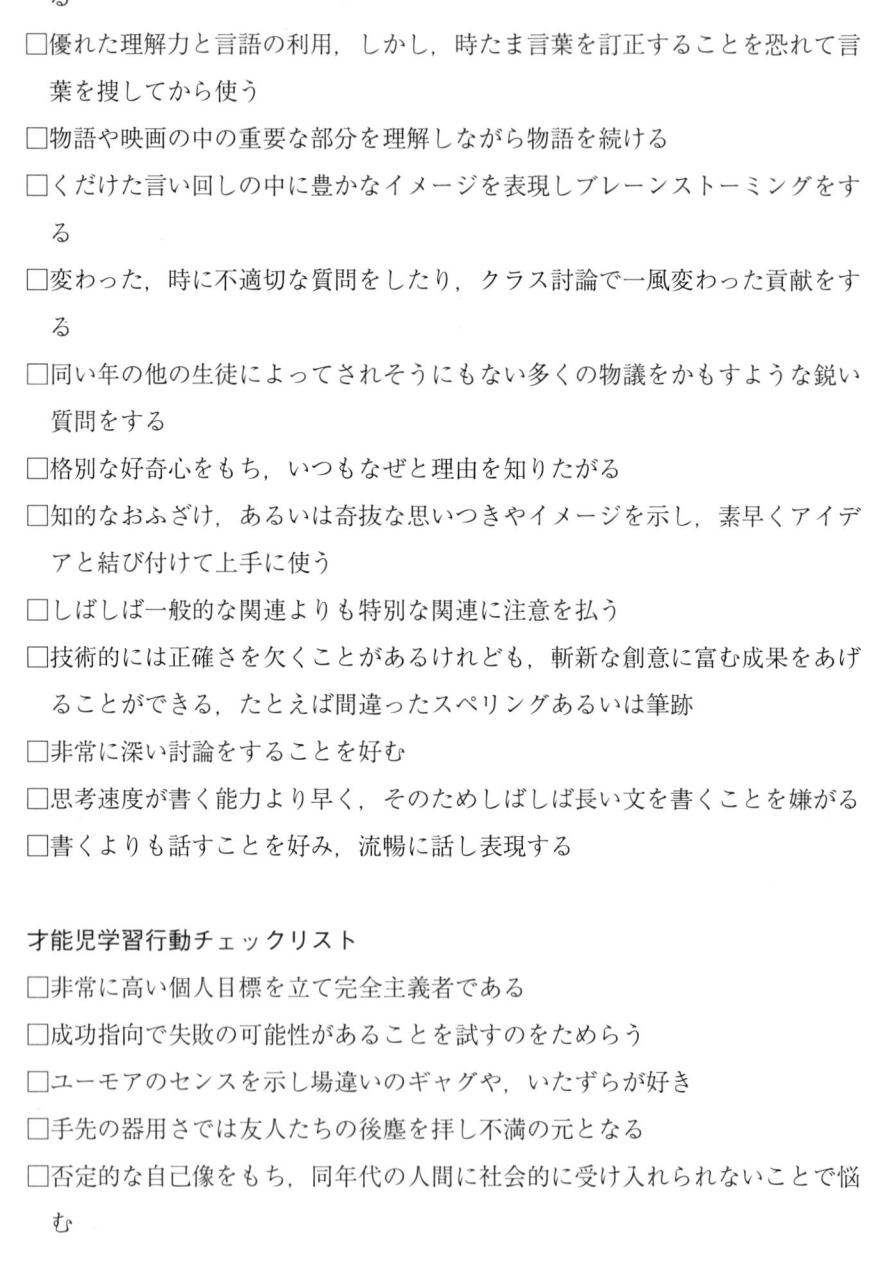

る
- □優れた理解力と言語の利用，しかし，時たま言葉を訂正することを恐れて言葉を捜してから使う
- □物語や映画の中の重要な部分を理解しながら物語を続ける
- □くだけた言い回しの中に豊かなイメージを表現しブレーンストーミングをする
- □変わった，時に不適切な質問をしたり，クラス討論で一風変わった貢献をする
- □同い年の他の生徒によってされそうにもない多くの物議をかもすような鋭い質問をする
- □格別な好奇心をもち，いつもなぜと理由を知りたがる
- □知的なおふざけ，あるいは奇抜な思いつきやイメージを示し，素早くアイデアと結び付けて上手に使う
- □しばしば一般的な関連よりも特別な関連に注意を払う
- □技術的には正確さを欠くことがあるけれども，斬新な創意に富む成果をあげることができる，たとえば間違ったスペリングあるいは筆跡
- □非常に深い討論をすることを好む
- □思考速度が書く能力より早く，そのためしばしば長い文を書くことを嫌がる
- □書くよりも話すことを好み，流暢に話し表現する

才能児学習行動チェックリスト
- □非常に高い個人目標を立て完全主義者である
- □成功指向で失敗の可能性があることを試すのをためらう
- □ユーモアのセンスを示し場違いのギャグや，いたずらが好き
- □手先の器用さでは友人たちの後塵を拝し不満の元となる
- □否定的な自己像をもち，同年代の人間に社会的に受け入れられないことで悩む

□空想にふけり，他の世界に迷い込んでいるようにみえる
□説明の一部分のみを聞きしばしば集中力の欠如がみられるがいつも何が起こっているかを理解している ―― 質問されると一般に答えを知っている
□たいてい年上の生徒や大人の仲間を好む
□興味をもつと長期間熱中し，干渉や急激な変更にがまんできない
□自分自身の信念にこだわる
□苦悩や不公正を起こすことに対し感受性を示し強く反応する
□他人に対し共感し，しばしば指導的役割を果たし，非常に理解を示し同情する
□重要な国や国際的時事問題のような大人の問題，進化，裁判，宇宙などに尋常でない興味を示す

　上記のように，才能児認定用チェックリストは，保護者，教師や専門家などが，子どもの普段の学習態度や行動を観察し，才能児であるかどうかをスクリーニングするためのシートである．

　これに対し面接調査（Interview）用シートは，教師や才能教育カウンセラーなどの専門家が，本人や保護者と直接面接あるいは観察しながら，記述するためのシートである．チェックリストシートと異なり，教師やカウンセラーが直接本人や保護者に面接しながら記述することにより，できるだけ保護者や教師による先入観の入る余地を少なくして，対象となる子どもをより客観的に評価するためのシートである．また，誰がチェックをするかにより，本人用，保護者用，教師用，専門家用など，幾つかの種類の認定用チェックリストが作られている．時には，地域の住民（Community Members），同級生（Classmates），先輩（Mentors）などに対する面接調査を行うためのシートが用意されることもある．

　南オーストラリア州の教育省が作成した，才能教育を担当する教師による本人面接調査用シート，保護者面接調査用シート，本人および保護者面接調査用

シートを以下に示す．

教師による才能児認定のための本人面接調査用シート
1．あなたはいつも他の生徒とどのようにうまくやっていますか
　　（社会性，他人を気遣う心，コミュニケーション・スキル，対人関係スキル）
2．あなたは賢い生徒たちといる時どのように感じますか（自己認識）
3．あなたは才能があるために何らかの問題に遭遇したことはありますか，もしあるならばいつも他の生徒にどのように対処していますか
　　（自信，コミュニケーション・スキル，問題解決スキル）
4．あなたは一人で遊ぶのが好きですか，それとも友達と遊ぶのが好きですか，それともそんなことはまったく気にしませんか
　　（グループ・スキル，相互関係スキル，リーダーシップ能力，社会的スキル）
5．同級生に対してどのような印象をもっていますか（自信，認知力，理解力）
6a．なぜ同じクラスで他の才能ある友人と一緒にいるのが好きなのですか
6b．起こると考えられるどんな問題点，あるいは目標について考えられますか，またどのように対処すると考えられますか
　　（プログラムへのかかわり合い，認識，自己尊重，社会的落ち着きおよび成熟度）
7．あなたは家から離れて生活することや遠い所に旅行することにどのように対処できると思いますか
8a．あなたの能力を伸ばすためや目標を達成するために，学校がどのような手助けができるとあなたは思いますか
8b．あなたは作業や学習が予定より早く終わった時，いつも何をしますか

教師による才能児認定のための保護者面接調査用シート
1a．あなたのお子さんと他の子どもとの関係について教えて下さい
1b．あなたのお子さんと兄弟姉妹との関係はどうですか
　　（社会性，他人を気遣う心，コミュニケーション・スキル，対人関係スキル）

2．あなたのお子さんが才能があるために何らかの困難に遭遇したことはありますか（自信，コミュニケーション・スキル，問題解決および対処法スキル）
3．あなたのお子さんはどのように遊ぶのが好きですか
   （相互関係スキル，リーダーシップ能力，社会的スキル）
4ａ．学習や遊びに対してあなたのお子さんの取り組み方について話して下さい．たとえばリスクを承知で取り組むか，完全主義者か，系統立てて取り組むか
4ｂ．お子さんが文章を綴る時にどのように取り組んでいるかについて話して下さい（作文コミュニケーション・スキル，時間のやりくり・計画性，新しいことに挑戦する度胸）
5．あなたのお子さんがこのプログラムに参加することによる利点は何であると思いますか．起こると考えられるどんな問題点あるいは目標が予見されますか（プログラムへのかかわり合い）
6ａ．あなたはあなたのお子さんが家から離れて生活することや遠い所に旅行することに順応できると思いますか．
6ｂ．あなたは学校でどのようなかかわり方ができそうですか（両親の参加・支援）
7．その他のいかなるコメント

教師による才能児認定のための本人および保護者面接調査用シート

1．すべての学業能力
   バランスと相違点
2．現在才能教育に関わっているか
3．自己認識，社会的および感情的バランス
   社会的落ち着きおよび成熟度
   自己尊重のレベル
   新しい目標に対する自信：自信とユーモアのセンス

4．目的に対する気持ち
　　動機：イニシアティブを示すか
　　計画性があるか，作業へのかかわり合い
5．会話によるコミュニケーション・スキル
6．グループ・スキル
　　面倒を見る，支援する，他人を思いやる
　　他の人と一緒にやる能力
　　リーダーシップ能力
7．スキルと才能の幅
　　正規カリキュラム以外の活動：リーダーシップ，興味関心の幅の広さ，クラブ，努力を支える，競争心
8．両親の支援のレベル

　上記の例にみられるように，面接調査用シートには調査項目とその目的が併記され，教師などの質問者が何のためにどのような質問を行うのかが明らかになるように記されている．なかには，才能教育を実施できる学校や施設などがどの地域にも設置されているわけではないので，南オーストラリア州の保護者面接調査用シートにあるように，遠い所に旅行することや家から離れて生活することに順応できるかどうかといった質問まで用意されている．とくに，まだ幼い才能児にとっては，家族と離れた生活によって，精神的あるいは情緒面で不安定な状態になる可能性が高いからである．同様の懸念から，両親の学校活動への参加や支援などの関与の可能性などについても調査項目に加えられている．
　しかし一方，面接調査用シートによる調査は，面接調査を行う教師や才能児カウンセラーの力量によって，調査結果が大きく左右されるという問題もある．また，人数の少ない才能教育の専門家である教師やカウンセラーが，面接調査を行わなければならないため，才能児の発見を効率よく行うことはできな

い．このような理由から，現在では才能児を発見するための最初のスクリーニングには，面接者の力量によって調査結果がぶれることが少なく，一般の教師や保護者でも比較的簡単に記入できる才能児認定用チェックリストの使用が大勢を占めるようになっている．しかし，面接調査用シートによる調査は，通訳や手話通訳を介しながら子どもの反応を直接観察しながら記入できるという利点を利用して，母国語が異なるため質問の意味が理解できない子どもやその保護者，あるいは障害をもった子どもやその保護者を対象とする場合などには重要な調査方法である．いずれにしても，才能児認定用チェックリストや面接調査用シートによって，潜在的能力が高く才能児である可能性が高いと判断された場合には，知能検査などの次の段階のスクリーニングが行われる．

2）基準尺度測定シート

前述した才能児認定用チェックリストや面接調査用シートとしばしば混同されるのが，基準尺度測定法（Rating Scales）である．チェックリストや面接調査用シートと基準尺度測定の質問項目やその内容に大きな相違はないが，チェックリストなどはあくまでも定性的な判断に基づいて該当する項目にチェックを記入するためのシートである．これに対し基準尺度測定法は，一つひとつの質問に対して一般に1〜5の5段階で点数化して回答し，各設問に対する点数の合計が高いほど，高い能力の才能児として判断する定量的な測定法（Quantitative Assessment）である．対象となる子どもの年齢や学年，教師や家庭といった調査を行う調査者の相違などによって，種類の異なる基準尺度測定用シートが作成されている．たとえば，レンズーリ・ハートマン行動基準尺度測定（Renzulli Hartman Behavioral Rating Scales）は，1971年J. S. RenzulliとR. K. Hartmanによって開発された「優秀な児童・生徒の行動特質を評価するための基準（The Scale for Rating Behavior Characteristics of Superior Students, SRBCSS）」で，学習（Learning），動機（Motivation），創造性（Creativity），統率力（Leadership）の4つのカテゴリーからなる行動評価基準尺度測定法である

(A. J. Tannenbaum, Gifted Children, p.360, Macmillan Publishing Co., Inc., 1983).

　多くの教育委員会では一般に，基準尺度測定シートを公開していない．米国テキサス大学オースチン校の講師を勤めるライザー（Gail Ryser）と，フリーのコンサルタントであるマッコーネル（Kathleen McConnell）は，幼稚園の園児（5歳）から高校3年生の全学年を対象とした家庭用と教師用の基準尺度測定（Scales for Identifying Gifted Students, SIGS）シートを開発し，プルフロック社（Prufrock Press Inc.）より出版している．シートの質問内容の構成は，7つのクラスター項目からなり，一つのクラスター項目は12の質問項目によって構成されている．クラスター項目は，一般的な知的能力（General Intellectual Ability），言語能力，算数・数学能力，理科能力，社会科の能力，創造性，リーダーシップの7項目で構成されている．各質問項目の評価は，同年代の子どもたちと比べた時（in comparison to his or her age peers）の評価を0から4までの5段階で採点する．0はそのような行動を見せない（Never exhibits the behavior），1はほとんどそのような行動を見せない（Rarely），2は同程度そのような行動を見せる（Exhibits the behavior about the same as），3は少し多くそのような行動を見せる（somewhat more），4は非常に多くそのような行動を見せる（much more）である．各質問項目に対するこれらの評価点の合計が，各クラスター項目の得点となり，7つのクラスター項目の合計点が，最終的な評価点となる．その内容の詳細をここに示すことは，著作権によりできない．

　ペンタゴンと俗称される米国国防総省（Department of Defense）は，世界各国で勤務する軍属の家族のために，教師用および保護者用の比較的簡便な内容の基準尺度測定シートを作成している．対象年齢により，幼稚園の園児（5歳）から小学校1年生用，小学校2年生から6年生用，小学校6年生から中学校2年生用，中学校3年生から高校3年生用の8種類の基準尺度測定シートを作成し，一般に公開している．評価は，1～4点の4段階で採点され，同年代の子どもに比べ，1は同程度，2は平均より上，3はかなり上，4は非常に上という採点基準である．ここでは参考までに，幼稚園の園児（5歳）から小学

校1年生用の，保護者用と教師用の基準尺度測定シートの質問項目を示した．

米国国防総省の保護者用の幼稚園児から小学校1年生用の基準尺度測定シートの内容
1. 物事を素早く学習する
2. 物事を簡単に記憶する
3. 年齢よりは成熟しているようにみえる
4. 使う語彙が多い
5. 自分で読書する
6. 年上の遊び相手を好む
7. 実験や探検を楽しむ
8. 感受性が鋭い
9. パズルや迷路を楽しむ
10. 非常に活動的である
11. 沢山質問する
12. よくユーモアを伝えたり取り入れたりする
13. ある物事に長期間にわたり意識を向ける
14. 好奇心がおう盛
15. 創造的なアイデアをもっている

米国国防総省の教師用の幼稚園児から小学校1年生用の基準尺度測定シートの内容
1. 素早く学習する
2. 簡単に記憶する
3. 成熟しているようにみえる
4. 使う語彙が多い
5. 自分で読書する
6. 年上の遊び相手を好む
7. 試す

8. 感受性が鋭いようにみえる
9. パズルや迷路を楽しむ
10. 非常に活動的である
11. 質問を沢山する
12. ユーモアのセンスを示す
13. 長期間にわたり意識をもつ
14. 多くの事に関心をもつ
15. 工夫発明,創造性

3) 判定用テスト

　才能児の認定に用いられる定量的な判定用テスト (Quantitative Assessment Test) には,知能指数テスト (Intelligence Quotient Test, IQ Test),判定テスト (Assessment Test),標準テスト (Standardized Test),標準判定テスト (Standards Assessments Test),学力テスト (Achievement Tests),米国大学入学標準試験 (SAT 試験),米国大学入学標準学力試験 (ACT 試験) など,ほぼ利用できるあらゆるテストが使われている.

A. 知的能力の判定に用いられるテスト

　1905年アルフレッド・ビネー (Alfred Binet, 仏, 1857〜1911年) とテオドール・シモン (Theodore Simon, 仏, 1873〜1961年) により開発された知能指数テスト (Intelligence Quotient Test) は,生活年齢 (Calendar Age, CA) と知能年齢 (精神年齢,発達の程度を年齢尺度で表したもの,Mental Age, MA) の差を基準に計算される指数で,(IQ＝知能年齢÷生活年齢×100) の式で計算される.ここで知能年齢とは,被験者の知的な能力が何歳の人の平均と同じかを表し,生活年齢とは実年齢で,成人後は知能の伸びが緩やかになり,さらに老年になると下降して行くので,成人の場合は生活年齢を18歳程度に固定して計算する.ただ,何歳からを成人と定義するかは,検査法によって異なる.日本でも外国でも,

知能指数テストは一般の人びとには市販されておらず，専門家のみが購入できるように制限が加えられている．これは，繰り返しテストの訓練を行うことによる習熟効果を排除して，できるだけ正確な測定を行うための配慮である．認知症などの診断のための成人用の知能指数テストも同様である．

1916年にルイス・マディソン・ターマン（Lewis Madison Terman）により開発されたのがスタンフォード・ビネー知能基準テスト（Stanford-Binet Intelligence Scale Test）である．種々の内容や形式の問題を易しい問題から難しい問題へと配列し，全体を通してどの程度の問題までできたかをもとに知能年齢（精神年齢，MA）や知能指数を測定するためのテストで，幼稚園の幼児から小学校中学年の児童までの一般知能の測定をするのに適している．しかし，成人の知能測定には適していない．

ところで，知能指数（IQ）は，知能の発達の早さを示すのであって知能の高さを異年齢間での単純な比較によって，高知能であるなどと判定することはできない．たとえば，10歳の平均的な児童と同じ知能を示す5歳児のIQは200とされる．しかし，IQ100の11歳児の知能とIQ200の5歳児の知能を比較すると，平均的なIQ100の11歳の児童の方が，IQ200の5歳児より高いのである．

これに対し，ビネーやデビッド・ウェクスラー（David Wechsler, 1896～1981年）によって考案されたのが，同年齢集団内での位置を基準に知能を計算するための偏差知能指数テスト（Deviation IQ (DIQ) Test）である．偏差知能指数テストの計算法は以下の式による．分母に用いる係数は，ビネー（Binet）式で2歳～成人の場合に16分の1，ウェクスラー（Wechsler）式で5～17歳程度の場合に15分の1を用いる．

$$DIQ = \frac{（個人の得点 - 同じ年齢集団の平均）}{（[1/15 \text{または} 1/16] \times 同じ年齢集団の標準偏差）} + 100$$

デビッド・ウェクスラーは，とくに精神に障害のある児童・生徒・成人のた

めの知能指数テストを開発し，幼児を対象とした言語性 IQ（VIQ），動作性 IQ（PIQ），全検査 IQ（FIQ）の3種類の IQ と下位検査プロフィールによる知能診断用のウイプシイ（WPPSI, Wecheler Preschool and Primary Scale of Intelligence）や，5歳～16歳の児童・生徒を対象とした言語性 IQ，動作性 IQ，全検査 IQ の3種類の IQ によって一般知能を正確に測定するためのウィスク（WISC, Wecheler Intelligennce Scale for Children），あるいは成人を対象とした言語性 IQ，動作性 IQ，全検査 IQ の3種類の IQ に加え，言語理解（VC），知覚統合（PO），作動記憶（WM），処理速度（PS）の4種類の群指数も測定できるウェイス（WAIS, Wechsler Adult Intelligence Scale）などの各種知能検査用のテストを考案している．

　なお，知能検査の結果については，その包含している問題点や限界について認識した上で使用することが必要である．とくに，次のように色々な側面からの批判的意見も出されている．1）知能は人間の脳の働きの一部でしかなく，新しいものを生み出す創造力，他人と協調できる社会性，芸術的なセンスなどは含まれない．したがって，知能検査は人間のもつ才能のごく一部を測っているに過ぎない．2）知能検査は学力検査と違って標準化された一種類だけのテストしかないため練習効果が高い．ある学校・企業でなんという検査を使うかが事前に分かれば予習は必ずしも不可能ではない．3）知能検査は往々にして社会的な主流派を対象に作られているため，人種や富裕度によって得点が違ってくる．4）心の理論の障害といわれる広汎性発達障害では，知能指数が正常でも対人関係で大きな問題が起き，知能検査の結果によっては福祉の対象外にされてしまう．

　米国 MD 州モンゴメリー郡教育委員会（MCPS）が，大規模審査の2段階目の審査として用いているレヴィン知能検査（Raven Intelligent Test）は，パターンを示してその相似性などを判断させる言語によらない知能検査である．MCPS が才能児の認定にレヴィン知能検査を用いている理由は，英語がまだ充分理解できない移民の子どもたちや，これまで自閉症やアスペルガー症候群

などとして知られている広汎性発達障害（Pervasive Developmental Disorders, PDD）の子どもたちの中にも，才能児が隠れている可能性を排除しないための配慮でもある．レヴィン知能検査には，K-1学年用のCPM（Coloured Progressive Matrices）と2，3〜6学年用のSPM（Standard Progressive Matrices）があるが，これらのテストも一般には市販されていない．

　知的な能力については，さらに試験などを用いて評価と認定の作業を行う．学力以外の，テストなどでは測り得ない潜在的な能力や創造力などは，とくに見落しがちである．

B．標準テスト

　2001年1月に成立した米国の連邦法，一人の子どもも置き去りにしない法（The No Child Left Behind Act of 2001, NCLB，ニカルビー）によりその実施が義務化され，学校の学習指導の評価や，子どもの学習到達度の測定に用いられる標準テスト（Standard Test）は，学力テスト（Achievement Tests）の一つといえる．オハイオ州のように，州によってはこの標準テストを学力テスト（Achievement Test）と呼んでいるところもある．

　米国ではこれらのテストを，5年生用のテスト問題を3年生に対して実施する，あるいは当該学年のテストの成績を認定の参考資料とするなどによって才能児の認定のために使用している．参考までに以下に，2004年春に実施されたヴァージニア州の3年生の読解（Reading）標準テストの粘着性のアイデア（A Sticky Idea）と題する問題文と問いの一部を示した（Virginia Standards of Learning Assessments, Spring 2004 Released Test, Grade 3, Reading, Core 1, The Commonwealth of Virginia Department of Education, Richmond, VA 23219, USA）．

1．外で遊んでいる時に指を切ったりひざをすりむいたりしたことはありませんか？それであなたはおそらく小さな切り傷ややけどの上に当てるための綿のパッドの付いた粘着性の細長い切れはし，バンドエイド印の粘着包帯

を使ったでしょう．アール・ディクソンという名前の一人の男が，彼の新しい花嫁，ジョセフィーヌのためにそれを作り出すまでのほぼ100年前までは，バンドエイドは存在しませんでした．

2．ディクソンさんは料理をすることが好きでした．しかし彼女は台所で働いている時にしばしば切り傷ややけどをおいました．彼女が家に一人でいる時は，彼女自身でケガの手当をするのは簡単ではありませんでした．このことが彼女の夫にとっては心配でしたので，彼は一つのアイデアを考えついたのです．

3．ディクソン氏は，病院で使うための包帯やその他のものを作る会社，ジョンソン・アンド・ジョンソンで働いていました．ディクソン氏は，机の上に粘着性のある部分を上にして病院用のテープの断片を置きました．それから彼は，綿を折りたたんでパッドを作りテープの中央に置きました．最後に彼は，粘着性を保つためにクリノリンと呼ばれる布片で粘着包帯の全体をおおいました．もし彼の妻が切り傷ややけどをしたならば，彼女はクリノリンをはがして傷をおった部分を粘着包帯で張りつけることができます．ディクソンさんは粘着包帯を愛用しました．

4．ディクソン氏は，粘着包帯をジョンソン・アンド・ジョンソンの上司に見せました．彼らもまたそれが気に入り，すぐに製品として売り出しました．

5．この粘着包帯は最初名前がありませんでした．1920年になって，W.ジョンソン・ケニヨンという名のジョンソン・アンド・ジョンソンで働いている人が，「バンドエイド」という名前を思い付きました．「バンド」という言葉は病院用テープの断片を，「エイド」という言葉は救急(first-aid)あるいはケガをして救助の必要な人という意味です．

6．それ以来，バンドエイドは米国全土で知られるようになり，年齢にかかわりなく小さなケガの手当にそれが使われるようになりました．

問19. アール・ディクソンはバンドエイドのアイデアを彼の〜のために思い付きました.
　　A　友人　B　息子　C　妻　D　上司
問20. この物語の第2パラグラフにあるケガ（injuries）という言葉の意味は何ですか？
　　A　秘密　B　アイデア　C　傷（hurts）　D　誤り
問21. ディクソン氏が彼の上司に新しい種類の粘着包帯を見せたあと何が起こりましたか？
　　A　ジョンソン・アンド・ジョンソンは，粘着包帯を作り売り始めました.
　　B　W. ジョンソン・ケニヨンは，粘着包帯に「バンドエイド」と名付けました.
　　C　ディクソンさんは料理をしている時にケガをしました.
　　D　病院は，粘着包帯を使い始めました.
問22. この物語のなかでアール・ディクソンは，精一杯（BEST）〜人として描かれています.
　　A　どん欲な　B　寡黙な　C　愉快な　D　賢い

C. 米国大学入学標準試験と大学入学標準学力試験

　APテストなども実施している米国のカレッジ・ボードは，国内で年7回，国外で年5回，大学に入学するための米国大学入学標準試験（SAT試験）を実施している．SAT試験は，SAT論証試験（SAT Reasoning Test, SAT I）とSAT教科試験（SAT Subject Test, SAT II）からなり，論証試験は必須であるが，教科試験の中の教科目の受験を義務付けている大学や学部もある．

　SAT論証試験は，70分の言語運用能力（Verbal）と批判的読解（Critical Reading），60分の作文（Writing），70分の数学（Math）の3時間20分の試験である．言語運用能力と批判的読解の試験内容は，読解理解力，文章完成，短文

の批判的読解である．作文の試験内容は，文法，言葉の使い方，語彙選択である．数学の試験内容は，数と演算，代数と関数，幾何，統計，確率，データ分析である．SAT論証試験の得点範囲は，200～800点となっている．参考までに2005年度のSAT論証試験の全米受験者の平均得点は，言語運用能力と批判的読解の試験が508点，数学の試験が520点であった．この年に，マサチューセッツ工科大学（MIT）に入学した受験者の得点範囲は，言語運用能力と批判的読解の試験が680～760点，数学の試験が730～800点であった．

SAT教科試験の科目には，一般教科試験科目と言語試験科目がある．一般教科試験科目には，英文学，米国史，世界史，数学Ⅰ，数学Ⅱ，生態生物学，分子生物学，化学，物理学などがある．言語試験科目は，一般言語試験科目とリスニング付き言語試験科目がある．一般言語試験科目には，フランス語，ドイツ語，スペイン語，イタリア語，ラテン語，現代ヘブライ語がある．リスニング付き言語試験科目には，リスニング付きフランス語，リスニング付きドイツ語，リスニング付きスペイン語，リスニング付き中国語，リスニング付き日本語，リスニング付き韓国語がある．

また，米国ではSAT試験と並んで大学の入学試験として用いられているのが，ACT Inc.が国内・国外で年5回実施している大学入学標準学力試験（ACT試験）である．これまで中西部の大学を中心にしてACT試験の成績を大学入学試験として採用していたが，2007学年度からは全米の大学が大学入学試験として認めることになった．ACT一般試験の内容は，45分75問の英語，60分60問の数学，35分40問の読解，35分40問の科学，30分1問の作文である．ACT一般試験の満点は36点である．2004～2005学年度のACT一般試験の受験者210万人の平均得点は，58.1%であった．英語は56.7%，数学は57.5%，読解は59.2%，科学は58.1%，作文は58.1%であった．

この内，才能児の認定のために主に使われるのは，SAT論証試験やACT一般試験である．SAT論証試験やACT一般試験を，中学校の生徒の才能児の認定に用いているイリノイ州シカゴ市やオハイオ州シンシナシー市などの例

もある．たとえば，2000年度のSAT論証試験の旧方式の1600点満点の平均得点は，シンシナシー市のインディアン・ヒル中学校（Indian Hill Middle School）に在籍する6年生の才能児4人は，言語587.5点，数学497.5点，計1085点，ノースウエスタン大学（Northwestern University）が主催して実施している才能児発見プログラムであるミッドウエスト才能児探索（Midwest Talent Search）の6年生1,128人は，言語410.8点，数学436.8点，計847.6点，全米の12年生の大学受験生は，言語505点，数学511点，計1016点であった．(Discovery Web site, Mrs. Joanne Herrmann, Indian Hill Middle School, Cincinnati, OH 45243, USA, May 5, 2000)．インディアン・ヒル中学校6年生の才能児のSAT論証試験の得点は，SAT論証試験を受験した全米の12年生の平均点よりも高得点である．なお，インディアン・ヒル中学校6年生の言語と数学（Combined）の最低点は1040点，最高点は1140点であった．

　また，2000年度の旧方式のSAT論証試験1600点満点の平均得点は，インディアン・ヒル中学校7年生の才能児33人は，言語487.9点，数学438.5点，計926.4点，ミッドウエスト才能児探索応募者5,469人は，言語443.7点，数学465.2点，計908.9点，全米の12年生の大学受験生は，言語505点，数学511点，計1016点であった．ACT一般試験の108点満点の平均得点は，インディアン・ヒル中学校7年生の才能児2人は，読解19点，数学18.5点，作文18.5点，計56点，ミッドウエスト才能児探索応募者3,995人は，読解17.5点，数学16点，作文17.4点，計50.9点，全米の12年生の大学受験生は，読解21.4点，数学20.7点，作文21.0点，計63.1点であった（Discovery Web site, Mrs. Joanne Herrmann, Indian Hill Middle School, Cincinnati, OH 45243, USA, May 5, 2000)．インディアン・ヒル中学校7年生のSAT試験とACT試験の得点は，12年生の平均点には及ばないものの，中学生の得点としては，相当に高いことが理解される．このように，大学に入学するために実施される試験を，才能児の探索や発見に利用する場合もある．

　子どもたちの将来を大きく左右してしまう可能性のある才能児の認定には，

慎重で丁寧な作業が必要なため，最終的な才能児の認定は，多くの教育委員会や学校では，臨床心理学の専門家などを交えた合議制の委員会で行われる場合が多い．また，保護者による異議申し立てを制度化して，再審議の機会を与えている国や州，郡が多い．

(3) 才能児の評価

見出された才能児のもっている才能の特徴 (Character) や，才能を示す学習分野や教科 (Subject Matters) の評価と，その才能の深度と進度などの見きわめを行う過程が，才能児の評価 (Assessment of Giftedness) 作業である．すなわち，(1) 思考技術 (Thinking Skills)，問題解決能力 (Problem Solving)，創造性 (Creativity)，リーダーシップ (Leadership) などの才能の特徴と，(2) 理数系 (Math and Natural Sciences)，人文系 (Humanity)，芸術系 (Arts)，体育系 (Athletic Sports) などの学習分野と，(3) 理科・算数・数学，言語，社会，芸術，体育・運動などの教科の才能の深度と進度などの見きわめを行う作業となる．

多くの才能児は複数の学習分野や教科に才能を示す場合が多い．このため，一人ひとりの才能に合った教育方法や教育内容を考えるための基礎資料となる重要な評価作業である．しかし，評価は独立して行われるわけではなく，上記の才能児の認定作業と連動して行われるものである．

(4) 才能教育の教育方法

見出された才能児は，その評価に基づいてもっとも適した教育内容や教育方法 (Contents and Instruction Methods) によって才能教育を受ける．このための，それぞれの才能児にもっとも適した才能教育の学習内容や教育方法を検討する作業が必要である．具体的には，それぞれの才能児のための学習計画を作成

し，カリキュラム開発をすることである．一般の教育実践においても，カリキュラム開発はもっとも難しい作業であり，ましてや，一人ひとりの才能児のために学習計画を作成し，カリキュラムを開発するのは，教師として相当な経験と知識が必要である．それぞれの才能児の評価に基づいて，才能教育を実施する教科，学習内容，教育深度や教育進度，学習方法などによって時間割を決定する．新たに特別な才能教育のためのカリキュラム開発を行う必要がある場合もある．

才能教育の教育方法として，主要な2つの教育方法が開発されている．一つは，特定の教科目に片寄らず体系的に，かつ深化した幅広い内容を学習することにより，総合的な思考力や分析力を養う拡充教育（エンリッチメント，Enrichment）と呼ばれる教育方法である．他は，通常の教育上の達成課題を最短期間で修得し，学習の時間的・経済的な省力化を行う促進教育（アクセレレーション，Acceleration）と呼ばれる教育方法である．

才能教育の教育方法として多くの国々では，実際には拡充教育と促進教育の2つの教育方法が併用されている．以下に，拡充教育と促進教育の具体的な教育方法について説明する．

1）拡充教育

日本では学習指導要領で定められているが，どこの国や州でも，それぞれの学年におけるある学習分野では，標準的にどのような内容をどれぐらいの時間をかけて学ぶかについて定められている．拡充教育とは，定められている時間内で，標準的に定められている内容を大幅に超えて，より深い内容を学習する教育方法をいう．

深化した幅広い内容を体系的に学習することによって，総合的な思考力や分析力を養うことが拡充教育の目的である．具体的には，1）通常のカリキュラムの内容以上の学習をする，2）さまざまな分野の学習をする，3）児童・生徒が選択した内容を学習する，4）高度に複雑な内容の学習をする，などによ

って，1）最大限の基本的な学習スキルを身に付け，2）思考スキルや情緒の発達を促し，3）創造的な思考によって問題を解決し，4）学習意欲をもたせようとするものである．

拡充教育を実施する方法としては，1）通常の学級の中で実施する場合，2）才能児だけを同じ校内の別の教室に集めて実施するプルアウト（Pullout）と呼ばれる方法で実施する場合，3）マグネット・スクールや才能教育センターなどの特別の施設を使って実施する場合，4）通常の学習機会とはまったく別の機会を設けて実施する場合などがある．

拡充教育の代表的な教育方法には，学校内で行われる，自己学習，共同学習，メンターシップなどの方法がある．メンターシップとは，低学年の才能児の学習機会に，高学年の才能児を付き添わせて学習させる方法である．低学年の才能児にとっては，才能児ならではの抱える問題を理解してくれる先輩は，ありがたい存在であり，高学年の才能児にとっては，社会性に問題のある才能児に，社会性を身に付けさせる良い機会となる．もちろん，高学年の才能児は，才能教育の教師に相談しながら学習指導をすすめる．

なお，拡充教育の教育全体に与える効果としては，より深い内容を学ぶ才能児の学習態度に引っ張られて，周囲の子どもたちに良い影響を与えることにより，学校教育全体の底上げに寄与することといわれている．

A．自己学習

独立学習（Independent study）とは，通常の学習を行っている一般の子どもとは別の課題を才能児の子どもに与えて，学習させる教育方法である．通常の学級の中で実施することも，才能児だけを別の教室に集めて実施することも，あるいは特別の施設を使って実施することもできる教育方法である．また，この学習方法は，才能児一人ひとりでも，2人の才能児でも，あるいは小さな才能児のグループによる学習の方法としてでも，実施することができる．自分の学習速度に合った内容の学習（Self-paced instruction）が可能となる．

たとえば，通常の学級の中で，一般の子どもたちが一桁のかけ算を学習している時に，才能児の子どもには3桁のかけ算を学習させるなどの教育方法も独立学習の一つといえる．しかし，一般に独立学習といった場合には，たとえば，なぜピラミッドは建てられたのか，といったように大きなテーマを設定し，それについて広く深く調査研究する学習の方法をさす場合が多い．

B．共同学習

グループ活動（Group activity）には，才能児の子どものみによるグループ活動と，一般の子どもと才能児の子どもによるグループ活動とが考えられる．才能児の子どものみによるグループ活動は，一般の子どものみによるグループ活動で用いられる教育方法が応用できるのでここでは詳しく取り扱わない．

一般の子どもと才能児の子どもによるグループ活動は，幾つかのケースが考えられる．まず，才能教育のプログラムが確立されていない地域の学校の才能児の教育の場合である．通常の学級内に数人からなる才能児を在籍させて，才能児にグループ活動による学習をさせる場合である．この場合は，とくにある分野に才能を示す才能児のグループ活動に適している．たとえば，音楽の分野に才能を示す子どもたちは，その授業時間だけプルアウトによって高度な音楽教育を受け，それ以外の授業時間は一般の子どもとともに，各教科の授業を受けるのである．

もう一つの手法は，年齢による固定した学年制にとらわれない教育方法で，上級学年の一般の子どもたちの中に，年下の才能児の子どもを入れてグループ活動を行わせる混成学級（Combined classes）と呼ばれる教育方法である．次に述べるメンターシップ教育のグループ版ともいえる．この教育方法により，上級学年の一般の子どもたちには年下の子どもの扱いかたや学習指導のやりかたを身に付けさせることができ，年下の才能児の子どもにとっては，協調性や社会性を身に付けさせる機会となるなど，子どもどうしが影響し合って相互作用による成長を促すことが大きな利点となる．このため上級学年の生徒に反発心

をもたせないためにも，2年またはそれ以上の上級学年の生徒との混成学級で学習させる方が効果が高い．

以下に示すように，レンズーリらは，グループ活動による拡充教育は，多様な学習やその他のスキルが培われるので，非常に有効な教育方法であるとしている（Joseph S. Renzulli and Sally M. Reis, The Schoolwide Enrichment Model: A Comprehensive Plan for the Development of Creative Productivity, in "Handbook of Gifted Education," Colangelo & Davis eds., Allyn & Bacon, MA, USA, 1991）．

1．グループ活動によって培われる一般的なスキル
　(1) 創造的な思考
　(2) 問題解決能力
　(3) 批判的な思考
2．グループ活動によって培われる学習スキル
　(1) ノートの取り方
　(2) 面接の仕方
　(3) 分類の仕方
　(4) データ分析
　(5) 結論を引き出す
3．グループ活動によって培われる資料を使うスキル
　(1) 読者ガイド
　(2) 説明書・規則書
　(3) 抄録作成
4．グループ活動によって培われるコミュニケーション・スキル
　(1) 文章によるコミュニケーション・スキル
　(2) 口頭によるコミュニケーション・スキル
　(3) 顔の表情・ボディーランゲージによるコミュニケーション・スキル
5．グループ活動よる現実の問題の調査によって培われる能力
　(1) 自ら選んだ問題に対し自らの興味，知識，創造的なアイデアを適用する

(2) 学際的な内容を学習することにより通常より高度な知識を理解する必要（理解するまでのプロセスと内容）
(3) 聞いている人に論理的に訴えかける結果を得る
(4) 自律的な学習スキルを身に付ける
　1) 企画立案
　2) 整理体系化
　3) 資源利用
　4) 時間管理
　5) 決定能力（決断力）
　6) 自己評価
(5) 課題の解決へ関与することにより身に付く能力
　1) 自信
　2) 創造的な作業に携わっているという充実感
　3) 他の子ども，教師，上級生や専門家と効果的に影響し合う能力

C．メンターシップ教育

　メンターシップ教育（Mentorship）とは，学年の上の子どもを，学年の下の才能児の側に付けて学習させる教育方法である．上級学年の子どもも才能児である場合がよりスムースに行く．通常の学級の中では何かと孤立しがちな才能児たちにとって，同じ境遇を理解してもらえる上級学年の才能児の子どもは，頼りになる存在である．具体的には，高校の生徒が小学生や中学生の才能児の子どもの学習指導を行うなどである．指導する高校の生徒にとっては，メンターシップによるハイスクールの単位を取得することができる．メンターシップ制度の利点は，本からは学ぶことのできない知識，スキルや才能を増やすことができること，自負心や自信を養うことができること，個人的な倫理観や規範意識を培うことができること，創造性を高めることができること，キャリア・プランを考える助けになること，影響力もあり物事に精通している人びととの

出会いがあること，価値のあるそして深い長期の友情を培うことができること，などの効果があると考えられる（E. P. Edlind and P. A. Haensly, Gifts of Mentorships, Gifted Child Quarterly, 29, pp. 55-60, 1985）．

　メンターシップ教育の教育方法としては，継続的な上級学年の内容の学習（Continuous placement），学年と関係なく生徒の現在の能力に見合っていると思われる内容を学習する混成学級（Combined classes），下級学年の生徒が学問的，社会的に上級学年の生徒と影響し合うように2年またはそれ以上上の上級学年の生徒との混成学級で学習させる方法などがある．

　なお，コックスとダニエルは，メンターシップ制度を確立するためには，次のような内容に留意する必要があると指摘している．したがって，メンターシップ制度による才能児の教育を実施するには，かなり周到な準備が必要である（J. Cox and N. Daniel, The Role of the Mentor, Gifted Child Today, Sep./Oct., pp. 54-61, 1983）．

1．学区の教育長，教育委員会，あるいは地域住民の代表などの支援が必要である．
2．個々のメンターシップの目的とメンターの生徒の役割を明確にする．
3．分かり易く，弁明できる学問的な単位授与制度を開発する．もしハイスクールの単位が与えられるのであれば，メンターシップの経験が単位取得の教科と直接関係すること．
4．明文化した，一つではなく多数の基準に基づいてメンターの生徒を選ぶ基準を作成する．
5．可能な限りメンターの生徒と才能児の最善の組み合わせを作る努力をする．メンターの生徒は，使い走りではなく創造的なプロデューサーであるべきである．
6．生徒がかかわる専門的で事務的な環境に慣れさせるために，生徒に対するオリエンテーションを開催する．
7．メンターシップの実践に入る前に，メンターシップに関係する教科を準備

する.
8. 生徒一人ひとりの目標を立てる手助けをする.
9. メンターシップのプログラムは,生徒の学問的な要求を満たすものでなければならない.生徒は,要求された読書をしなければならない.生徒は,自分の活動や経験を分析するなどの日誌をつけなければならない.

最近米国では,シカゴ市,MD州ハワード郡,ボルチモア郡やその隣のハーフォード郡などで,このメンターシップ制度を移行プログラム(Transition Program)と名付け,形を変えて通常のハイスクール教育に適用し,生徒の成績向上に大きく寄与しているとの報告もされている.たとえば,MD州ハーフォード郡 (5―3―4制) のハイスクール (9～12年生) では,マスタング移行プログラム (Mustang Transition Program) と名付けられた12年生 (Senior) の先輩 (Mentor) が,新入生 (Freshman) の9年生 (Mentee) のサポート役となって,学習や課外活動の相談にのっている.教師は,生徒が11年生の時に翌年のメンター役となる生徒を選んで夏休み中にオリエンテーションを行い,9月に12年生となった時に新入生のメンター役となる.メンターとなるのは,成績も良く (GPAが3.76～3.49),また課外活動にも熱心な生徒が選ばれる.1クラス20人の新入生を4つのグループに分け,1グループに一人のメンターをサポート役として付けている.メンターは,朝の1時間目の授業が始まる15分前に新入生のホームルームの教室に出て質問や相談にのり,自身の授業が済んだ後の放課後は,午後5時45分まで開いているメディア・センターと呼んでいる場所で,新入生のサポートを行う (After-school Session).これによって新入生の成績が,2002年にはGPAの平均が2.59であったものが,2005年には2.85と大きく改善されたと報告している. (Mustang Transition Program Eases Freshman Fears—Seniors take lead role in welcoming ninth graders to fold, Harford Schools Newspaper, Harford County Public Schools, MD, USA, December 2003, Many Gail Hare, A Harford School's Progoram Guides Freshmen in a Difficult Year,

The Baltimore Sun, March 20, 2007).

D. 課外学習教育

　拡充教育の教育方法の一つとしての課外（学習）教育（Extracurricular programs）は，独立学習としても，またグループ学習としても実施することが可能である．また，課外学習教育は，通常のカリキュラム外の教育方法として，地域の図書館，博物館，美術館，教育センターなどを利用した，さまざまな教育方法が考案されている．とくに，知的好奇心の旺盛な才能児の教育の一環としては，通常の学級での学習では得られないさまざまな知識や経験，あるいは普段交流することのない人びととの接触や，学校での学習では得られない資料に接触する機会などが得られ，教室での学習とは異なった学習効果が期待される．

　たとえば，建物や建築に興味のある才能児の場合には，その地域の建築物について設計，デザイン，建築材料，建築設備，居住性，耐震性や強度，あるいは歴史的な意味など，建造物の一つひとつについて調べるなど，総合的，学際的な学習効果が期待される．

　課外学習教育を特別な方法で実施する方法もある．小学生の才能児が，ハイスクールの授業を受講したり，ハイスクールの才能児が，大学の授業を受講する方法，あるいは才能児のために大学や教育委員会が土曜日や日曜日などに定期的に開催する講座やセミナー，春や夏の休業時に集中的に開催される講座やセミナー，また，場合によっては夏の休業時に海外での学習機会をもうけるなどの教育方法がある．

　学校外で行われる，拡充教育の例としては，土曜拡充講座や夏期拡充講座などの，普段通学している学校では学習する機会のない学習内容を，大学の教員や専門家の指導を受けて学習することができる機会となる．以下に，米国ヴァージニア州シャーロットヴィルにあるヴァージニア大学カーリースクール（The Curry School，教育学部・教育研究科）が，2007年1月～2月にかけて開い

た5回にわたる土曜拡充講座（Saturday Enrichment Program）を，例としてみてみよう．土曜拡充講座は，州内のシャーロットヴィル，オレンジ郡，ファークァイアー郡の3ヶ所で同時開催されている．シャーロットヴィルでは，大学内で土曜の午前9時〜11時の早期セッションと，午前11時半〜1時半の後期セッションの2回開催され，オレンジ郡とファークァイアー郡では，早期セッションのみの開催である．対象となるのは，幼稚園児（K，5歳）から5年生までの児童である．講座は，K〜1年生，2〜3年生，4〜5年生を対象としたクラスに分かれている．

K〜1年生を対象とした土曜拡充講座の内容を，講座名のみでカッコ内に内容を簡単に示すと，どの絵も物語がある（絵を見て物語を作る），あなた自身を表現しよう（作文），物語劇場（動物の動作の物まねから脚本を作る），わが町の歴史（子どもの住んでいる町の一角を自分の言葉で歴史的に説明する），フランス語で世界一周（フランス語漬けになって世界の町を旅行する），経済の響き（経済の原理を歌を通して学ぶ），音で遊ぼう（楽器）の7講座が開かれている．

2〜3年生を対象とした講座の内容は，スーパー探偵再び解決（事件をどのように解決するのか），宇宙への旅（宇宙の学習），数学の技術とスリル（TVの視聴率やスペースシャトルの飛行を通じて数学を学習），画家にI（アイ）を（画家の目（アイ）で作品を観察），作文の世界探検（私小説の作成），音楽と自己表現（音楽の世界への誘い），一緒に芸術を（日常生活の中のデザインなど芸術を学ぶ），樹上の家101（樹の上に家を作り建築学を学ぶ）の8講座が開かれている．

4〜5年生を対象とした講座の内容は，多文化数学ゲーム（世界の異なった地域のゲームを知りその中に数学的な考えがどんなふうに使われているか学ぶ），素晴らしい展示（毎週博物館の異なった展示コーナーを訪れ解説），若い科学者（実際の科学者はどのように研究をすすめるのか学ぶ），ライト！カメラ！アクション！ポップコーン！（映画の脚本を作る），あなたの物語は何（日常生活のスナップショットを作文で作ろう），私の最初の中国語学習（中国の文化と言葉を学ぶ），疫学101：ウイルス，細菌そしてあなた（ウイルスや細菌の構造と病気），少女のパワー（自

分たちの障害物コースや一場面を創造する），問題発生？（毎日の生活で起きる問題を数学を使って解決），建築デッサンとデザイン（3Dで家をデザインする），デジタル・デザインとアニメーション（アニメのキャラクターを創造する），美術館：各部の美術（絵画の基本的な要素を学び絵に込められた意味を知る）の12講座が開かれている．

　このように，いずれの講座も，チームワーク，情報の整理や総合化，批判的思考力，創造性，いかに一般の人びとに内容を伝えるかなどの技術を学びながら，専門的な学習内容を深める内容となっている．

　さらに，夏季休業を利用した課外教育の特殊な形態として，とくにオンサイトでの語学学習や外国文化の拡充教育として効果の大きい海外学習がある．たとえば，メリーランド州ボルチモア市に立地するジョン・ホプキンス大学 (John's Hopkins University) 才能児センター (Center for Talented Youth, CTY) では，2007年の夏季プログラムの一環として，2つの海外学習を実施している．一つは，9年生以上の生徒を対象にした中国南京市のホプキンス南京センターでの7コースの海外学習，他は7年生以上の生徒を対象としたメキシコ・プエブロ市アメリカ大学 (University of the Americas, UDLA) での10コースの海外学習である．いずれも大学レベルの内容による3週間の学習で，南京センターでは中国語と中国文化の学習が中心となり，メキシコ・プエブロ市アメリカ大学ではほとんどのコースが英語とスペイン語のイマージョン教育が行われた．以下に開かれたコース名を示した．

米国ジョン・ホプキンス大学CTYの2007年夏季中国南京市海外学習プログラム
上級ゲーム理論：ビジネスはゲーム
米中関係
中国哲学
中国近代化における現代的諸問題
中国の王朝：興隆と没落

中国のイメージ：文学と芸術
薬：東と西

米国ジョン・ホプキンス大学CTYの2007年夏季メキシコ・プエブロ市海外学習プログラム
社会における化学
ナノテクノロジー入門
工学デザインの原理
医科学：薬学と毒物学
メキシコの偉大な作家と芸術家
科学コース
生物工学
考古学入門
天文学入門
数学モデル

E．名誉プログラムとAPプログラム

　米国では通常のカリキュラムでは取り扱わないような，より高度な内容の授業の総称を名誉プログラム（Honor program）と呼ぶ．したがって名誉プログラムは，拡充教育の一形態と捉えることができる．この名誉プログラムの授業は，学校の名誉委員会（Honor Office）が選ぶ一定以上の成績を修めた子どもだけが受講できるプログラムである．名誉プログラムは，小学校からハイスクールまでの各学校段階で実施することができるが，主としてハイスクールにおける拡充教育の一手段として用いられている．また，ハイスクールにおいて名誉プログラムを受講したことがあるという記録は，大学入学後に奨学金を獲得する際に有利な条件となる．才能教育とは直接関係がないものの，大学においても一定以上のGPA（Grade Point Averages）の成績評価を得た学生のみが受講できる名誉プログラムを置いているところもある．この場合も，奨学金の受給確

立が高くなる．

APプログラム（Advanced Placement program）とは，ハイスクールで大学教養レベルの内容の講義を受講し，カレッジ・ボードの実施するAPテストに合格すれば，大学に入学した時にはその教科はすでに履修済みとして扱われるプログラムの総称である．大学教養レベルの内容を学習するので，拡充教育の一つの形態と捉えることができるが，大学に進学した際には，すでに大学教養レベルの講義を受講したものとして扱われるので，大学の在学期間を短縮することができることもあり，この観点からは促進教育の一つとも考えることができる．2007年5月から始まった中国語と中国文化および日本語と日本文化の2教科を加え，現在，英語，英文学，ラテン文学，ラテン：ウェルギリウス，イタリア文学・文化，フランス語，フランス文学，ドイツ語，ドイツ文学，スペイン語，スペイン文学，日本語・日本文化，中国語・中国文化，心理学，米国史，世界史，ヨーロッパ史，人文地理，芸術史，音楽理論，スタジオ芸術，米国政治，比較政治学，マクロ経済学，ミクロ経済学，心理学，微分積分AB，微分積分BC，統計学，コンピュータ科学A，コンピュータ科学AB，物理学B，物理学C，化学，生物学，環境科学の37教科22副分野のAPテストが実施されている（The College Board, USA, 2007）．

また，2007年の全米の37教科の延べ受験者数は，2,476,962人であった．受験者数の多かったAPテストの上位20教科の，2007年とカッコ内に2001年の受験者数と順位を，以下に示した（The College Board, USA, 2002, 2007）．

米国史	331,181人	（1位 227,757人）
英文学および創作技術	292,317人	（2位 215,313人）
微分積分AB	204,546人	（3位 157,524人）
英語言語学および文章構成	277,966人	（4位 156,193人）
生物学	141,321人	（5位 97,762人）
米国政府および政治	160,346人	（6位 90,937人）
スペイン語	100,079人	（7位 74,240人）

心理学	113,598 人	（10 位 51,831 人）
世界史	101,019 人	（17 位 20,955 人）
統計学	96,282 人	（11 位 49,824 人）
ヨーロッパ史	95,355 人	（8 位 68,876 人）
化学	93,307 人	（9 位 61,584 人）
微分積分 BC	62,614 人	（12 位 41,785 人）
マクロ経済学	56,701 人	（14 位 32,184 人）
物理学 B	52,635 人	（13 位 37,447 人）
環境科学	51,898 人	（15 位 24,376 人）
ミクロ経済学	33,946 人	（16 位 23,108 人）
フランス語	19,655 人	（19 位 17,372 人）
コンピュータ科学 A	14,529 人	（20 位 15,660 人）
物理学 C：力学	10,788 人	（18 位 19,252 人）

年々受験者数が増加していることや世界史の受験者数が大幅に増加していることなど，大学入学後，ほとんどの学生が履修しなければならない教科目の受験者数が多いことが理解される．

2）促進教育

促進教育とは，標準的に定められている内容を，標準的に定められている学習時間を短縮して学習する教育方法である．一般の教育課程での促進教育の方法には，通常の学校教育制度の短縮をはかる教育方法と，教育内容の学習時間の短縮をはかる教育方法とがある．

通常の学校教育制度の短縮をはかる教育方法には，早期入学（Early entry），飛び級（Grade skipping），一部学級促進教育，あるいは早期卒業などの教育方法がある．

教育内容の学習時間の短縮をはかる教育方法には，カリキュラム圧縮（Curriculum compacting），テレスコーピング（Telescoping），上級学校での促進

教育，通信授業などの教育方法がある．圧縮とは，学習速度を早めることにより，浮いた時間をより深い内容に当てたり（拡充教育），次の学習に進む（促進教育）教育方法である．教育実践の場では，単語のスペル，算数の計算方法，言語の基本技術などの学習の基礎技術に相当する内容と，一般的な社会，理科，国語，算数の応用問題，問題解決法などとは，カリキュラム圧縮法も異なってくる．

テレスコーピングとは，圧縮法の端的な例である．本来は2年間をかけて学習する2学年分の学習を，カリキュラム圧縮によって1年間で学習する方法である．オーストラリアの多くの州の中等教育学校でも利用している促進教育の方法である．

飛び級とは，たとえば3学年から5学年へと学年を飛び越して進級する教育方法である．学習進度の早い才能児にとっては，教室ですでに熟知している内容を学習するのは苦痛以外の何ものでもない．このような才能児にとって，飛び級は不可欠な教育方法となる．

促進教育の教育全体に与える効果としては，才能児が早い速度で学習する学習方法が，教育方法の改善に資する可能性があることである．

A．学校教育の短縮

通常の年齢より早期に入学することにより，早期に学校教育を終えようとする促進教育の方法が早期入学（Early entrance, Early entry）である．たとえば，幼稚園早期入学（Early entrance to kindergarten）などにより，その後の学校教育を通常の在籍年数で終えたとしても，早く入学した分だけは，早く卒業できる訳である．実際には，それ以外の促進教育による教育方法も併用されることが予想されるので，通常の場合よりも数年も早く卒業できる可能性が高いのである．

早期入学は，誰がどのような基準によって決定するのであろうか．たとえば，西オーストラリア州の通常の学校教育への入学は，4歳で幼稚園

(Kindergarten）入学，5歳で初等事前学級（Pre Primary School）入学，6歳で小学校（Primary School）入学である．西オーストラリア州の教育省は，早期入学の判断は基本的に学校に委ねるとしている．4歳での小学校への早期入学制度はないが，4歳での初等事前学級への早期入学は，幼稚園の教師と保護者とで判断するとしている．5歳での小学校への早期入学は，初等事前学級の教師および小学校1年の教師と校長とが判断するが，保護者も決定に関与することができるとしている．西オーストラリア州教育省の小学校1学年への早期入学の判断基準を，以下に示した（Exceptionally Able Children-Guidelines for Early Childhood Year, p.50, Education Department of Western Australia, 1988）．これらの基準は，基本的にプロクターらによる判断基準を採用している（T. B. Proctor, J. F. Feldhusen and K. N. Black, Guidelines for Early Admission to Elementary School, Psychology in the Schools, Vol. 25, pp. 41-43, 1988）．

西オーストラリア州教育省の早期入学基準

1．通常入学する年齢より6ヶ月以内で，通常入学する年齢より高い知能指数であること．
2．学校心理士による子どもの知性の働きや入学への心の準備，社会的情緒的成熟度などの評価．
3．小学校1年あるいはそれ以上の学力，読解力，数学的論理性などがある．
4．社会的あるいは情緒的に適応力があり，学習意欲を示しグループ活動に順応できる．子どもが小学校1年への入学を望んでいること．
5．子どもが学級活動や体育に順応するのに必要な身体的運動能力をもっている．
6．小学校1年の教師が早期入学に積極的で，子どもが順応する手助けをする意思がある．
7．早期入学は6週間の試行期間を置き，この間に子どもの成長をモニターし，保護者，校長，初等事前学級の教師に報告を行う．

9月に始まる米国MD州モンゴメリー郡の学校教育は，4歳でプレスクール入学，5歳で幼稚園入学，6歳で5年間の小学校入学，11歳で3年間の中学校入学，14歳で4年間のハイスクール入学であるが，5歳で入学する幼稚園からの12年間が義務教育である．モンゴメリー郡教育委員会（MCPS）では，プレスクール，幼稚園，小学校への早期入学プログラムがそれぞれ実施されている（Policy-Early Entrance to Prekindergarten, Kindergarten, and First Grade (JEB), MCPS, 1983, 最終改訂March 14, 2006）．また，早期入学ができる年齢，手続きやスクリーニングの方法，評価する方法なども定めている（Regulation-Early Entrance to Prekindergarten, Kindergarten, and First Grade (JEB-RB), MCPS, 1983, 最終改訂May 2, 2006）．ただし，プレスクールへの早期入学やヘッド・スタート（Head Start）プロジェクトは，経済的に恵まれない地域の子どもが初等教育のスタートに当たって不利にならないように企図された就学前児童のための郡の教育事業であり，ヘッド・スタートは米国連邦政府の教育事業で，主として経済的な要因による基準によって選択される才能教育とは別のプログラムである．

　モンゴメリー郡の幼稚園や小学校への早期入学の手続きは，保護者の早期入学プログラム申請書の提出から始まる．9月1日現在5歳に達している子どもが幼稚園入学資格がある．JEB-RBによると幼稚園へ早期入学できるのは，9月1日以降の6週間以内に5歳になる子どもと定められている．幼稚園早期入学を希望する保護者は，3月1日から6月30日までの間にA4版3枚からなる申請書（Form 271-6）をMCPSに提出する．Form 271-6は，7項目からなる保護者によるチェックリストと，9問の保護者に対する質問項目が含まれている．7項目のチェックリストは，よく（Frequentry），時々（Sometimes），そういう時はない（None of the Time）の3つの回答欄の該当部分にチェックを入れるように作られている（Application for Early Entrance Kindergarten, Form 271-6, MCPS, Rockville, MD, USA, 2007年2月改訂）．

米国メリーランド州モンゴメリー郡教育委員会の幼稚園早期入学申請書の内容

〈保護者用チェックリスト〉

「よく」「時々」「そういう時はない」のどれかにチェックする

○ 身体の健康と運動能力の発達

　自力でやるべきことを自主的にする（着る，脱ぐ，チャックをする，結ぶ）

　細かな動作をするために目と手を協調させて使う（縫う，書く，切る）

　大きな動作をするためにバランスをとって調節する（歩く，跳ぶ，スキップする）

○ 個および社会的発達

　学習することに熱意を見せる（好奇心が強い，調べることが好き）

　規則や決まったやり方に従う（遊び時間に後片付けをする）

　変化や変わり目に上手に対処する（夕食時間や就寝時間）

　一人またはそれ以上の子どもに対して円滑に交流する

○ 言葉と読み書き能力

　物語，討論，会話の中から意味を聞き取る

　はっきりとしゃべり，アイデアや考えを共有する

　文字を識別できる

　導入音を識別できる

　文字や単語を使って書く

　名前を書く

○ 数学的思考

　0から20までの数を見分ける

　口頭で30まで数えられる

　簡単な模様（円と三角形の繰り返し模様）を見分け，そっくり写し，他の物に応用できる

　形の特徴を見分け，説明できる

○ 科学的思考

色々な物を虫眼鏡を使って観察する

色々な物の性質を見分け，説明し，比較する

生きるために必要な物についてその特徴や基本的な必要性を説明できる（食物，水，家）

○社会

自己と他者の同じ所と違っている所を見分ける

人びとの役割や責任を説明できる（消防士は火事を消す）

規則がある理由を理解する

○芸術

塗ったり絵を描くことが好き

唄ったり踊ったりすることが好き

絵を描いたり塗ったりするアイデアを共有する

〈質問項目〉

1. なぜあなたは，あなたのお子さんが幼稚園への早期入学を考慮すべきであると感じるのですか．
2. あなたのお子さんは，遊びやゲームにどれぐらいの時間興味を持ち続けますか．
3. あなたのお子さんは，家庭内でどのような仕事を分担して担っていますか．あなたのお子さんが仕事の責任を果たさなかった時，あなたはどうしていますか．
4. あなたのお子さんが何かをやろうとしてできなかった時，お子さんはどんな反応を示しますか．
5. あなたのお子さんは家庭ではどのような種類の読書をしますか．
6. あなたのお子さんは，クレヨン，鉛筆，マーカーなどの筆記用具で，どのような種類の体験をしましたか．
7. あなたのお子さんは，数，形，あるいは模様について知っていますか．

8. あなたのお子さんは，状況の変化や新しい状況にどのように対処しますか．
9. あなたのお子さんは他の子どもたちとどのように交流しますか．あなたのお子さんが同輩と分担したり，交互に交代したり，協力したりするかどうかについて考えて説明して下さい．

　保護者は，4月初めから5月の終わりの間に入学を希望する学校で開かれる幼稚園オリエンテーション・プログラムに参加しなければならない．このプログラムで，子どもは他の子どもとともに色々な活動に参加し，教員によるスクリーニング評価が行われる．また，保護者は，外部の専門家による評価票，プレスクールの成績や評価などの資料を追加して提出することもできる．申請書の保護者チェックリストやスクリーニング評価のデータ，あるいは追加資料などに基づいて，幼稚園早期入学の推薦が行われる．結果は，文書でスクリーニング評価から15日以内に通知される．なお，結果に対して不服のある保護者は，決定があってから30日以内に文書でMCPSに申し立てることができる (2006-2007 A Parent's Guide to Early Entrance to Kindergarten, Division of Early Childhood Program and Services, MCPS, Rockville, MD, USA, April 2006)．

　MD州モンゴメリー郡では9月1日現在6歳に達している子ども，あるいは9月1日以降6週間以内に6歳になる子どもが，小学校早期入学を申請できる．早期入学を希望する保護者は，小学校1年への早期入学のための申請書 (Application for Early Entrance First Grade, Form 271-1, MCPS, Montgomery County, MD, 2007年3月改訂) を，7月1日から8月31日までに入学する予定の小学校へ提出しなければならない．申請書は，A4版1枚の大きさで，申請書の下部の約3分の1の部分に質問に対する自由回答欄があり，「なぜあなたは，あなたのお子さんが幼稚園ではなく小学校1年が適切な場所であると感じるのですか．あなたのお子さんの社会的行動，情緒の発達，学問的なスキル，学習の習慣について意見を述べて下さい．」とある．小学校へ早期入学を希望する子ど

もは，最初の6週間は，幼稚園に在籍しなければならない．この6週間に学校の教師による評価と教室での観察が行われ，小学校1年への早期入学の可否が判断され，最終決定は校長が行う．結果は，遅くとも10月15日までに保護者に通知される．

　学校教育の時間的短縮を行う促進教育の方法として広く取り入れられているのが飛び級（Grade skipping）制度である．飛び級は，本来の学齢で在籍すべき学年より上級の学年に在籍させて学校教育の時間的短縮を行う教育方法である．西オーストラリア州教育省が掲げている，飛び級（Year skipping）に際して考慮すべき留意事項を以下に示した（Exceptionally Able Children—Guidelines for Early Childhood Year, p.51, Education Department of Western Australia, 1988）．

　一部の教科あるいは，内容を学習する時には上級の学級で学習する一部学級促進教育（Part-time grade acceleration），あるいは特定教科の学習では上級学年のクラスで学習する教科別促進教育（Subject-matter acceleration）といういい方もあるが，これは正確には拡充教育の一教育方法と考えるべきである．

西オーストラリア州教育省が掲げる飛び級に際して考慮すべき留意事項

1. 子どもの社会的，情緒的，身体的発達が優れた知性や学力や創造性の能力と一致しているか．子どもによっては拡充教育や課外教育のほうが，子どもの更なる創造性や能力の発達に適している．
2. 子どもの能力，学力，学習スタイル，要望や関心が促進教育によって高められるだろうか．促進教育は，学業成績の低い才能児にとって適切であることはめったにない．
3. 現在在籍するクラスで促進教育プログラムを始めることは可能か．もし子どもの秀でた分野が一分野ならば，促進教育を始めるためにメンターや独立学習を実施することは可能であるか．
4. 色々な年齢の子どもがいる混成学級での促進教育を始めることができるか．

5．一人ではなく，グループでの促進教育を実施することができるか．
6．促進教育を継続し調整できるか．
7．クラスの子どもの促進向上に対して柔軟に対応し理解力のある際だった教師がいるか．
8．子どもの保護者，校長，教師，学校心理士から提供されるすべてのデータに基づき，促進教育がもっとも適切な決定か．事例検討の協議が必要である．

　米国では，早期入学制度をもつ大学も多数あり，多くの才能教育経験者がこの制度を使って大学に早期入学している．早期入学制度には，1）ハイスクールに在学したまま一定数または一定の単位までの講義を聞くことのできる早期登録制度（Early Enrollment, Concurrent Enrollment），2）ハイスクールに在学したまま大学に早期入学（Early Admission）する方法（他の方法と区別するために，ここでは仮に「ダブル・スクール（Dual Enrollment）制度」と呼ぶ），3）ハイスクールを早期卒業して大学に早期入学（Early Entrance, Early Matriculation）する方法などがある（Advance to go, U.S. Colleges and Universities Offering Early Admission, Raven Days web page, May 3, 1999）．

　1）の方法は，ハイスクールに在学したままハイスクールの講義と同時に大学の講義も履修する，日本における科目等履修生のような制度で，ハイスクールと同時に大学の講義も履修する早期入学制度である．2）の方法は，日本で大学と専門学校の同時在籍などの場合に使われる，いわゆるダブル・スクールという状態で，ハイスクールと大学の両方に同時に在籍し，双方の講義を同時履修する早期入学制度である．この方法は，大学と大学院の間でも見られ，たとえば，ヴァージニア大学カーリースクールでは，所定の条件を満たした教育学部の4年生が，大学院教育学研究科修士課程1年に同時在籍することのできる制度がある（Five-Year Program, Student Advising Handbook, Teacher Education, Curry School of Education, University of Virginia, USA, July 2006）．

3）は，大学に早期入学するためにハイスクールを早期卒業する方法である．早期卒業（Early graduation）は，通常の在籍年数より学校を早く卒業する方法である．ハイスクールは単位制なので，早くに単位を履修して卒業要件に必要な単位を取得してしまえば，早期卒業が可能である．米国ではすべてのハイスクールで早期卒業が認められている訳ではない．また，早期卒業を認めている教育委員会と保護者の間で，卒業要件の改訂をめぐって論争になっている所もある（Barbara Behrendt, Early Graduation at What Cost?, St Petersburge Times, FL, USA, August 3, 2003, April Simpson, Educators Critical of Early Graduation, St Petersburge Times, FL, USA, August 7, 2003）．米国の多くの各学校区や教育委員会で定められた，ハイスクールを早期卒業する条件の詳細は異なるものの，一般には次のような条件を満たす必要がある．1）卒業に必要な必修科目と選択科目を履修していること，2）卒業に必要な単位を取得していること，3）GPAが一定以上の基準であること，3）規定の出席日数が満たされていること，4）APあるいは課外学習活動などの才能教育に参加するためであるなどの早期卒業の合理的な理由があること，5）早期卒業の申請について保護者と学校のカウンセラーとの協議を行うこと，6）文書による保護者の同意があること，7）校内の委員会が早期卒業を承認していること，8）ハイスクール11年生終了までに早期卒業の申請書を提出すること，などの内のほとんどの条件が満たされている場合に半期または1年の早期卒業が認められる場合がある．また，その手続きは，一般に以下のように進められる．

A) 保護者が文書で早期卒業申請のための面談の申請をする．
B) 保護者が学校のカウンセラーや専門家あるいは校長と面談する．
C) ハイスクール卒業資格（ディプロマ）が欲しい場合には面談時に卒業要件を満たしているかを確認する．
D) 校長の了承を得て，教育委員会の許可を得る．

しかし，文章化した明確な早期卒業基準などを定めている教育委員会はまれで，それぞれ個々のケースに応じて柔軟な判断をしているようである．その中

で，米国ウイスコンシン州の州都マディソン市南郊のデーン郡（Dane，学校制度5―3―4制）のヴェローナ（Verona）教育委員会が，詳細なハイスクール早期卒業の手続きや条件に関する基準を作成しているので以下に紹介する(345-61-Rule, Verona Area School District, WI, USA, 1976年3月22日決定，1989年4月17日改訂，2003年4月7日再改訂).

米国ウイスコンシン州ヴェローナ教育委員会のハイスクール早期卒業条件
〈1年間の早期卒業条件〉
1. 生徒は10年生（Sophomore）までに最低15単位履修していること.
2. 生徒は早期卒業の理由（たとえば，大学あるいは専門学校入学，就職，軍入隊など）を明らかにしなければならない.
3. 生徒は10年生の修了前にハイスクールのカウンセラーと面談し，その際に正式な早期卒業の申請を行わなければならない.
4. 生徒はカウンセラーによる単位履修の状態を証明し，ハイスクールの5セメスター（11年生）の始めに早期卒業の計画があることを校長に告げなければならない.
5. 卒業に必要な授業が（卒業までのセメスターに）開講されていない時には，生徒は早期卒業できない.
6. 相当する学習課題や事務手続きは夏季の間に済ませ，ハイスクールの最終在籍期間（12年生）の前に承諾をもらわなければならない.

〈中途での早期卒業条件〉
1. 生徒は11年生（Junior）までに最低19単位履修していること.
2. 生徒は早期卒業の理由（たとえば，大学あるいは専門学校入学，就職，軍入隊など）を明らかにしなければならない.
3. 生徒は11年生の修了前にハイスクールのカウンセラーと面談し，その際に正式な早期卒業の申請を行わなければならない.

4．生徒はカウンセラーによる単位履修の状態を証明し，ハイスクール 12 年生の始めの 1/4 半期に早期卒業の計画があることを校長に告げなければならない．
5．卒業に必要な授業が開講されていない時には，生徒は早期卒業できない．早期卒業申請を許可され，卒業に必要な単位を履修した生徒は，ハイスクール卒業資格（ディプロマ）を授与する通常行われる春の卒業式に参加する資格がある．

注）ヴェローナ教育委員会のハイスクールの最低卒業要件：国語 4 単位，社会 3 単位，科学 2 単位，数学 2 単位，体育 1.5 単位，保健 0.5 単位，その他 9.5 単位の合計 22.5 単位．なお，単位の設定の仕方は各教育委員会で異なるので注意が必要である．たとえば，ヴァージニア州パウンド市の教育委員会ではハイスクールの卒業要件を計 56 単位としている．

それではハイスクールの早期卒業の功罪はどうであろうか．ハイスクール早期卒業による利点は，1）大学に早期入学できる，2）大学のサマーセッションに登録し早期に大学の講義履修を開始できる，3）大学入学前にフルタイムで長く勤務することにより大学の学費全額を稼ぐことができる，4）テキサス州では早期卒業者を対象にした州立大学の奨学金制度がある（Early High School Graduation Scholarship Program-A Guide for Students and Parents, Division of Curriculum, Texas Education Agency, Austin TX, USA, Sept. 2005）などである．欠点は，1）ハイスクールに在籍していれば AP プログラムなどの大学レベルの講義の履修は無料だが，大学へ早期入学をして同じ内容の講義を履修するには 1 科目 \$230 ～ \$320 必要である，2）大学が新入生を選抜する時には，ハイスクールで色々な教科を履修した学生やボランティア活動などを行った学生を選択するので難関校に入学するには早期卒業者は不利である，3）大学の奨学金によっては，早期卒業者が不利な条件がある，4）ハイスクール最終学年は社会人として成熟する時期であるのにその機会を失う，5）ハイスクール最終学年のみにある運動競技やプロムなどの学校行事やクラブ活動などの課外活動

に参加する機会を失う，などがある．

さて，ハイスクールの早期卒業のためには，A）ハイスクールの早期卒業制度の利用，B）ハイスクール卒業資格試験（General Equivalent Diploma Examination, GED）の利用，C）州によっては実施されているハイスクール卒業資格試験の利用，D）国際バカロレア・ディプロマ資格の早期取得，E）特定の大学が認めている大学早期入学試験に合格して大学へ早期入学する，F）早期大学入学プログラム制度の利用，などの方法がある．

A）の方法は，ハイスクールを卒業するのに必要な所定の講義の単位をできるだけ早期に履修し，さらに大学の教養課程の講義に相当するAPプログラムを多く履修することによってハイスクールを早期卒業するための申請条件を整えて早期卒業する方法である．この方法は米国内でも余り知られていない方法であるが，どこの州でも何らかの条件を満たせばハイスクールの早期卒業を認めている．

第2次世界大戦で，ハイスクール在学中に多くの若者が兵士として戦争に行った．戦後になって，帰還した若者の社会復帰を支援するため米国とカナダにより ACE（American Council on Education）が設立され，ハイスクール卒業資格を取得するためのハイスクール卒業資格試験（GED）を実施するようになった．現在では，ホームスクーリングで教育を受けた生徒が，ハイスクール卒業資格を得るためにも利用されている．ほとんどの州では16歳以上での受験を認めているが，一部の州では18歳以上，他の州では9年生（15歳）からの受験を認めており，B）の方法は，これにより早期にハイスクール卒業資格を取得する方法である．たとえば，2001年度のGED受験者67,269人のうち，7,002人（10.4%）が16歳以上17歳以下の若者であった（Carol Georege-Ezzelle, Wenmin Zahang and Karen Douglas, Dropouts Immediately Pursuing a GED: Their Institutions' Characteristics, Self-Reported Reasons for Dropping Out, and Presence of High-Stake Exit Exams, American Educational Research Association Meeting, April 2006）．

C）の方法は，その州の住民に限られるが，幾つかの州ではハイスクール卒業資格試験を実施しており，その試験に合格しないとハイスクール卒業のディプロマが与えられない．ハイスクール11年生から受験できるニューヨーク州のRegents（Regents Examinations），ヴァージニア州のSOL（Standards of Learning），カルフォルニア州のSTAR（Standardized Testing and Reporting），マサチューセッツ州のMCAS（Massachusetts Comprehensive Assessment System），ワシントン州のWASL（Washington Assessment of Student Learning），テキサス州のTAKS（Texas Assessment of Knowledge and Skills）などが良く知られており，これらの試験を利用して早期にハイスクールを卒業する方法である．

D）の方法は，スイスのジュネーブに本部を置く国際バカロレア機構（International Baccalaureate Organization, IB）のディプロマ・プログラム（Diploma program, DP）を利用する方法である．米国では多くの大学が，IBのDP資格を大学入学資格として認めている．MD州モンゴメリー郡のリチャード・モンゴメリー・ハイスクールのように，IBのDPをもつハイスクールでディプロマ資格を取得し，早期に大学に入学する方法である．

E）の大学早期入学試験には，ワシントン州ワシントン大学が開発したワシントン大学早期入学試験（Washington Pre-College Test, WPCT）を利用する方法である．これについては，カルフォルニア州立大学ロサンゼルス校の早期大学入学プログラムのところで説明する．F）は，何らかの形の早期入学プログラムをもつ大学の制度を利用する方法で，以下に，米国の代表的な早期大学入学プログラム制度について示した（Robert A. Rohde and Bess Wilson, Early Entrance College Program in the USA, July 26, 2006, および各学校・大学のweb page）．

米国の代表的な早期大学入学プログラム制度

　注）プログラムの次の学年は，典型的な開始学年を示し，カッコ内の数字はプログラムが修了するまでの年数，最後は取得できる学位を示している．

1．早期入学した大学で学位を取って卒業する制度

1) カルフォルニア州立大学ロサンゼルス校（California State University-Los Angeles）

早期入学プログラム（Early Entrance Program）：11～16歳（5年），学士

2) ワシントン大学（University of Washington，シアトル）

早期入学プログラム（Early Entrance Program）：15歳に達していない学生（5年），学士

3) メリー・ボールドウイン大学（Mary Baldwin College，女子大）

才能児プログラム（Program for the Exceptionally Gifted）：9～12年生（4年），学士

2．ハイスクールの最終学年の肩代わり制度：修了後学生は大学へ入学

1) 西ジョージア州立大学（State University of West Georgia）

ジョージア上級アカデミー（Advanced Academy of Georgia）：10～11年生（1～2年），学位なし

2) ミドル・ジョージア・カレッジ（Middle Georgia College）

ジョージア数学・科学・工学・アカデミー（Georgia Academy of Mathematics, Sciences, and Engineering, GAMSE）：11～12年生（2年），準学士

3) 北西ミズーリ州立大学（Northwest Missouri State University）

ミズーリ科学・数学・コンピュータ・アカデミー（Missouri Academy of Science, Mathematics, and Computing）：最低2年間のハイスクール修了学生（2年），準学士

4) 北テキサス大学（University of Northern Texas）

テキサス数学・科学アカデミー（Texas Academy of Mathematics and Science）：11年生（2年），学位なし

5) ラーマー大学（Lamar University）

テキサス人文科学リーダーシップ・アカデミー（Texas Academy of Leadership in the Humanities）：11年生（2年），学位なし

6) アラスカ太平洋大学（Alaska Pacific University）
早期名誉プログラム（Early Honor Program）：12年生（1年），学位なし
7) クラークソン大学（Clarkson University）
クラークソン学校（Clarkson School）：11年生（1年），学位なし

3．ダブル・スクール（Early Admission）制度
1) ワシントン大学（University of Washington，シアトル）
ワシントン大学若い学生のためのアカデミー（Academy for Young Scholars）：11年生（4年），学士
2) 南カルフォルニア大学（University of Southern California）
レジデント名誉プログラム（Resident Honors Program, RHP）：12年生（1年），学位なし
3) アイオワ大学（University of Iowa）
全米芸術・科学・工学アカデミー（National Academy of Arts, Sciences and Engineering）：12年生（1年），学位なし

4．ハイスクールと大学の境界が不明瞭な制度
1) ボストン大学（Boston University）
ボストン大学アカデミー（Boston University Academy）：9年生（4年），学位なし
2) バード・カレッジ（Bard College）
バード早期カレッジ・ハイスクール（Bard High School Early College，公立）：9～10年生（4年），準学士
3) ギルフォード・カレッジ（Guilford College）
ギルフォード早期カレッジ（The Early College at Guilford）：9年生（4年），準学士

5．この大学のみに限定した制度
バード・サイモンズ・ロック・カレッジ（Simon's Rock College of Bard）：11～12年生（2年／4年），準学士／学士

上記の最初の3大学は，才能児を直接大学に入学させる制度をもつグループである．2番目のグループは，ハイスクールの最終学年の肩代わりをする制度をもつ7つのアカデミーや学校で，学生はこのプログラム修了後，大学へ入学する．3番目のグループは，ハイスクールと大学の両方に同時並行で在籍するダブル・スクール（Early Admission）制度による早期大学入学制度をもつ3大学である．4番目のグループは，ハイスクールと大学の両方の性質をもったプログラムをもつ3大学である．最後のバード早期カレッジ・ハイスクールは，この種の学校としては珍しく私立のバード大学とニューヨーク州教育委員会が共同で設立した公立学校で，バード大学に早期入学するための学校である．また，シアトルに立地するワシントン大学（University of Washington）の若い学生のためのハルバート・ナンシー・ロビンソン・センター（The Halbert and Nancy Robinson Center for Young Scholars）は，才能児の探索（Washington Search for Young Scholars, WSYS），土曜（Saturday Programs）あるいは夏季（Summer Programs）の拡充教育プログラム，ダブル・スクール制度による早期大学入学プログラムを実施している若い学生のためのアカデミー（Academy for Young Scholars），直接大学に入学させる制度である早期入学プログラム（Early Entrance Program）と，精力的な才能教育の活動を行っている．

米国の早期大学入学制度，とくに才能児の早期大学入学を念頭においた代表的プログラムとして，米国西海岸に立地するカルフォルニア州立大学ロサンゼルス校（CSULA）の5年間の早期入学プログラム（Early Entrance Program, EEP）を取り上げてみる．CSULAでは，10年生に在籍していない，または，まだ15歳になっていない児童のEEPへの出願は受け付けていない．EEPへの出願条件として，1）新しい教育プログラムにチャレンジしたいという強い要求，2）大学キャンパスで自発的に適切な行動がとれる充分社会的に成熟していること，3）徹底した促進教育を行うことに対する保護者の支援，4）ずばぬけた知的，学問的学業成績の履歴，5）ワシントン大学早期入学試験

（WPCT）や大学入学試験で大学レベルの学習をする準備が整っていることを示す成績，としている．

次に具体的な受験手続きは，以下のように実施される．毎年12月と4月の年2回，CSULAでWPCTが実施される．平均受験者数は，12月が約350人，4月が約400人である．WPCTは，12年生以下でしか受験できないSAT試験のような内容の試験で，英語800点，数学800点，計1600点満点である．英語および数学の得点が最低450点以上であることと，合計の得点が最低1100点以上であることの2つの条件をクリアーする必要がある．CSULAは，試験実施2週間後に試験成績を通知する．条件を満足した受験者は，EEPのディレクターと予備面接があり，夏前のオリエンテーションなど今後の選考手続きの説明と質疑応答がある．その後5月下旬に，入学志願者とその保護者全員と，現在EEPに在籍している学生やEEP卒業生なども参加する前段階のオリエンテーションがあり，夏の志願者選考手続きについて説明を受ける．この段階が終わってからはじめてEEPへの出願票を提出し，暫定入学候補学生（Provisional EEP student, Provie）としてCSULAの暫定夏季講義期間（Provisional Summer Quarter）に入学する．プロビーは，指定された複数の夏季講義の中から2つを選び，約11週間にわたる講義や試験に出席し，良い成績と最低3.0のGPAの評価を修めなければならない．また，この間にプロビーのみを対象にした3回のオリエンテーション（Provisional Freshmen Orientation）がある．最初のオリエンテーションで，ボランティアのEEP在籍学生のメンター・グループを選ぶ．メンター・グループは，暫定夏季講義期間中にプロビーの支援を行う．このためプロビーは，一定の時間をEEPラウンジで過ごし，EEP在籍学生やメンター・グループ，他のプロビーとの交流につとめなければならない．このステップの目的は，プロビーにEEP入学後の大学生活がどのように進むかを経験させることと，プロビーの評価を行うためである．

一方，学部入学委員会（Faculty Admission Committee, FAC）が暫定夏季講義期間中に開かれ，プロビー全員の志願票の再調査やEEP担当職員や本人との

面接日程の設定などが行われる．FAC は，この作業によって暫定夏季講義期間 6 週目に EEP への入学を認める学生の候補と補欠候補を決める．その結果は各保護者に郵便で通知される．しかし，Students Advanced to Candidacy for EEP Admission と呼ばれるこれらの学生も，最終成績が悪いなどの理由により補欠候補の学生と入れ替えられる可能性もある．候補学生は，7 週目に EEP 担当職員と EEP の生活について議論する小グループ・ミーティングに参加する．暫定夏季講義期間が終わって秋学期までの間に最終成績が出され，これにより EEPsters と呼ばれる約 150 人の入学候補学生が確定するが，入学の最終決定は学生自身に決定させる．

次に，カナダとの国境のセントローレンス川にほど近いニューヨーク州ポツダムという町に立地するクラークソン学校（Clarkson School）が，1 年早く才能児をクラークソン大学（University of Clarkson）に入学させるプログラムを取り上げる．ハイスクールの最終学年の 1 年間（2 セメスター）を肩代わりする橋渡し学年（Bridging year）の学校である．クラークソン学校は 1978 年に設立され，毎年 50 〜 80 人の才能児を入学させている．出願学生は，学問的動機，熱心な学習態度，自律心，社会的成熟などの条件を満たしていることが求められる．入学生は，クラークソン大学の 1 年生として扱われ，1 セメスターに 15 〜 18 単位の講義履修が求められる．学生は，在籍中にニューヨーク州の Regents のようなハイスクール卒業資格試験，あるいはハイスクール卒業資格試験（GED）に合格するよう求められる．修了後ほとんどの学生は，他大学に入学している．一見制度としては次に説明するダブル・スクール（Early Admission）に似ているが，ハイスクールの授業をとる必要がない所が大きな違いである．

ワシントン大学の若い学生のためのアカデミー（Academy for Young Scholars）は，ハイスクールと大学のダブル・スクール制度による早期大学入学プログラムを実施している．応募する前の 10 年生の時に応募者は，オプションの作文を含む米国大学入学標準学力試験（ACT 試験）を受験し，高い得点をとらなけ

ればならない．2005年の入学生の平均得点は30点（83.3%），同年の全米の12年生の受験者約120万6,500人の平均得点は21点（58.3%）であることをみれば，この平均得点の高さが理解される（ACT High School Profile Report: Graduating Class of 2006, ACT Inc.,）．さらに応募者には，高い成績，作文能力，教員の推薦などが求められる．2005年の入学生の平均GPAは3.96であった．毎年約80人の応募者があるが，入学できるのは35人である．入学生はワシントン大学の1年生として扱われる．ロビンソン・センターでは，入学生がワシントン大学に慣れるための橋渡しプログラム（Bridge Program）を実施している．このプログラムは，オリエンテーション，ジャンプ・スタート講義，討論の3つで構成されている．

　オーストラリア連邦には52校の大学があり，この内カソリック系神学部の私立大学と医学部の私立大学の2校を除き，50校は連邦政府が設立した国立大学である．多くの学部の修業期間が3年間のオーストラリア連邦の大学に入学するには，Senior課程，Secondary College, Senior Secondary College, Senior College, AG Collegeなどと呼ばれる2年間の課程の修了が求められているため，今の所オーストラリア連邦では早期大学入学はほぼ不可能である．また，オーストラリア連邦では，米国のクラークソン学校のような才能児のための特別な学校やアカデミーはみられない．なお，日本の17歳での大学入学制度も早期大学入学の一形態である．

　促進教育の一環としての大学の早期卒業制度もある．米国の大学で早期卒業するには主に，1）APテストによる早期履修，2）国際バカロレア・ディプロマ資格の利用，3）College Level Examination Program（CLEP）の利用，4）夏学期（Summer Session）の講義利用，などの方法がある．すでに述べたように，ハイスクール時代にAPテストに合格すれば，大学修業期間の短縮が可能なため，早期卒業も可能である．ハイスクールで，大学の講義と同程度とみなされる内容の講義をもつ国際バカロレア・ディプロマ資格（Diploma）の講義を，ボーナス・ポイントの加点がある高成績で取得して大学に早期入学す

れば，大学修業期間の短縮が可能なため，大学の早期卒業も可能である．また，カレッジボードが1セメスター相当の大学教養レベルの34教科についてCLEP試験を行っており，大学によって3単位から12単位の範囲で履修単位として認定している．CLEPにより大学教養レベルの教科を早期履修して大学修業期間の短縮ができる．

　米国の大学は，秋学期と春学期の2期制であるが，夏季休業を利用して主に生涯教育を目的とした夏学期（Summer Session）を設けている大学も多い．蛇足であるが，ちなみにこの間の7～9月の3ヶ月間は，大学教員に給与は支給されない．しかし，夏学期に講義を担当すれば，もちろん給与が支給される．たとえば，通常は授業に追われる小学校やハイスクールの教師が，夏季休業中の夏学期を利用して何年間かをかけて（Part time student）キャリアアップのために，あるいは新たな学位を取得するために通学する．通常の在籍学生（Full time student）が，この夏学期に開講される講義を履修することで，早目に卒業に必要な単位を取得して，早期卒業に結びつけることができる．ただし，同じ名前で開講されている講義でも，科目によってはサマーセッションの講義を通常の講義と同等とは扱わない学部や大学もあり，履修する場合には教務などに確認する必要がある．

　日本では学校教育法により，履修単位と在籍年数の両方のしばりがあるので例外措置を除いて高等学校，大学や大学院の早期卒業は不可能である．

　学校への早期入学や早期卒業，飛び級などによる通常の学校教育制度の短縮をはかる促進教育の方法についての，幾つかの教育実践の事例について説明した．

B．学習時間の短縮

　教育内容の学習時間の短縮をはかる促進教育の方法には，通常の学習年齢で学習する内容を，その年齢よりも若い年齢で学習する，あるいは通常の学級で学習する速度よりも速い速度の自分の学習速度に合った速度で学習するなどの

教育方法がある．

学習時間の短縮による促進教育の方法としては，以下のような方法がある．
1．カリキュラム圧縮（Curriculum compacting）
　通常よりも少ない量のドリル，暗唱，速習などによって学習時間を短縮することによって教育課程を圧縮するプログラム
2．テレスコーピング（Telescoping curriculum）
　カリキュラム圧縮の使用などによって，通常の教育課程を通常の教育時間よりも短い時間で実施し，2学年分の学習を1学年で，あるいは3学年分の学習を2学年で実施するなどのプログラム
3．名誉コース（Distinction courses）
4．大学での促進教育（Acceleration in college）
　生徒は少なくとも1年早く上級学年となる
5．通信授業（Correspondence courses）
　生徒はハイスクールあるいは大学の講義を通信教育で受け，早期にハイスクールや大学に入学する
6．試験のみによる単位取得（Credit by examination）
　生徒は試験のみにより単位を取得して通常より早期に大学などに入学する

3）教育施設

多くの学校では，通常学級での才能教育，ある教科の時間だけ才能児のみを別の教室に集めて才能教育行うプルアウト，才能児のみを別の教室に集めて学校内特別クラスや米国のマグネット・クラスで行う才能教育，才能教育のための特別のクラスや施設をもつ特別な学校，あるいは米国のマグネット・スクールやガバナーズ・スクールなどで行われる才能教育，この他米国では，才能教育センターを設けて，才能教育を行う郡などもある．

才能教育のための特別のクラスや施設をもつ特別な学校の例としては，オーストラリアニューサウスウエールズ州の小学校（Public school）のオポチュニテ

ィ・クラス（Opportunity class）や，選抜ハイスクール（Selective High School），ヴィクトリア州のSEAL校（Selected Entry Accelerated Learning），南オーストラリア州のイグナイト（Ignite）プログラム校などの例がある．

　非常に変則的な例ではあるが，才能教育センターを設けて大学生に対する才能教育を実践している例に，日本の千葉大学の先進科学研究教育センターなどの例もある．

　才能教育を実践するために，特別の教育施設を設けて行う場合，学校にとっては才能教育を実践している学校というステータスによって，さらに優秀な児童や生徒が集まるという正のサイクルが作用する．

(5) カウンセリング

　才能教育の場で学ぶ子どもたちにとって，カウンセリング（Counseling）は必須である．才能児は，知的発達と身体的発達のアンバランスによって，時として精神的に不安定な状態に陥ることがあり，それが原因で学習にも影響が出ることがある．そのため，教師や学校心理士（School Psychologist）などのカウンセラーによるカウンセリングが必要となることがある．このようなカウンセリングには，才能教育を受ける意欲や希望，対人関係，精神的側面，教育的側面などから，子どもが才能教育を受ける準備ができているかどうかを判定する才能教育開始前のカウンセリング，あるいは，決定された才能教育の内容や方法が，その才能児の発達にとって最適な状態であるかどうかを常に吟味し，もし変更が必要であれば，保護者や両親，教師，専門家，カウンセラー，あるいは地域の才能教育コーディネーターなどと相談しながら才能教育の内容や方法などの再検討を行う，才能教育開始後のカウンセリングなどがある．

(6) 連絡・調整

　才能教育の実践中，子どもの発達の支援にとって学校と家庭との間の連絡や調整（Communication and Coordination）は重要であり，とくに，教師の役割は大きい．教師と保護者や両親との間で，学校や家庭での子どもの様子をお互いに常に連絡し，問題があればすぐに対応できるような体制を作る必要がある．

　保護者や両親との連絡・調整ばかりでなく，教師は学校外の種々の施設との連絡や調整も欠かせない．たとえば，才能教育センター，博物館や美術館などの外部の施設を利用して才能教育を実施する場合などもあり，教師はその実施を円滑に行うために，種々の学校外の施設との連絡や調整も欠かすことができない．

　また，特殊な例としては，先住民や移民の多い米国やオーストラリアでは，才能児の出身によっては母国語が異なる場合があり，この場合には才能児の語学力に問題がなくなるまで，才能教育を円滑に実施するために通訳（Interpreters）などを準備する必要がある．とくに米国では，ヒスパニック（Hispanic）と呼ばれるスペイン語しか理解できない才能児の子どもたちや，オーストラリアでは，先住民族であるアボリジニ（Aborigine）の英語の語学力が充分ではない才能児などの場合に必要とされる．

　また，オーストラリアでは，クインズランド州，ニューサウスウエールズ州，ヴィクトリア州，南オーストラリア州などでは，学校で才能教育の指導にあたっている教師が，州教育省の才能教育を担当する部門の職員を兼任し，政策立案と実践のリエゾン的役割を担ってる．

　才能教育に限らず，またどの国にあっても，教育を担っているのは教師であり，教育内容や教育方法，カリキュラム開発や学習指導など，教師の力量に大きく左右されることは明らかである．米国やオーストラリアでしばしば聞かれるのが，力のある優秀な教師の絶対数が不足しているとの，教育委員会や教育関係者の声であった．

【chapter 3】

教育法制度と教育制度

　オーストラリアでは，州や地域によって，米国では，州あるいは郡や市によって，それぞれ学校教育制度が異なる．そこでここでは，オーストラリアや米国の学校教育制度にかかわる教育関係の法制度を概観し，教育行政の実態を説明する．

(1) 各国の憲法と法律および教育制度の特徴

1) 日本の教育の概要

　日本，オーストラリア，米国の，国の教育にかかわる憲法の条項や法律，教育行政機関とその役割には，大きな違いがみられる．

　1946 (昭和21) 年11月3日公布，1947 (昭和22) 年5月3日に施行された日本国憲法 (全11章103条) では，その第26条に，教育を受ける権利，教育を受けさせる義務，義務教育の無償などが次のように定められている．

　第26条　すべて国民は，法律の定めるところにより，その能力に応じて，ひとしく教育を受ける権利を有する．

　②すべて国民は，法律の定めるところにより，その保護する子女に普通教育を受けさせる義務を負う．義務教育は，これを無償とする．

また，憲法の規定を受けて1947年3月31日に，国の教育の方針を定めた教育基本法が定められている．さらに1947年4月1日，学校教育法が施行され，その後改訂を重ねながら幼稚園，小学校，中学校，高等学校，中等教育学校，大学・大学院，高等専門学校，盲学校，聾学校，養護学校などの学校教育に関する内容が定められ，さらに具体的な内容は，学校教育法施行規則で定められている．日本では，オーストラリアや米国で行われている家庭教育（ホームスクーリング）はいじめなどによる不登校児童・生徒がNPOなどが開設する学級で学習するなどの例外的な場合を除いて原則として認められていない．

憲法や法律で定められた教育行政の執行機関は，日本では文部科学大臣（Ministry of Education, Culture, Sports, Science and Technology, MEXT）を長とする文部科学省である．文部科学省は，6—3—3制や6—6制などの学校教育制度や教育課程，教科書の検定制度，教育内容，教授内容や教授時間などを学習指導要領によって定めており，教育行政のあらゆる場面で大きな権限をもっている．また，文部科学省から都道府県や市町村に置かれている教育委員会へ教育予算の配分が行われ，公立学校の教員の給与の3分の1は文部科学省が負担し，学校等の教育施設の建設にも文部科学省からの補助がある．このようにして，さまざまな教育行政の方針が，都道府県や市町村の教育委員会を通して学校に伝えられている．なお，教科書については，日本ではそれぞれの学校で使用する教科書は，基本的に学校単位で選択，決定され，児童・生徒に無償配布され，また児童・生徒は自由に家庭に持ち帰ることができる制度となっている．

日本では，2000年1月に学校教育法施行規則が改正されて第23条の3と関連条項に，学校を地域社会に対してより開かれたものにするため，幼稚園から高等学校までに教職員に地域代表者を加えた学校評議会を設置する制度が取り入れられている．これにより保護者や地域住民の意見を把握しその協力を得ながら，学校運営状況の説明責任を果たそうとするものである．

また，2004年の中央教育審議会の今後の学校の管理運営の在り方について

という答申を受け，教育委員会の設置などの規程を定めた地方教育行政の組織および運営に関する法律が改正され，第4章（教育機関）第3節の第47条の5に，教育委員会が指定する学校に地域の住民，保護者が学校の運営に関する事項について意見を述べることができる学校運営協議会を置くことができるとの規程が作られ，2004年度より地域住民の意向を把握して学校教育活動に反映させる制度が法制化されている．

ただ，教育実践の場では，性格の似た2つの会が設置されたことによる戸惑いもみられ，学校評議会をすべて学校運営協議会に移行すべきであるとの意見が早くも出されている．

児童生徒の学習到達度を把握検証するため，2001年から3年間に文部科学省が国立教育研究所に委託して，小学校3,554校および中学校2,584校を無作為抽出によって選定し，小学校5年から中学校3年の各学年を対象に，国語，社会，算数（中学校は数学），理科，これに中学校は英語を加えた学力テスト，および同時に児童・生徒への質問紙調査と，校長が回答する学校を対象にした質問紙調査による教育課程実施状況調査を，学力テストの予備調査として行っている．さらに2006年度には，委託事業として各都道府県の小学校と中学校のそれぞれ2校ずつを対象に，国語と算数（中学校は数学），および児童・生徒と学校への質問紙調査による学力・学習状況調査を，全国的な学力調査を行うための予備調査として実施している．2007年4月24日〜25日には，全国の小学校6年生と中学校3年生を対象にして国語と算数・数学の知識（A）および応用力（B）の学力調査と，学習状況調査を実施している．

なお，日本では，児童を小学校何年生といった呼び方をするが，オーストラリアや米国では，幼児，児童，生徒を全学年（オーストラリアはYear，米国はGrade）を通して呼ぶ．オーストラリアでは，初等事前学級の幼児はP，高校3年生は12年生（Year 12 student）と呼ぶ．米国では，幼稚園の幼児はK，高校3年生は12年生（12 Grader）と呼ぶ．

2）オーストラリアの教育の概要

　1895年，オーストラリアの各植民地から選ばれた10名の代表者で構成される代表者会議で，連邦の憲法草案を作ることを首相会議で決定した．1897年から開かれた代表者会議で，最終的に次のような内容の憲法草案が作成された．1）国名はオーストラリア連邦とする．2）6植民地を州とする．3）連邦議会には上院と下院を置く．4）連邦議会は，州間や外国との貿易や商業，税制や年金，移民，外交などにかかわる立法権をもつ．5）各州の議会は，教育，保険，鉄道などにかかわる立法権をもつ．

　この憲法草案は，各植民地で住民投票にかけられて了承され，1900年7月9日に英国議会（High Court of Parliament）の下院（The House of Commons）に提出，可決されて制定された．これは，英国の植民地であったオーストラリアが独立し，英連邦の自治領の一員となった1901年1月1日から施行されたもので，正式にはオーストラリア連邦の憲法を制定する法律（ヴィクトリア女王治世第63／64年法律第12号，オーストラリア憲法法，An Act to Constitute the Commonwealth of Australia）と呼ばれるものである．この法律は全9条で，第9条にオーストラリア憲法の全条文128条が掲げられている．

　以下に示すように，オーストラリア憲法（The Australian Constitution）第51条のオーストラリア連邦議会の立法権を規定した条文には，前述のように教育に関する項目は含まれていない．一方，第107条の州議会の権限を定めた条文では，憲法で連邦議会に権限のない事項は州が権限をもつと定められている．

　第5節　議会の権限
　第51条　（議会の立法権）
　　議会は，この憲法に反しない限り，連邦の平和，秩序および良き統治のために，次に掲げる事項について法律を制定する権限を有する．
　　　1 国際通商，2 租税，3 生産・輸出奨励金，4 起債，5 通信，6 連邦陸海軍，7 海上交通，8 天文・気象観測，9 検疫，10 漁業権，11 国勢調査，12 通貨，13 中央銀行，14 保険，15 度量衡，16 手形，17 破

産，18 著作権・特許・商標，19 帰化，20 外国の会社・商事・金融会社，21 婚姻，22 離婚・未成年者後見，23 傷病・老齢年金，23a 寡婦・児童養育基金，出産・失業・医薬・疾病・入院・家族手当，医・歯事業，奨学金，24 裁判，25 訴訟手続，26 先住民族，27 出入国，28 犯罪者流入，29 外交，30 太平洋諸島関係，31 個人・州からの財産取得，32 連邦軍輸送，33 州鉄道買収，34 鉄道敷設，35 労働争議調停・仲裁，36 憲法で議会が別に定める間と規定している事項，37 州議会が連邦議会に付託した事項，38 連合王国議会の権限の行使，39 連邦議会・政府・裁判所・行政機関・公務員の権限執行付帯事項（ここでは事項の要旨のみを記した．）

第5章 州

第107条 （州の議会の権限の継続）

すでに州となっている，または州となる植民地の議会のすべての権限は，この憲法によりその権限が連邦議会に専属するとされる場合，または州の議会の権限でないとされる場合を除き，連邦成立の時，または州の加入の承認もしくは設立の時のいずれかと同一のものとして継続する．

すなわち，オーストラリア連邦では，州が教育権をもつと定められているのである．

オーストラリア連邦の教育行政機関は教育省で，連邦の教育関係予算の各州に対する配分，および，国立大学の管轄や職業教育を管轄している．

オーストラリア各州・地域は，それぞれ憲法を定めて教育行政機関をもち，教育法（Education Act，WA州はSchool Education Act）を定めている（Qld州1989年，NSW州1990年，ACT2004年，Vic州1958年，Tas州1994年，NT1979年，SA州1972年，WA州1999年）．

また，オーストラリアの各州・地域では，それぞれ学校区（Qld州35 Education District，NSW州40 District，ACT 9 District，Vic州9 Region，Tas州6 District，NT 7 Cluster，SA州18 District，WA州16 Education District）を定めて地域事務所を置き，監督官（Superintendent）を配置している．地域や学校の要望

やニーズを各州・地域の教育省へ伝達，あるいは教育省の方針を各学校に伝達するなどの役割や，各学校へ予算を配分する一方，子どもの成績の改善がどの程度進んだかなどの学校評価なども行っている．

このため各州・地域は，州・地域の教育法によって学校制度，教育課程，教育内容などを定めるとともに，学校の設置や学校の運営，また，そのために必要な学校予算を各州・地域の学校区を通じて支出し，教員を雇用するとともにその給与を支給している．なお，教科書の選定は日本と同様，基本的に学校単位で行われるが，無償貸与であって毎学年終了時に返却しなければならない．しかし，学校によっては，あるいは教科によっては，教科書を用いない場合もあり，学校や教師の裁量権が大きいのが特徴である．

なお，主として職業教育を行う高等専門教育（Technical and Further Education, TAFE）機関は，州政府の管理下にある．

オーストラリアの各学校には，教師，保護者，地域社会の代表，あるいは生徒などによって構成される学校評議会（School Council）が置かれ，年8回程度開催される．地域住民は，学校の教育改善に対して，あるいは学校の重要事項に対して自らの意見を述べることができる．またこの制度は，植民地時代から住民の自治意識が高かったオーストラリアならではの制度といえる．

州が教育権をもつオーストラリアでは，各州・地域の教育法によって規定されている場合には，保護者が自ら子どもを教育する家庭教育（Home Schooling）を行うことができる．たとえば，西オーストラリア州では，1999年に施行された州の学校教育法（School Education Act 1999）第46項から第54項に詳細な家庭教育の規程が定められている．あらかじめ家庭教育を行うことを州の学校区に届け出る．学校区では，調整官（Moderator）と呼ばれる担当者が，家庭教育の教育課程などが適性であるかどうか，あるいは児童・生徒の学習状況などをモニターして評価する．もし調整官が児童・生徒の学習状況が満足できないレベルで，家庭教育を行うべきでないと判断した場合には，家庭教育の登録を取り消すことができる．この決定に承服できない場合には，家庭教育諮問委員

会（Home Education Advisory Panel）に再検討を申請できる．諮問委員会は，州教育省大臣に調査報告を行い，大臣が最終決定を下す．西オーストラリア州の家庭教育登録児童・生徒数は，2002年度は1,300人（都市485人，都市近郊243人，遠隔地572人），2005年度が1,264人（都市783人，遠隔地481人）であった（Annual Report 2004-05, Department of Education and Training, SA, 2006）．国土の33％を占める地理的に広大な西オーストラリア州では，オーストラリアの全人口の9.7％を占めるのみで，しかも州人口の約75％が州都パースに集中していることが，家庭教育を認めている大きな理由の一つである．

一方クインーズランド州の教育法第114項（Education Act 1989）には次のような条項がある（Training and the Arts, Home Schooling Review, Department of Education, Queensland, October 1, 2003）．

s114 子どもの教育

(1) 義務教育年令の子どもの親は，子どもに教育を受けさせなければならない．そして

(a) 子どもを州の教育機関または州以外の学校に入学させなければならない．あるいは，

(b) 子どもを学校のある日には，子どもが入学した教育機関または学校で教育プログラムを受けるために毎日行かせなければならない．または，

(c) それ以外の方法で前に述べたように規則的に教育しなければならない．

(2) 教育機関または学校に物理的に出席することができるなら，子どもは教育機関または学校に出席するが，特定の時期にその教育機関または学校あるいは他の場所に出席する．

(3) しかしながら，(2)の項目にかかわらず，

(a) プログラムへの最初から終わりまで指定された内容に参加するため，遠隔地教育のプログラムに登録している子どもは，遠隔地教育のための学校に出席する．

(b) 教育機関，学校または他の場所に物理的に出席することが求められてい

ない他のプログラムに登録している子どもは，プログラムへ参加する目的で教育機関または学校と要求されている連絡あるいは接触のために教育機関または学校に出席する.

上記(1)(c)の法的根拠により家庭教育が認められているが，(3)(b)の規程によって定められた時期に，教育機関または学校に行かなければならない．2002年の調査では，家庭教育を実施している家庭は1,474人で，同州の全児童生徒619,587人の約0.24％であった．同年に家庭教育を実施し学校に通わせない家庭にその理由を複数回答で調査したところ，10％以上の回答があった理由は，1位が上級生の圧力・否定的な影響・他のことに気を取られるから（29.6％），2位がより個人的な支援・1対1の支援のため（25.6％），3位が教育制度が信頼できない・教師の問題（21.3％），4位が宗教上の理由（20.7％），5位が家族の価値観・家族のきずなを強めるため（17.3），6位が学校でのいじめ（16.2％），7位が特別な必要性で・医学上の理由（15.0％）などであった．

その他の州の状況は，ニューサウスウエールズ州の1989年の教育法（Education Act 1989）では，第70項から第74項に家庭教育の登録について，第75項から第82項に細かな家庭教育の目的などの規程が定められている．オーストラリア首都テリトリー（ACT）の1937年教育法（Education Act 1937）には，家庭教育についての規程はなく，ACTにおける家庭教育の登録（Registration of Home Schooling in the ACT）という行政規則によっている．ヴィクトリア州の1958年教育法（Education Act 1958）では，明らかな家庭教育への言及はないが，第53項の学校への出席，第54項の適切な学校へ通学しない生徒の終了証，および第79項の両親の義務に定められている規程が，家庭教育の実施のために援用されている．タスマニア州の1994年教育法（Education Act 1994）には，第1部義務教育の第1節入学手続きと出席の第4項から第11項，および第3節の第17項に家庭教育の規程が定められている．ノーザンテリトリーの教育法（Education Act）では，第21項に家庭教育についての規程が定められている．南オーストラリア州の1972年教育法（Education Act 1972）

には，とくに家庭教育の規程は定められていない．ごくまれな例ではあるが，この制度によって自分の子どもに才能教育を行っている家庭の例もある．

3）米国の教育の概要

　1787年に制定され，1789年3月4日に施行されたアメリカ合衆国の憲法（全7条修正26条，The Constitution of the United States of America）でも，オーストラリア憲法と同様に，教育に関する条項は定められていない．1791年に定められた修正第10条（Amendment X）に，連邦政府が権限をもっていない事項は州または国民がその権限をもつと，以下のように定められている．

　アメリカ合衆国憲法修正第10条（州および人民の権利）
　　本憲法によって合衆国に委任されず，また州に対して禁止されなかった権限は，それぞれの州または人民に留保される．

　このため米国各州・地域は，それぞれ教育法をもっており，教育行政を担う機関として州教育庁（一般に Department of Education）を置いている．しかし，教育に対する州の権限は建国以来の伝統により大きくはなく，州教育庁に教育長（Superintendent）を置いていない州も50州1地域中36州1地域の72％にのぼっている．

　義務教育期間や，必ず学習しなければならないコア・カリキュラム教科などの教育課程の基本的な事項は，各州・地域で定められている．学習すべき教育内容については，たとえば科学教育学会などの米国内の各専門学会が定めた標準学習内容に準拠して各州・地域が定めているが，教育課程の詳細な内容は，郡や市などにゆだねられている．学校の設置者や学校運営も郡や市が担っており，したがって郡や市の教育委員会が学校予算の配分を行っている．教科書の選定は学校区，あるいは数校の学校の代表で選択，決定し，児童・生徒に無償貸与される．このため家庭への教科書の持ち帰りは，教師の許可がない限りできない．すなわち，実際の学校教育の意志決定を担っているのは郡（County）や市（City），あるいは各学校区（School District）である．

税金を納める時に，日本の住民税に当たる市民税の一部分を，教育費に回すように指定できる税制をもっている郡もあり，地域住民の意志を尊重する姿勢が貫かれている．このため郡によってさまざまな教育制度がとられ，日本と同様の6—3—3制や6—6制の他に，4—4—4制もある．たとえば，東海岸のメリーランド州のモンゴメリー郡では5—3—4制，北に隣接するフレデリック郡では4—4—4制，東に隣接するプリンスジョージ郡では6—6制と，同じ州内の隣接した郡でも，郡が異なれば異なった制度が併存していることも珍しくない．

教育庁長官（Secretary of Education）を長とする米国連邦政府の教育庁（U.S. Department of Education）は，これまで国の教育についてほとんど権限をもたなかった．しかし，2001年1月に施行された，1965年米国初等中等教育法や1994年米国学校改善法などを包含した一人の子どもも置き去りにしない法（No Child Left behind Act of 2001, NCLB, ニカルビー）により，教育庁の監督権限の強化がみられる．

また，上のように米国憲法で国民が教育に関する権限をもつと定められているので，子どもの安全や公教育の質を理由に，家庭によっては子どもを学校へ通わせずに，家庭で教育する家庭教育（Home Schooling）が認められている．2003年の米国教育庁教育科学研究所（Institute of Education Science）の教育統計センターによると，5歳から17歳の米国児童・生徒の約110万人，全児童・生徒の2.2％が家庭教育を受けている（Table 2, Homeschooling in the United States: 2003, Statistical Analysis Report, NCES 2006-042, National Center for Education Statistics, February 2006）．1999年の1.7％から約3割程の増加である．ただし，この内の5人に1人（2.2％の18％）は，公立や私立の学校にも通学している児童・生徒である．米国の保護者が，家庭教育を選択する理由の複数回答による調査結果は，家庭でより良い教育ができるから（48.9％），宗教的理由（37.4％），学校での教育環境が貧弱だから（25.6％），家庭の理由による（16.8％），子どもの性格や規範意識を養うため（15.1％）などの理由が上位を占めていた．

なお，米国には西オーストラリア州のような調整官制度を置いている州はないが，NCLBによって定められた標準テストは受けなければならない．

米国ではレーガン大統領の時代の1983年4月，教育庁の教育の卓越性に関する米国委員会（The National Commission on Excellence in Education）が作成し，教育庁長官の名前で発表された「危機に立つ国家—避けられない教育改革（A Nation at Risk-The Imperative for Education Reform）」と題する報告書が発表された．この中で，子どもたちの学力低下，落第者数や退学者数などに歯止めが掛からないことに対する警鐘が鳴らされ，危機感をもった歴代の米国政権は，教育改革を試みようとした．しかし，内閣から教育庁を廃止しようとしていたレーガン大統領は，何らの有効な手だても取らなかった．

ブッシュ（父）大統領が就任すると，全米の知事を召集して1989年9月末に非公開で教育サミット（President's Education Summit with Governors）を開催し，その結果1991年4月，6項目からなる教育の全米目標（National Goals for Education）を定めた2000年代のアメリカ（America 2000）を発表し，1994年には2000年の目標：アメリカを教育する法（Goals 2000: Educate America Act, Public Law 103-227）として法制化を行った．しかし，小さな政府をめざしていた連邦政府は，目標達成のための財政的な措置をとらなかったため，スローガンを掲げただけに終わってしまった．

次のクリントン大統領は，民間企業などとのパートナーシップ，所得の低い家庭の子どもたちが私立公立を問わず，幼稚園からハイスクールまでの学校に通学するための学費の補助を行う教育バウチャー制度（Education Voucher），設立時に目標を定めて公金から運営費の支出を受けるチャータースクール制度（Charter school）など，民間活力の導入によって教育改善を試みようとしたが，公教育に与えた影響は小さく主流とはなり得なかった．

このような経緯の後，ブッシュ（子）大統領は2001年1月，1994年1月の米国学校改善法（Improving America's School Act of 1994）と初等中等教育法（Elementary and Secondary Education Act in 1994）を継承する形で，一人の子ど

もも置き去りにしない法（No Child Left Behind Act of 2001）を議会で成立させ，NCLBによって標準テストの実施を義務化し，教育に成果主義を導入することにより教育改善をはかろうとした．すなわち，子どもの学習到達度の測定と学校の学習指導の評価を行って子どもたちや学校の現状を把握し，その後の教育改善につなげるために，各州に定められた期限までに，定められたコア・カリキュラム教科の標準テスト（Standard Test）の実施を義務付けたのである．結果は，地域住民のみならず，連邦政府の教育庁にも報告するよう義務付けている．2002～2003学年度には，生徒の一部を対象に英語習熟度（Oral language, Reading, Writing）のテスト，2005～2006年度には，3～8年生および10～12年生を対象に読解（Reading），3～5年生，6～9年生，および10～12年生を対象に算数・数学のテスト，2007～2008年度には，3～5年生，6～9年生，ならびに10～12年生を対象に理科のテストをそれぞれ実施しなければならないとしている．

　たとえば，ヴァージニア州が2001年度から2004年度までに実施した標準テスト（Standards of Learning Assessments, VA）の対象学年と教科は，国語（英語English）と読解（Reading）については，3年生が25問のReadingと25問のWriting，5年生は32問のReadingと34問のLiteratureおよび42問のResearch，8年生（中学2年生）は42問のReading/Literature/Research，12年生（高校3年生）は42問のReading/Literature/Research，作文Writingについては，5年生と8年生は20問，12年生は30問，算数・数学（Math）については，3年生と5年生は50問，8年生は60問，12年生は代数（Algebra）ⅠとⅡがそれぞれ50問と幾何が45問，理科（Science）については，3年生と5年生は40問，8年生は50問，12年生は生物学と化学と地球科学がそれぞれ50問である．しかしNCLB施行後丸5年が経過した2007年1月，標準テスト実施による否定的な側面も一部に見え始めたため，米議会ではNCLBの改正が日程に上がってきている．

　米国では確かに標準テストの実施が，学習に困難を抱えている子どもたちに

光を当て，学習の改善に貢献した，あるいは読解力の習熟が，子どもたちが他の教科の試験問題の意味を正確に理解できるようになったなどという側面はある．しかし一方，NCLBが成立してから2007年1月で丸5年が経過し，教育に成果主義を取り入れようとする標準テストについて，多くの否定的な側面も明らかになってきている．第1にすべての学校教育の学習内容が，標準テストの評価の向上に向かっていること．第2に，標準テストの内容に直接かかわりのない学習内容の学習が，おろそかになっていること．たとえば，英語の読解の時間に，詩の朗読や解釈の学習ができなくなったなど．第3に，子どもたちにとって標準テストがストレスとなっていること．たとえば，テスト当日にもどす子どもたちが増えていること．第4に，その結果学校嫌いの子どもたちが増えていること．第5に，教師にとっては学習目標を達成することに追われ，子どもに対する真に教育的な指導の時間を割くことができにくくなっていること．第6に，読解や算数・数学の標準テストが先行していることにより，理科，歴史，芸術といった今のところ標準テストが行われない教科の学習がおろそかになっていること．第7に，8歳の幼い3年生の子どもたちに標準テストを課すことは，教育的な配慮からはほど遠いといわざるを得ないこと．第8に，「基本」と評価された子どもの学習改善ができたとしても，上級学年ではさらに難易度の高い問題にぶつかるため，「基本」と評価された子どもはいつまでたっても「基本」の評価から抜け出せないという，「複雑さのギャップ」が生じていること．第9に，3年間にわたってテスト結果が改善されない場合には，無料の放課後チューター制度を設置しなければならず，多くの子どもたちを指導しなければならない学校や教師にとって大きな負担増になること，などがあげられている．日本でも，2007年度より全国学力・学習状況調査が開始されるが，果たして米国と同様な問題を起こすことがないであろうかと懸念される．

（2）オーストラリアの教育の歩み

　オーストラリアの学校の歴史をみると，オーストラリア最初の幼稚園は，1896年5月シドニーに設立されている．現在の小学校に当たる学校は，1792年3月，囚人教師による学校がシドニー，パラマッタ，ノーフォーク島に存在したというのが最初の記録で，最初の公立学校は，1824年4月1日にシドニーに開校している．また中等教育学校は，シドニー・パブリック・フリー・グラマー・スクールが翌年の1825年に設立されている．さらにオーストラリア最初の大学は，1852年10月11日シドニー大学が設立されている．

　オーストラリアでは，英国の植民地時代の伝統を受け継ぐとともに，英国以外の国からの入植者が，母国の教育制度を植民地にも持ち込んだ．また，各州・地域が成立して行った状況を反映して各州・地域の自治権が強く，同じ州内でもその地域の住民の生活実態に則した教育制度も発展させていった．このため，各州・地域の公教育制度には，多様な形態が共存している．

　しかし近年，各州・地域の教育省の組織や体制が整備されるとともに，高い技術や知識をもった人材が国の経済力を支えるとの認識から，各州・地域の横のつながりや情報の共有化を図り，国として統一のとれた高水準で良質の教育を普及させようとの機運がある．学校制度も段々と統一されたものに変化しつつあり，たとえば後に述べるように，唯一初等事前教育制度をもっていなかったクイーンズランド州でも，2007年度から導入した．

　近年のこのようなオーストラリアの教育状況を語るには，1989年に連邦政府の教育審議会（The Australian Education Council, AEC）が出した教育に関するホバート宣言（通称ホバート宣言，Hobart Declaration on Schooling），および1999年に教育・雇用・訓練・青少年問題大臣審議会（MCEETYA, Ministerial Council on Education, Employment, Training and Youth Affairs）が協議して決定した21世紀全豪教育目標アデレイド宣言（通称アデレイド宣言，The Adelaide Declaration on National Goals for Schooling in the Twenty-First Century）について言及する必要

があろう.

　1989年4月14日～16日，タスマニア州の州都ホバートで当時のAECの第60回の会合が開催され，各州・地域の教育関係大臣によって合意された共通の10項目の教育目標が盛り込まれたホバート宣言が出された．オーストラリアの歴史で，全土で共通の教育目標（The Common and Agreed National Goals for Schooling in Australia）が設定されたのははじめてのことであった．また，このホバート宣言の内容は，主として各州・地域の教育行政，学校，教師を対象としたものであった．

　ホバート宣言に先立つ4年前の1985年，AECは内部に，全豪カリキュラム開発共同制作研究（National Collaboration in Curriculum Development）のための実務担当委員会（Working party）を立ち上げ，算数のカリキュラムの共同開発を行った．それによって当時使われていたカリキュラムの弱点などが明らかになった．

　ホバート宣言を受けてAECは，先の実務担当委員会の結果をもとに，各州・地域の教育関係大臣，全豪カソリック教育委員会（National Catholic Education Commission），および全豪私立学校協議会（National Council of Independent School）が推薦する人物によって構成される，オーストラリア・カリキュラム法人（Curriculum Corporation of Australia）を設立し，宣言の内容を学校のカリキュラムの中で具体化するための作業に着手した．また1990年度より，学校教育の質，カリキュラム，子どもたちの出席状況，留年状況，成績，学校予算などについて，宣言の目標達成の進捗状況をモニターするため，全豪学習報告書（National Report on Schooling）を作成することとした．

　このホバート宣言の内容のほとんどは，次のアデレイド宣言に引き継がれており，ホバート宣言はアデレイド宣言によってその効力を失っている．

　1993年，連邦政府は各州・地域の政策の調整を行うため，政府の3つの審議会，すなわち教育審議会（AEC），職業教育・雇用・訓練担当大臣審議会，青少年大臣審議会を統合してMCEETYAを創設した．MCEETYAは，オー

ストラリアの連邦政府（5人）と各州・地域の教育，雇用，訓練，青少年問題などを担当する大臣（19人），ニュージーランド政府の同様の大臣（4人）の28人で構成され，さらにオブザーバーとしてパプアニューギニア（2人）とノーフォーク諸島（2人）の同様の大臣が参加している．

　このようにMCEETYAは連邦政府の審議会ではあるが，その構成メンバーが各州・地域の教育関係などの大臣が参加する審議会であり，合意された内容はすべてのオーストラリアの州や地域の教育に影響を与える構造となっている．

　MCEETYAは，5歳の時に行われる初等事前教育から高等教育まで，あるいは職業教育や訓練，雇用や労働市場，成人ならびに地域教育，青少年政策などの幅広い課題について審議する．これらの分野にかかわる事項について，各州・地域の連邦政府への報告の形式の統一，情報の共有や共同使用，意見や情報伝達の調整，各州・地域の事務組織の共同作業などを行う．MCEETYAの審議により，これらの分野にかかわる事項についての交渉や同意を取りつけて調整し，連邦レベルで重要な政策の整合性をとることを目的としている．MCEETYAの会合は，第1回が1994年4月29日にシドニーで開催され，2006年7月6日のブリスベンの会合までで20回を数えている．

　MCEETYAの下には，関連分野を担当するオーストラリアの連邦政府と各州・地域の大臣秘書官などの上級職員11人と，ニュージーランド政府の大臣秘書官1人で構成されるオーストラリア教育機構担当官委員会（AESOC, The Australian Education Systems Officials Committee）があり，事務レベル協議が行われている．また，AESOCのもとに特別委員会（taskforce）や実務担当委員会（working group）が置かれ，MCEETYAやAESOCの審議の支援を行う組織となっている．

　ホバート宣言から10年後の1999年4月22日，南オーストラリア州の州都アデレイドで開催されたMCEETYAの第10回の会合で，21世紀の複雑な世界に対応するために，教育の質の改善をめざして合意された共通の教育目標

が，21世紀全豪教育目標アデレイド宣言として提出された．その骨子は3部で構成されており，第1は子どもたちが社会の一員になるまでに学校教育を通して身に付けておくべき姿勢や態度，第2は学校教育での学習目標，第3は多民族国家の国民として身に付けておくべき姿勢や態度について掲げられている．

1989年のホバート宣言では，どちらかというと実践的な目標というよりは，抽象的な内容であったが，また形式的にもアデレイド宣言のような3分類をせずに羅列的で，たとえば，アデレイド宣言で第2に4項目としてまとめられている学習目標は，ホバート宣言では，第6として10の学習目標が羅列されている．ホバート宣言が教育行政，学校，教師を対象としたものであったのに対し，アデレイド宣言は直接子どもたちを対象とした内容になっていることがもっとも大きな違いである．

また，アデレイド宣言では，その内容も社会の情勢に合わせて具体的な目標があげられており，たとえば，1.4にはオーストラリア政府機構の理解や感謝，1.6の情報通信技術の社会的影響の理解，2.1の義務教育で学習する8教科をコア・カリキュラムと位置付けたこと，2.4の企業の経営技術の育成，3.2と3.3の不利な立場の子どもたちに対する時間外学習による指導など，これらの内容はホバート宣言ではみられなかった内容である．とくに，不利な立場の子どもたちや少数民族に対する配慮が第3の項目にまとめられており，多様な文化をもつ多民族国家として歩んで行こうとする国の姿勢が反映されたものと考えられる．

連邦政府教育省は，アデレイド宣言に盛り込まれた内容の進捗状況をモニターするために，1999年から全土の小学校3年生と5年生を対象に英語の読み（Reading），書き（Writing）や，綴り（Spelling），2000年からは計算能力や算数・数学，また2001年からは7年生（クィーンズランド州，ノーザンテリトリー，南オーストラリア州，西オーストラリア州では小学生）を対象に同じ教科の，それぞれベンチマークテストを実施している．1999年と2003年を比べると，3年

生のリーディングの成績は89.7％が92.5％に，ライティングの成績は91.9％が92.2％に，計算能力の成績は2000年と2003年を比べると92.7％が94.2％に上昇している．5年生のリーディングの成績を1999年と2003年を比べると，85.6％が89.0％に，ライティングの成績は93.0％が94.1％に，計算能力の成績は2000年と2003年を比べると89.6％が90.8％に上昇している．また，7年生の2001年と2003年の成績を比べると，リーディングが88.4％が89.4％に，ライティングが92.6％が92.1％に，計算能力が82.0％が81.3％で，7年生の成績が余り奮わないことが目立っている（Annual Report 2004-05, DEST）．

また連邦教育省は，予算措置を伴う通称学校支援法（School Assistance (Learning Together-Achievement through Choice and Opportunity) Act 2004）の成立を求め，2004年12月に議会で成立した．2005年8月18日には，学校支援法施行規則（School Assistance Regulations 2005）を発表し，法律に基づく学校支援法の具体的な運用内容を示している．連邦教育省は，2005～2008年度の4年間に3,300万A＄（約28億9千万円）の予算を組み，子どもたちの学習の進展状況を知るための試験費用，表3―1に示した世界の国々で国際比較に用いられている経済協力開発機構（OECD）が実施している生徒の学習到達度調査（Programme for International Student Assessment, PISA，データから見る日本の教育2006，文部科学省，2006年11月30日および，OECD生徒の学習到達度調査―2006年調査結果の要約―，2007年12月5日による）や，表3―2に示した，国際教育到達度評価学会（International Association for the Evaluation of Educational Achievement, IEA）が実施する国際数学・理科教育動向調査（Trends in International Mathematics and Science Study, TIMSS，2004年12月1日文部科学省速報）のための費用，学校の予算や子どもたちの進級や留年，子どもたちの学習成績などをまとめて公開し，学校の説明責任を果たすための年報を作成するための費用などをまかなう予定にしている．

とくに，子どもたちの学習成績をモニターするベンチマークテストは，英語の素養（English literacy）と計算能力（Numeracy）は3年生，5年生，7年生に

表3—1 2003年および2006年の経済協力開発機構（OECD）の15歳生徒の学習到達度調査（PISA）の数学的リテラシーと科学的リテラシーの結果

数学的リテラシー						読解力					
2003年			2006年			2003年			2006年 [3]		
順	国	点	順	国	点	順	国	点	順	国	点
1	香港	550	1	台湾	549	1	香港	550	1	韓国	556
2	フィンランド	544	2	フィンランド	548	2	フィンランド	544	2	フィンランド	547
3	韓国	542	3	香港	547	3	韓国	542	3	香港	536
6	日本	534	10	日本	523	4	オーストラリア	534	4	カナダ	527
11	オーストラリア	524	13	オーストラリア	520	14	日本	498	7	オーストラリア	513
28	米国	483	35	米国	474	18	米国	495	15	日本	498

科学的リテラシー						問題解決能力			科学的証拠を用いる		
2003年			2006年			2003年			2006年		
順	国	点	順	国	点	順	国	点	順	国	点
1	フィンランド	548	1	フィンランド	563	1	韓国	550	1	フィンランド	567
2	日本	548	2	香港	542	2	香港	548	2	日本	544
3	香港	539	3	カナダ	534	3	フィンランド	548	3	香港	542
4	韓国	538	6	日本	531	4	日本	547	3	カナダ	542
6	オーストラリア	525	8	オーストラリア	527	7	オーストラリア	530	9	オーストラリア	505
22	米国	491	29	米国	489	29	米国	477	30	米国	489

注1）順位は，2003年は40ヶ国中，2006年は57ヶ国中の順位．
 2）各国の平均得点の点数は，OECD加盟国の平均点が500点，約2/3の生徒が400～600点の間に入るように換算している．
 3）2006年の米国の読解力調査結果については，調査実施後，評価問題の冊子の組み方の不備が明らかになったため，結果の分析から除外された．

加え9年生を対象に，算数・数学（Mathematics）は4年生と8年生を対象にTIMSSの試験を，10年生を対象にPISA試験を，理科（Science）は2006年に6年生を対象に全豪理科素養試験（National Assessment Program-Science Literacy）を，また4年生，8年生を対象にTIMSSの試験を，10年生を対象にPISA試験を，公民と公民権（Civics & citizenship）は2007年に6年生と10年生を対象に全豪公民・公民権素養試験（National Assessment Program-Civics and Citizenship）を，情報通信素養（Information and Communications technology

表3—2　2003年国際教育到達度評価学会(IEA)の国際数学・理科教育動向調査(TIMSS)結果

算数・数学						理科					
小学校4年生			中学校2年生			小学校4年生			中学校2年生		
順	国	点	順	国	点	順	国	点	順	国	点
1	シンガポール	594	1	シンガポール	605	1	シンガポール	565	1	シンガポール	578
2	香港	575	2	韓国	589	2	台湾	551	2	台湾	571
3	日本	565	3	香港	586	3	日本	543	3	韓国	558
4	台湾	564	5	日本	570	4	香港	542	6	日本	552
12	米国	518	14	オーストラリア	505	6	米国	536	9	米国	527
16	オーストラリア	499	15	米国	504	11	オーストラリア	521	10	オーストラリア	527
—	平均	495	—	平均	467	—	平均	489	—	平均	474

注1) 小学校4年生の調査に参加した国・地域は，25ヶ国・地域．
　2) 中学校2年生の調査に参加した国・地域は，46ヶ国・地域．
　3) 平均は，調査に参加した国・地域の平均得点の国際平均値を示す．

literacy, ICT) は2005年と2008年に6年生と10年生を対象に情報通信素養全国評価プログラム (National Assessment Program-ICT literacy) を，それぞれ実施する計画である．

(3) オーストラリア各州・地域の教育の概要

　オーストラリアの教育制度について，各州・地域の初等・中等教育を中心に説明する．まず，表3—3に，各州・地域の初等・中等教育期間，および義務教育期間についてまとめた．

　オーストラリアの幼稚園は，義務教育ではない．州や地域，施設によっても異なるが，3歳または4歳入園で，その多くは小学校に併設されていることが多い．オーストラリアでは幼稚園の名称が，各州・地域によって異なり，クイーンズランド州，ニューサウスウエールズ州，ノーザンテリトリー，南オーストラリア州では，Preschool，オーストラリア首都テリトリーではPre Primary School，ヴィクトリア州，タスマニア州，西オーストラリア州では

表3―3　オーストラリア各州・地域の初等中等教育期間と義務教育期間

単位：年	年齢	学年	Qld	NSW	ACT	Vic	Tas	NT	SA	WA
幼稚園	3〜4歳	―	1	1	1	1	1	1	1	1
初等事前	5歳	Pre Year 1	1	1	1	1	1	1	1	1
初等(小学校)	6〜11 or 12歳	Year 1〜6 or 7	7	6	6	6	6	7	7	7
中学	12 or 13〜15歳	Year 7 or 8〜10	3	4	4	4	4	3	3	3
高校	16〜17歳	Year 11〜12	2	2	―	2	―	2	2	2
中等カレッジ	16〜17歳	Year 11〜12	―	―	2	―	2	―	―	―
教育期間　計			14	14	14	14	14	14	14	14
義務教育期間	6〜15 or 16歳		10	10	10	10	11	10	11	10

Kindergartenと呼んでいる．しかも州や地域が異なると，その幼稚園の呼称が，次に述べる初等事前学級を示す場合があり混乱する（表3―4）．

　日本や米国の教育制度と大きく異なるのが，小学校入学前の5歳の時に，義務教育ではないが就学するのが望ましいとされる初等事前学級（準備学級 Preparatory Year）があることである．これまでクイーンズランド州には置かれていなかったが，同州でも2007年から導入された．この学級の呼称は，ニューサウスウエールズ州，オーストラリア首都テリトリー，ノーザンテリトリーではKindergarten，ヴィクトリア州，タスマニア州ではPreparatory，南オーストラリア州ではReception，西オーストラリア州ではPre Primary Schoolと呼んでいる．

　義務教育は小学校からで，その期間はタスマニア州と南オーストラリア州が11年間である他は，各州・地域とも10年間である．義務教育期間は，学年ではなく年齢で決められており，初等教育を行う小学校（Primary School）に6歳で入学し，日本の中学・高校に当たる中等教育学校（Secondary School）の途中，15歳迄である．この10〜11年間の義務教育期間の制度は，クイーンズランド州が7―3制，ニューサウスウエールズ州，オーストラリア首都テリトリー，ヴィクトリア州，タスマニア州（11年間）が7―4制，ノーザンテリトリー，南オーストラリア州（11年間），西オーストラリア州が8―3制である．

表3—4　オーストラリア各州・地域の主な初等中等学校の種類と名称

	幼稚園	初等事前	小学校	初等中等併設校	中学校	高校
Qld	P Preschool	なし 2007年より Preparatory Year 設置予定	Y1〜Y7 Primary School	幼〜Y10 or Y12 (P10/12) Middle State School(Y4-10) Community School(幼〜Y10)	Y8〜Y12 Secondary School Junior 課程（Y8〜Y10） Senior 課程（Y11〜Y12）	
NSW	3〜4歳 Preschool	K Kindergarten	Y1〜Y6 Primary School	K〜Y12 Central School（遠隔地） Community School（首都地域）	Y7〜Y12 High School Junior 課程（Y7〜Y10） Senior 課程（Y11〜Y12）	
ACT	Pre Pre Primary School	K Kindergarten	Y1〜Y6 Primary School	Combined Primary/High School	Y7〜Y10 High School	Y11〜12 Secondary College
Vic	Kindergarten	P Preparatory	Y1〜Y6 Primary School	Primary-Secondary School	Y7〜Y12 Secondary School	
Tas	Kindergarten	P Preparatory	Y1〜Y6 Primary School	Combined School	Y7〜Y10 Secondary School	Y11〜12 Senior Secondary College
NT	Preschool	K Kindergarten	Y1〜Y7 Primary School		Y8〜Y12 Secondary School	Senior College
SA	Preschool	R Reception	Y1〜Y7 Primary School	Combined Primary & Secondary School	Y8〜Y12 High School	
WA	4歳 Kindergarten	5歳 Pre Primary School	Y1〜Y7 Primary School	K, P-12 District High School	Y8〜Y12 High School	Senior Campus AG College Senior High School Community College

　すなわち，中学校に相当する期間が，クイーンズランド州，ノーザンテリトリー，南オーストラリア州，西オーストラリア州は日本と同じ3年間で，ニューサウスウエールズ州，オーストラリア首都テリトリー，ヴィクトリア州，タスマニア州では4年間である．

　日本の高校2〜3年に当たる2年間は，クイーンズランド州，ニューサウス

ウエールズ州，ヴィクトリア州，ノーザンテリトリー，南オーストラリア州，西オーストラリア州では，中等教育学校と一体化している場合が多い進学準備課程（シニア課程，Senior Secondary School）で，生徒は中等教育学校から継続して在学する．オーストラリア首都テリトリーとタスマニア州では，中等教育学校とは別の学校である中等カレッジ（Secondary College）になる．タスマニア州の中等カレッジの1年間と，南オーストラリア州の進学準備課程の1年間は，義務教育である．

日本では学年度（School year, Academic year）も会計（財政）年度（Fiscal year）も毎年4月である．最近は日本でも，授業時間を確保するために2学期制を採用する学校も増えてきているが，多くの学校は3学期制である．2005年度の学年暦を例にとると，1学期は4月6日～7月20日の15週，2学期は9月1日～12月22日の16週，3学期は1月10日～3月23日の11週で，年間の授業期間は42週であった．

米国では学年度は9月から，財政年度は10月からである．米国の学年暦（School Calendar）は2学期（Semester）制である．2006～2007年度の学年暦を例にとると，秋学期は8月21日～12月21日の18週，春学期は1月2日～6月8日であるが，3月29日～4月13日の2.5週の春季休業を除き20週で，年間の授業期間は38週であった．

オーストラリアの学年度は1月から，財政年度は7月からである．したがってオーストラリアでは，当該年度の学年度と学校予算（財政年度）とは，半年のずれが生ずることになる．このため，各州・地域の教育省では，6月にその学年度の中間報告を発表することも多い．オーストラリアの多くの各州・地域では，1月下旬（タスマニア州は2月中旬）に新学期が始まり，12月中旬から下旬にその学年が終了する．12月中下旬から1月下旬の間に，約6週間の夏期休暇がとられている．学期（Term）は，タスマニア州が3学期制のほかは，他の州・地域では4学期制で，日本と同様週休2日制である．

2005年度の各州の学年暦をみると，タスマニア州の1学期は2月17日から

始まり14週，2学期は6月14日から始まり12週，3学期は9月19日から始まり14週である．他の州・地域は，1学期は1月24日～1月31日の間に始まり9～10週，2学期は4月4日～5月2日の間に始まりクイーンズランド州が11週，他の州・地域は10週，3学期は7月4日～26日の間に始まり各州・地域とも10週，4学期は9月26日～10月17日の間に始まり南オーストラリア州が9週，オーストラリア首都テリトリー，ノーザンテリトリー，西オーストラリア州の3州・地域が10週，クイーンズランド州とニューサウスウエールズ州の2州が11週，ヴィクトリア州のみが12週である．年間の学習期間は，ヴィクトリア州が42週，クイーンズランド州とニューサウスウエールズ州が41週で，タスマニア州を含めその他の州・地域が40週である．

日本の小学校では，低学年は，国語，算数，生活，音楽，図工，体育，道徳，特別活動の8科目が必修である．中学年は，生活科に代わって社会と理科が，また総合的な学習の時間が加わって10科目が必修である．高学年は，中学年の教科に家庭科が加わって11科目が必修である．

オーストラリアの小学校では，ナショナルカリキュラムによる国語（英語），算数，理科，社会，音楽，美術，保健体育の7科目が必修科目で，中等教育では，国語（英語），数学，理科，社会研究・環境，芸術，保健体育，技術，外国語の8科目が必修科目である．

学習期間のみでは授業時間数の正確な比較はできないので，日本とオーストラリアの小学校の実際の授業時数で比較してみよう．日本の小学校の学年ごとの一週間の授業時間数は，1学年が約1,466分，2学年が約1,575分，3学年が約1,706分，4～6学年が約1,772分である（文部科学省，学校教育法施行規則別表第2（第54条関係））．オーストラリアの小学校1学年から6学年までの一週間の基準授業時数は，1,425分である（石田裕久，オーストラリアと日本の小学校，南山大学オーストラリア研究センター，Working Paper 9, 1997年2月）．日本とオーストラリアの小学校の授業時間数を比較すると，日本の小学校では1学年が2.8％，2学年では9.5％，3学年が16.5％，4～6学年が19.6％と，いず

れも日本の小学校の方が授業時数が多くなっている．さらに，学年暦はヴィクトリア州を除き，ニューサウスウエールズ州とクイーンズランド州は41週，その他の各州・地域は40週であるので，前者の州とは1週間，後者の州とは2週間の年間授業時数の差が生じている．

次に日本（表3－5，文部科学省2006年度学校基本調査速報），米国（表3－6，幼稚園の統計は公立の在学者数を除きFull-day and Half-day Kindergarten in the United States, Institute of Education Sciences, U.S. Department of Education，それ以外の統計はDigest of Education Statistic 2005, National Center for Education Statistics, USDE），オーストラリア（表3－7，School 2005, Australian Bureau of Statistics, February 23, 2006）の学校数，在学者数，教員数，教員一人当たりの在学者数などを比較した．ただし，オーストラリア各州・地域の教員数の統計値は発表されていない．これは，各地域の実状にそくしたさまざまな教育制度が発達しているため，各州・地域の状況のすべてを簡単な表としてまとめることが大変難しいためである．このため教員一人当たりの在学者数（Annual Report 2004, Department of Education and Training, NSW）のみを示した．

表3－5　日本の2006年度の学校数・在学者数・教員数・教員一人当たりの在学者数

学　校	学校数（校）	在学者数（人）	教員数（人）	在学者／教員（人）	在学者／学級（人）
幼稚園（3～5歳児）	13,835	1,726,518	110,833	15.6	23.5
小学校	22,878	7,187,428	417,862	17.2	25.9
中学校	10,992	3,601,528	248,264	14.5	30.4
高等学校	5,385	3,494,274	247,796	14.1	—
中等教育学校	27	11,700	800	14.6	—
専修学校	3,441	749,996	42,000	17.8	—
高等専門学校	64	59,380	4,471	13.3	—
短期大学	469	202,197	11,279	17.9	—
大学	744	2,598,169	164,483	15.8	—
各種学校	1,729	149,976	10,000	15.0	—

注）2006年度の統計で公立と私立を含む．

表3—6　米国の2006年度の学校数・在学者数・教員数・教員一人当たりの在学者数

学　校		学校数 (校)	在学者数 (人)	教員数 (人)	在学者／教員 (人)
幼稚園 Kindergarten	公立	47,000	3,431,906	178,000	19.3
	私立	25,000	573,000	不明	—
小学校 Elementary S. (G1-6)	公立	65,228	57,986,446	1,671,081	34.6
	私立	17,427	2,883,010	202,071	14.3
初・中等併設校 Combined S.	公立	5,288	＊	＊	—
	私立	9,142	1,623,175	156,017	10.4
中等教育学校 High S. (G6-12)	公立	22,180	21,438,104	1,126,085	19.0
	私立	2,704	835,328	67,318	12.4

注) S.: School, 2002年度の統計. 私立は2001年度の統計. 幼稚園の統計は公立の在学者数を除き1999年の推定値.
＊ 公立の初・中等併設校の在学者数と教員数は，小学校と中等教育学校の在学者数と教員数に含まれている．

　小学校の教員一人当たりの在学者数は，日本は17.2人，米国の公立小学校では34.6人，オーストラリアは16.2人である．中学校の教員一人当たりの在学者数は，日本は14.5人，米国の公立中学校では19.0人，オーストラリアは12.4人である．これをみると，米国の公立小学校の教員不足が，かなり深刻な状況であることがうかがえる．また，米国の公立中学校においても，日本やオーストラリアに比べると教員数が不足している状況が推察される．日本とオーストラリアを比べると，小学校でも中学校においても，オーストラリアのほうが若干教員数が充実しているのが理解される．

表3－7 2005年度のオーストラリア各州・地域の学校数・在学者数・教員一人当たりの在学者数

	Qld	NSW	ACT	Vic	Tas	NT	SA	WA	全国
公立学校数	1,280	2,194	96	1,613	213	151	605	777	6,929
私立学校数	454	912	44	692	66	35	200	291	2,694
学校数計	1,734	3,106	140	2,305	279	186	805	1,068	9,623
小学校数	1,206	2,163	93	1,653	170	99	547	663	6,594
中学校数	262	522	27	362	46	17	94	138	1,468
初・中等併設校数	216	283	15	195	54	65	141	195	1,164
学校数計	1,684	2,968	135	2,210	270	181	782	996	9,226
公立在学者数	450,964	740,439	35,359	536,635	60,605	28,554	164,714	228,817	2,246,087
私立在学者数	196,290	367,247	24,291	289,312	21,899	8,819	84,711	109,483	1,102,052
在学者数計	647,254	1,107,686	59,650	825,947	82,504	37,373	249,425	338,300	3,348,139
小学校在学者数	389,529	621,893	31,087	454,455	45,988	25,048	157,281	206,888	1,932,169
中等学校在学者数	257,725	485,793	28,563	371,492	36,516	12,325	92,144	131,412	1,415,970
在学者数計	647,254	1,107,686	59,650	825,947	82,504	37,373	249,425	338,300	3,348,139
公立小学校	15.4	17.0	14.2	16.2	15.9	13.5	16.2	16.2	16.2
私立小学校	16.6	17.2	17.9	16.4	17.2	18.1	17.2	17.0	16.9
公立中等学校	13.0	12.5	11.8	12.1	13.2	11.0	12.5	11.7	12.4
私立中等学校	12.5	11.9	12.8	11.7	12.4	9.8	12.1	12.4	12.0

注1）小中学校・併設学校の統計には養護学校も含む。
　2）統計に使われた教員数は，パートタイム教員数も含み，勤務時間をフルタイム教員に換算した人数で実際の人数ではない。

【chapter 4】

才能教育の法制度と才能教育の動向

（1）日本の才能教育関係法制度と「才能教育」

　日本で才能教育についてはじめて論議されたのは，1989（平成元）年4月24日，当時の文部大臣が第14期中央教育審議会（以下，中教審）に，「新しい時代に対応する教育の諸制度の改革について」諮問したことに始まる．中教審は1991（平成3）年4月19日に，「後期中等教育における特定の分野において優れた能力を有する者に対する「教育上の例外措置」の推進」と題する答申を当時の文部大臣に提出した．この答申の中で，「特定の分野において特に能力の伸長の著しい者」……に対しても，これまでは形式的な平等の原則に縛られて，万人と同一の教育内容が強制されたり，集団の歩調に合わせた指導が行われてきた．しかし，個性を尊重するこれからの時代においては，とくに才能の伸長の著しい者に対しては教育上の例外措置を認め，その能力の一層の伸長を図ることが必要である，と述べられている．また，「特定の分野において特に能力の伸長の著しい者」とは，一分野で突出した才能を保持しており，専門家から早い時期に適切な指導を受けることが望まれる者で，……希有な異能の才の保持者である，と定義されている．

　この中教審答申を受けて，当時の文部省は「教育上の例外措置」を協議する

ための調査研究協力者会議を設置し，具体策の検討を行った．調査研究協力者会議は，当時の文部省に1993（平成5）年9月22日「中間まとめ」を提出，さらに翌1994（平成6）年3月14日には「審議のまとめ」を提出し，「教育上の例外措置」の具体的推進方策について進言している．文部省（当時）は，1994（平成6）年6月23日大臣官房長裁定により「教育上の例外措置」に関するパイロット事業の実施要項を決定し，1994（平成6）年の夏から1996（平成8）年までの間に，高校生を対象とした大学レベルの数学と物理学の公開講座，セミナー等のパイロット事業を実施した．

「21世紀を展望した我が国の教育の在り方について」審議していた第16期中教審は，1997（平成9）年6月24日当時の文部大臣に第2次答申を提出，その第4章の「教育上の例外措置」の中で，「特定の分野において優れた能力や意欲を有する生徒に対する多様な教育機会の充実」と「大学入学年齢の特例」を進めることを答申している．また，先のパイロット事業の結果を踏まえて具体策の進言もしている．1998（平成10）年当初，文部省（当時）の政令による学校教育法の柔軟な運用で「教育上の例外措置」が実施されたが，1999（平成11）年，学校教育法の第5章「大学」の第56条の条項改正が行われた．その内容は，1）特定の分野で能力の伸長の著しい者，2）特定の分野とは当面数学と物理学の分野，3）12年の学校教育を修了した者と同等以上の学力があると認められた者，4）早期に大学に入学することができる，5）早期に入学できる大学には特定の分野の博士課程がある大学院をもつこと，などが定められた．また，同年9月には大学から大学院への飛び入学も認められた．

この結果1998（平成10）年4月，当時の国立千葉大学が「先進科学教育センター」を設置して，研究者養成に特化した工学部物理学分野の「飛び入学」試験を実施した．この年の受験者は12人であったが，3人が合格し，日本で最初の早期入学による17歳の大学生が実現した．

文部科学省は2002（平成14）年6月，早期入学制度の一部を変更するため，学校教育法の第56条を改正した．

第56条　大学に入学することのできる者は，高等学校若しくは中等教育学校を卒業した者若しくは通常の課程による十二年の学校教育を修了した者（通常の課程以外の課程によりこれに相当する学校教育を修了した者を含む．）又は文部科学大臣の定めるところにより，これと同等以上の学力があると認められた者とする．

　2　前項の規定にかかわらず，次の各号に該当する大学は，文部科学大臣の定めるところにより，高等学校に文部科学大臣の定める年数以上在学した者（これに準ずる者として文部科学大臣が定める者を含む．）であって，当該大学の定める分野において特に優れた資質を有すると認めるものを，当該大学に入学させることができる．（大学入学資格）

　一　当該分野に関する教育研究が行われている大学院が置かれていること．

　二　当該分野における特に優れた資質を有する者の育成を図るのにふさわしい教育研究上の実績及び指導体制を有すること．

　この改正により，特定の分野の枠が外され，どの分野でも早期入学制度の対象となった．また，受け入れ大学の条件も修士課程がある大学院をもつ大学とされ，門戸が広げられた．しかし法的制度の不備から，17歳で大学へ入学した者は，高等学校中退の扱いとなっているため，日本の大学の中でこの制度を広く取り入れようとする動きはみられない．

　これまで述べてきたように，米国で系統的に始められた才能教育は，幼稚園から高等学校までの年齢範囲の優れた能力や意欲を有する子どもたちを対象として，公立の学校教育制度の中で多様な教育機会を提供しようとして行われる教育を指している．しかし上記の日本の制度は，17歳での大学への早期入学のみが制度として取り入れられ，研究者養成を目的とした大学での変則的なカッコ付きの「才能教育」を行うもので，本来の才能教育とはかなりかけ離れた制度となっている．1997（平成9）年6月の中央教育審議会の「21世紀を展望した我が国の教育の在り方について」と題する第二次答申の第4章「教育上の

例外措置」のまとめにおいて,「学校内で……様々な問題を引き起こすおそれがあることなどから,社会的な合意を得ることは困難なので,義務教育段階の小・中学校では,飛び級を行わないことが適当」とされ,才能教育の一手段に過ぎない飛び級を封じることで,義務教育段階での才能教育の芽も摘み取ってしまった.

現在,17歳の高校生の大学への早期入学（飛び入学）制度は,千葉大学の先進科学教育センターや名城大学の総合数理教育センターなどの一部の大学で,細々と実施されている.研究者の養成を目的とした千葉大学の先進科学プログラムには,1998年から開設された物理学コース,2003年から募集が始まったフロンティアテクノロジー（FT）コース,2004年に設けられた人間探求コースの3コースがあり,理学部と工学部の共同で運営されている物理学およびFTコースの出願資格は,物理学または応用物理学の優れた資質を有しその研究を志す者,また,文学部行動科学科が運営する人間探求コースの出願資格は,自然科学・数理科学の優れた資質を有し人間科学の研究を志す者とされている.物理学コースとFTコース,2004年からは人間探求コースも含めたこれらのコースの志願者数の推移は,1998年11人,1999年14人,2000年17人,2001年8人,2002年14人,2003年10人,2004年19人,2005年19人,2006年20人,2007年23人,2008年22人であった.また物理学コースとFTコースの入学者の推移は,1998年3人,1999年3人,2000年3人,2001年3人,2002年2人,2003年3人,2004年6人,2005年3人,2006年7人,2007年5人,2008年3人であった.人間探求コースの入学者数の推移は,2004年2人,2005年4人,2006年2人,2007年1人,2008年3人となっている.

一方,名城大学は,早い段階で才能ある生徒に高等教育を受ける機会を提供することを目的として,総合数理プログラムの早期入学制度を創設し2001年から学生募集を開始した.出願資格は,数学の分野にとくに強い学習意欲があり数学および関連分野の研究や教育を志望する者とされている.志願者と入学

者の実績は，2001年は志願者も入学者も4人，2002年は志願者も入学者も5人，2003年は志願者9人，入学者5人，2004年は志願者も入学者も2人，2005年は志願者も入学者も3人，2006年は志願者3人，入学者1人，2007年は志願者も入学者も1人となっている．コンピュータ専門の公立大学である会津大学では，コンピュータ理工学とその関連分野の研究者を志す志願者を早期入学制度によって募集した結果，2006年に志願者2人，入学者1人，2007年は志願者3人，入学者1人であった．この他，成城大学英文学科やエリザベト音楽大学では，2007年に早期入学制度による入学者をそれぞれ1人受け入れている．

　飛び入学制度の導入を検討していた全国の29大学を対象にして行った文部科学省の2004年の調査によると，18大学が導入しないとの決定をしていた．導入中止の理由としては，少数の入学者のために特別なカリキュラムを編成するのが困難，第56条の2にあげられている「特に優れた資質」の判定が難しい，対象となる生徒が少ない，高校での学習不足が入学後の修学に障害を生む可能性があるなどとなっている．受け入れ大学が，現在の学校教育制度を前提とした飛び入学制度の導入を躊躇する理由としては，無理からぬものがあると考える．

(2) 米国の才能教育関係法制度と才能教育

　1867年以来，米国内務省 (Department of the Interior) の中に置かれていた米国教育局 (National Bureau of Education) は，1972年7月1日の教育修正条項 (Public Lavo (P. L.) 92-318) の成立に伴って，厚生教育福祉省 (Department of Health, Education and Welfare) に移管された．この移行期に第10代 (1970～1972年) の教育局長 (The Commissioner of Education) であったのがマーランド (Sidney P. Marland., Jr., 1914～1992年) であった．

　米国では，20世紀初頭から各地の学校で才能教育に関する種々の試みが行

われてきた（A. J. Tannenbaum, Historical Concern about the Gifted, in Gifted Children-Psychological and Educatiobal Perspectives, MacMillan Publishing Co. Inc., NY, 1983）. たとえば, 首都ワシントンに米国才能児学会（The National Association for Gifted Children, NAGC）が設立されたのは, 1954年である.

米国議会は1971年に, 才能児が必要としている教育や, 連邦による才能児の支援のためには法律が必要かどうかについて, マーランド教育局長に対し報告するよう指示した. マーランド教育局長は1972年, 本編（Vol.1 Report）と背景説明（Vol.2 Background papers）からなる, のちにマーランド報告と呼ばれる報告（Education of the Gifted and Talented: Report to the Congress of the United States by the U.S. Commissioner of Education and Background Papers Submitted to the U.S. Office of Education, Washington, DC, U.S. Government Printing Office, 1972, Government Documents Y4. L 11/2: G36）を議会に提出した. 報告は, 米国内で才能教育に対する社会の関心は依然として低いことを報告している. しかし, マーランド報告によって, 州や学校が才能教育に対し関心を向けるようになり, これ以後米国における公立学校での系統的な才能教育が盛んになる契機となったのである.

1965年に成立した初等中等教育法（Elementary and Secondary Education Act of 1965, P. L. 89-10）は, マーランド報告を受けて初等中等教育法修正条項（Elementary and Secondary Education Amendments of 1970, P. L. 91-230）として1972年に改正され, その806項で, 米国最初の才能児の定義を行っている. 以下にその部分を引用する.

才能児は, 高度な専門的技術による傑出した能力に基づき, 資格のある専門家によって認定されなければならない. この子どもたちが, 自分自身や社会に貢献するためには, 異なった教育プログラム, あるいは普通に通常の学校プログラムとして実施される教育の枠をこえた教育を必要としている.

子どもたちは, 以下の項目の一つであろうと複数であろうと, いずれかの項目についてとくにすぐれた才能や, あるいは能力を示す.

1. 一般的な知的能力
2. 特別な学問的適性
3. 創造的または生産的な思考
4. リーダーシップ能力
5. 視覚あるいは舞台芸術
6. 精神運動能力

ただし，6番目の精神運動能力に関する項目は運動との関連から，1978年の初等中等教育法の教育修正条項（P. L. 95-561）によって削除されている．

このマーランド報告によって示された才能児の定義は，その後広く米国各州の才能児の定義として取り入れられている．

また，米国議会でユダヤ人としてはじめて議員となった共和党のニューヨーク州選出ジャビット下院議員により，教育省に才能教育局の設立，才能教育に対する財政的支援や，米国才能児研究センターの設立などを定めた才能児教育法（The Jacob K. Javits Gifted and Talented Student Education Act of 1988）が，1988年に立法化されている．

さらに，マーランド報告から20年後の1993年10月に，教育省の教育研究改善局（Office of Educational Research and Improvement）より，米国の卓越性—アメリカの才能を開発するための主張（National Excellence-A Case for Developing America's Talent）と題する，第二の才能教育報告書が出されている．33ページのこの報告書は，才能児の教育の静かなる危機，国のもっとも才能ある子どものための現在の教育の状況，国のもっとも才能ある子どものための将来の教育の3部構成となっている．この中ではとくに，社会経済的に恵まれない立場や少数民族の才能ある子どもたちが，才能教育の機会に恵まれないことは，社会や国家の大きな損失であるとしている．なお，1992年までの米国各州の才能教育の政策綱領や才能児の認定，才能教育の教育方法などについては，米国才能児研究センター（The National Research Center on the Gifted and Talented, NRC-G/T）がまとめた調査報告に詳しい（A. Harry Passow and Rose. A.

Rudnitiski, State Policies Regarding Education of the Gifted as Reflected in Legislation and Regulation, Oct. 1993)．この調査結果の中で，現在は改善が進んでいるとは思われるが，才能教育プログラムの評価が行われていない州が多数にのぼっていることは，気になるところである．

現在の米国における才能教育の状況は，州内の才能教育に財政的支援を行うことで州として才能教育に取り組んでいるのは 31 州である．ただ，州として取り組んでいなくとも，その州内の郡によっては才能教育に取り組んでいる所も多い．米国における才能教育は，通常の一般の学校で才能教育を行う学校と，特別の施設を備えた教育センターやマグネット・スクール（Magnet School），マグネット学級（Magnet Classes），あるいはガバナーズ・スクール（Governor's School）などで才能教育が行われている．マグネット・スクールのはじまりには，次のような歴史がある．

1960 年代の米国では，少数民族（Minority Group）を中心に公民権運動（Civil Rights Movement）が盛んとなり，1964 年には公民権法が，1965 年には積極的な差別是正策（優遇措置）であるアファーマティヴ・アクション（Affirmative action）が制定された．その流れの中で，1968 年にワシントン州のタコマ市にあるマッカーバー（McCarver）小学校は，それまで全米の学校教育の場で普通に行われていた民族分離（Racial isolation）の制度を，全米で最初に取り払った．これは次第に全米に広がっていったが，一方，少数民族の学力差が顕著になっていった．翌年の 1969 年，ボストン教育委員会（Boston School Committee）の C. グレン（Charles Glenn）教育長が，勉学の遅れている少数民族に勉学の機会を与える目的で，継続して発展する教育（continuous progress education）を行うプログラムを，地元のトラッター（Trotter）小学校に創設した．1970 年代初頭になるとこのプログラムは，各生徒がもっている異なった能力を伸ばすための学校に変質していった．

1970 年テキサス州ヒューストン市の演劇視覚芸術学校（Performing and Visual Arts School）が，磁石（magnet）のように生徒を引きつけるという意味

ではじめてマグネットという言葉を使い，1975年頃には連邦政府に財政的支援を受ける学校をマグネット・スクールと呼ぶようになり，現在に至っている．このように，当初は勉学の遅れている少数民族のための勉学の場であったものが，各生徒がもっている異なった能力を伸ばすための学校，すなわちマグネット・スクールとなったのである．

2001年米国のブッシュ（子）政権は，これまでの教育関係の法律，1965年の米国初等中等教育法（Elementary and Secondary Education Act of 1965）と米国学校改善法（Improving America's School Act of 1965），1994年1月の米国学校改善法（Improving America's School Act of 1994）と初等中等教育法（Elementary and Secondary Education Act in 1994）などを統合して，一人の子どもも置き去りにしない法（No Child Left Behind Act of 2001）という一つの法律を制定した．これまでの法律を引継ぎ，タイトルV（TITLE V）の両親の選択と改善プログラムの周知の促進（Promoting Informed Parental Choice and Innovative Programs）のパートC（PART C）マグネット・スクールの助成（Magnet Schools Assistance）という第5301条〜5311条（SEC. 5301〜5311）にわたる条項を設けている．第1707条でAP試験を，第5302条でマグネット・スクールを次のように定義している．

　2001年一人の子どもも置き去りにしない法
　　TITLE I　不利な状況にある学生の成績向上
　　　PART G　APプログラム（SEC. 1702〜1707）
　　　　SEC. 1707. 定義
　　　　　(1) AP試験
　　　　　　AP試験とは，カレッジボードによって実施される，または教育庁長官によって認められたAP試験を言う．
　　TITLE V　両親の選択と改善プログラムの周知の促進
　　　PART C　マグネット・スクールの助成（SEC. 5301〜5311）
　　　　SEC. 5302. 定義

マグネット・スクールと言う言葉が，異なる民族的背景を持つ能力のある多くの児童・生徒を引き付ける特別のカリキュラムを提供する公立の小学校や中等教育学校，または公立の初等または中等教育センターを言う，ということがこのパートの趣旨である．

PART D　教育改善のための基金

　Subpart 6　才能児

　　SEC. 5461．法の略称名

　　　このサブパートは，2001年ジャコブ・K・ジャビット才能児教育法と称する．

　このように，マグネット・スクールとは，能力のある多くの児童・生徒を引きつける特別のカリキュラムを提供する公立の小学校，中等教育学校，初等・中等教育センターと規定されている．1999～2000年度の全米のマグネット・スクールは，1,372校，2001～2002年度には1,736校を数えている．とくに多いのは，州として才能教育に取り組んでいるイリノイ州420校，カンザス州33校，バージニア州166校，ノースカロライナ州165校，ケンタッキー州35校，ジョージア州62校，アラバマ州41校，ルイジアナ州74校（2001～02年度）などである．州として才能教育に取り組んでいない州では，ミネソタ州66校，ミズーリ州49校，カルフォルニア州456校などである（Digest of Education Statistics 2001, US Department of Education, National Center for Education Statistics, 2003)．

　また，同法タイトルV，パートD（PART D）教育改善のための基金（Fund for the Improvement of Education）のサブパート6（Subpart 6）才能児（Gifted and Talented Students）には，才能児のための教育に対する財政的支援を行うための条項がある．第5461条（SEC. 5461）には，この部分を2001年ジャコブ・K・ジャビット才能児教育法（Jacob K. Javits Gifted and Talented Students Education Act of 2001）と呼ぶと法の略称名（Short Title）を定めている．この法

律は1994年の初等中等教育法に編入され,さらに2001年に一人の子どもも置き去りにしない法に統合されたものである.

マグネット・スクールや才能教育センターで才能教育を受けている児童・生徒は,2005年度に全米で2,926,034人にのぼり,これは在籍する全児童・生徒の6.3％になる (Digest of Education Statistics 2001, US Department of Education, National Center for Education Statistics, 2003).

さらに,一人の子どもも置き去りにしない法のタイトルⅠ (TITLE Ⅰ) 不利な状況にある学生の成績向上 (Improving the Academic Achievement of Disadvantage) のパートG (PART G) にはAPプログラム (Advanced Placement Programs) の条項がある.APプログラム (APコース) は,1950年代半ばに始まった制度で,ハイスクールで大学の教養課程レベルの講義を受講し,この講義を受けた生徒がカレッジボード (College Board) が実施するAP試験 (Advanced Placement Test) を受験して合格点を取れば,その生徒が大学に入学した時には,AP試験に合格した教科目については大学の教養課程の講義をすでに履修したとみなして単位を出してくれる制度である.これによって大学の在籍期間を短縮することや早期卒業が可能となる制度である.パートGには,経済的な困窮者に対するAP試験の受験料の補助や,AP講義を担当できるハイスクールの教師の養成の補助などの条項が含まれている.

AP講義を開講しているハイスクールの数は,2003年には全米のハイスクールの67％,約1万1千校で,176万人の生徒がAP講義を受講している.また,AP試験の総受験者数が470,398人であった.2001年のAP試験の受験者数の多い教科は,米国史227,757人,英文学および創作技術215,313人,微分積分AB157,524人,英語言語学および文章構成156,193人,生物学97,762人,米国政府および政治90,937人などであった (The College Entrance Examination Board, 2002).しかし,最近では米国の進学校といわれるハイスクールで,AP講義の廃止を行う学校も増えている.それには,1) 一般にAP講義の教科を受けると,時間をかけて文書や資料などを読まないと良い点数が取れない,し

かし 2) AP 試験受験のための教材が市販されており，それを学習することで試験に合格しようとする生徒が増え，時間をかけて書籍や資料を読む本来の学習をおろそかにする生徒が多くなった．3) AP 試験の成績が送られてくるのが夏で，大学の早期入学申し込みの手続きは前年の 12 月末なので，AP 試験の結果が大学入学のための成績判定に間に合わない，4) AP 試験の成績が 5 であっても，1 セメスターの短縮を認めている大学の数が少ない，5) 最近では AP 試験の結果がハイスクールや生徒の質の基準に使われている，などの理由があげられている．このため，進学校とされるハイスクールの中には，AP 講義に代わって促進教育のクラスを設けるところも出てきている．

(3) オーストラリアの才能教育への関心

オーストラリアで最初に才能教育について言及されたのは，ニューサウスウェールズ州の教育省長官が 1924 年，平均以上の知的能力をもった子どもたちのために特別学級の設置を訴えたのが最初であった．その後 1932 年，同州の小学校最終学年に特別学級 (Special class) が設置され，今日に至っている．当時の特別学級では，一般学力試験 (General ability test) と校長推薦で選ばれた子どもたちが学習した．同様の特別学級が，タスマニア州と西オーストラリア州にも設置されたが，すぐに廃止された．

公立の現在とは形の異なる中等教育の選択校 (Selective school) が整備されると，そこで才能児に特別の学習機会が提供されるようになった．選択校に入学するには，小学校の最終学年に競争試験を受けて合格する必要があった．この選択校をオーストラリアではじめて現在のような総合的な中等教育学校 (Comprehensive secondary school) に整備したのは，タスマニア州で 1957 年のことであった．他の州・地域もこの動きに続き，全国に中等教育学校の設立，整備が進んで行った．

1970 年代初頭になると，障害をもつ子どもたちの教育に対して世論の関心

が高まり，1973年に法律（Commonwealth Schools Commission Act 1973）によって連邦学校委員会（CSC）が設立された．CSCは，教育大臣から教育政策や学校教育における諸課題について相談を受けて議論することが役割で，丁度日本の中央教育審議会のような役割を担っていた．諸課題の中には，科学，文学，芸術，音楽などの分野で能力を示す子どもたちに対して特別の教育機会を与えることも含まれていた．

1975年CSCの代表は，ロンドンで開かれた第1回世界才能児会議（The First World Conference on Gifted Children）に出席し，海外における才能教育の情報収集などを行った．その結果CSCは，当時のオーストラリア教育審議会（Australia Education Council）に対し，才能児の特別なニーズに対応すべきであるとする報告書を作成し，特別関心事センター（Special Interest Centre）の設立を勧告したが，広く世論の支持を得ることはできず，西オーストラリア州一州のみに幾つかのセンターが設立された．

CSCは，才能教育の専門家である米国コロンビア大学のミリアム・ゴールドバーグ教授を1978年と1980年の2回にわたって招請し，地域の才能教育の状況を調査し報告書の提出を受けた．その結果1981年，CSCは内部に才能教育の助言グループ（Advisory Group on the Education of Gifted and Talented Children）を設立した．CSCはこの助言グループの活動により，連邦政府に当時進行中の全豪重要計画プロジェクト（Projects of National Significance Scheme）から1982年から1986年までの4年間の計画で，年間10万A$（870万円）の先導基金を配分することを認めさせた．この基金は，会議やワークショップの開催，全豪数学夏季学校，情報源のマニュアルや教師ガイドの開発，パイロット事業，各種事業の評価，カウンセラーの訓練などの計36の事業に，合計406,080 A$（約3千533万円）が充当された．調査報告書は，これらの事業から数々の貴重な結果が得られたと述べている．

一方，CSCは1980年代の初頭にアボリジニの教育，少女の教育，障害をもった子どもたちの教育，不利な状況にある子どもたちの教育などについて，集

中した議論を重ねていた．1984年10月CSCはワークショップを開催し，その討論の結果を特別のニーズが必要な住民の才能児の教育：討論用文書（The Education of Gifted and Talented Children from Populations with Special Needs: Discussion Document）として公表した．

当時の教育の質を点検する委員会（Quality of Education Review Committee）は，1985年オーストラリアの教育の質（Quality of Education in Australia）と題する報告書を発表して，この中で，卓越性の追求（Pursuit of excellence）と平等性の追求（Pursuit of equality）は両立できないと述べ，しかし，われわれはその両方を追求しなければならないが，両者を混合して追求すると相殺されてしまうだろうと述べている．

この影響もあってCSCは，先の助言グループを解散し，このため1985年以降の先導基金は打ち切られてしまった．このCSCの措置に対して各州・地域の才能教育を担当する教育行政や大学の才能教育の専門家などから批判が集中し，この国には国民の意向を汲み取る行政のリーダーシップが存在しないとまでいわしめる事態となった．

当時のCSCの依頼で1985年，才能教育の専門家であるエディー J. ブラッゲット（Eddie J. Braggett, 現ニューサウスウエールズ州立チャールズ・スタート大学名誉教授）は，才能教育：オーストラリアの備え（Education of Gifted and Talented Children: Australian Provision）という文書を作成した．この文書は，それまでのオーストラリアにおける才能教育の動向をまとめるとともに，今後の課題についても言及し，オーストラリアのその後の才能教育の行方を決定付ける先駆的な重要文書となった．また，CSCの要請により1986年にブラッゲットは，才能，創造性―オーストラリアの著作：注釈付き参考文献一覧（Talented, Gifted, Creative-Australian Writings: An Annotated Bibliography）をまとめ，また，ケイス・クリード（Keith Creed）は同じくCSCの求めで，才能児のためのカリキュラム（Program for Gifted and Talented Children）をまとめ，いずれもCSCから発表されている．しかし当時のCSCは，これらの文書の内容

や提案を実行することなく，オーストラリアにおける一例としての報告であるとして顧みることがなかった．

さらに同年CSCから，ミドルトン，ブレナン，オニール，ウータン（M. Middleton, M. Brennan, M. O'Neill and T. Wootten）らの共著による，未来を作る：オーストラリアにおける中等教育の役割（Making Future: The Role of Secondary Education in Australia）が公にされた．この文書の中で，1983年4月に出された米国教育庁長官の報告書「危機に立つ国家─避けられない教育改革」の第2章：危機に立つ国家の第4節：教育における卓越性（Excellence in Education）を引用して，卓越性（Excellence）の定義を行っている．その結果，これ以後オーストラリアでは，卓越性の認識として広く認められるようになったので以下に引用する．

私達は，「卓越性」とは幾つかの関連したことがらを意味するものとして定義します．個々の学習者の観点からは，個人の能力の限界に向かって試したり個人の限界を押し戻したりすることで，学校や職場において学習努力をすることを意味します．卓越性は，学校あるいは大学で全ての学習者のために強い期待と目標を定め，あらゆる可能性のある方法を試してそれに至る子ども達を手伝うという特徴があります．卓越性は，急速に変化している世界への挑戦に応じる人々の教育や技能を通して作り上げられるという政策に適った社会を特徴とします．私達の国民と学校や大学は，これらの全ての意味で卓越性の実現にかかわらなければなりません．

前に述べたように，ニューサウスウエールズ州や西オーストラリア州などでは，早くから才能教育に着手していた．また，オーストラリアで本格的に才能教育を普及させようとさまざまな試みが行われてきた．しかしそれらの試みの中でもっとも大きな挫折は，CSCが連邦政府の全豪重要計画プロジェクトから才能教育のための予算を確保しながら，中途でCSC自ら内部グループであ

る才能教育の助言グループを解散し，連邦政府の才能教育のための基金を途中で打ち切ったことであった．

このような背景から，連邦政府のリーダーシップに期待できないと考えた多くの保護者，学校，教育関係者，有識者などから，全国で公教育での才能教育を開始するべきであるとの意見が連邦議会に寄せられたため，1985年10月17日にオーストラリア連邦議会上院の8人の議員で構成される教育および芸術常任委員会（Senate Standing Committee on Education and the Arts）において，才能教育の実施についての調査検討がはじめられた．前記の特別委員会は，第35回議会において上院雇用・教育・訓練委員会（Senate Committee on Employment, Education and Training）に改組され，その後1987年9月22日には，新たに設立された4人の上院議員で構成される才能児教育特別委員会（Senate Selected Committee on Education of Gifted and Talented Children）にその検討内容が引き継がれ，才能教育についての調査と検討を1988年5月26日までの通算約2年半にわたって行った．オーストラリア連邦内で，一つの課題に対してこれ程の時間をかけて調査を行い報告した例はかってなかった，といわれるほどの規模であった．その結果1988年5月18日，オーストラリア連邦議会上院に，上院才能児教育特別委員会報告（The Report of the Senate Selected Committee on Education of Gifted and Talented Children，以下1988年才能児教育報告）が提出された．おそらく特別委員会は，何等かの法制化を図ろうとしたと思われるが，これは実現しなかった．

1988年才能児教育報告は，まえがき，略語一覧，第1章：序，第2章：才能教育の発展，第3章：定義と認定，第4章：才能児のための教育準備，第5章：才能児，その保護者と教師—特徴と配慮，第6章：特定の住民，第7章：才能教育における連邦の役割，第8章：卓越性の追求，第9章：勧告の概要と要旨，補遺，索引で構成されている．この中で第4章に勧告9が，第6章に勧告5が，第7章に勧告1〜4，6〜8が述べられ，第9章にすべての勧告の要旨がまとめられている．

この報告の中で議会が連邦政府に対して示した9つの勧告（Recommendation）は，次のような内容であった．

1. 委員会は，全国の才能児のための特別な教育計画を提出するという明確な声明を作成するよう，連邦政府に勧告する．
2. 委員会は，学部学生が卒業後に使うことのできる才能児のニーズ，特別な才能児の認定技術，教授計画など，才能児についての充分な情報を教員養成学部コースが所持するよう，各教員養成大学に勧告する．
3. 委員会は，現在少女の教育，アボリジニや障害児の教育などの特別の支援に携わっている全ての教師の専門的な育成の際には，それらのグループからの才能児の認定と教育について教授することを，連邦政府に勧告する．
4. 委員会は，連邦政府が，才能児の教育に当たる教師の専門的な育成を支援するように勧告する．
5. 委員会は，教科教育や才能教育の専門家と協力して，遠隔地に住む才能児のために，適切なビデオ教材や関連教材を開発するための基金を用意するよう，連邦政府に勧告する．
6. 委員会は，連邦政府が，オーストラリアの高等教育機関の中に才能児の教育のための国立研究センターを設立し，このセンターの活動が軌道に乗るまでは，連邦政府が財政的援助を行うよう勧告する．
7. 委員会は，国立研究センターの立地については勧告を行わない．しかし，センター設立に関心を示した高等教育機関について，連邦政府が考慮するよう勧告する．
8. 委員会は，オーストラリア・カリキュラム情報ネットワークにおける才能児の教育に関する情報量の拡大を優先的に行うよう，また，この分野の教育に関心を持つ教育機関やその部局の構成員が，これらの情報を取得し利用できるように勧告する．
9. 委員会は，種々の職業教育学校や，才能児のスキルを高めるためのセミナーやワークショップに対する財政的支援の拡大を，連邦政府に勧告する．

前記の上院の勧告を受け，連邦政府教育省は，当時の教育審議会（AEC），現在の教育・雇用・訓練・青少年問題大臣審議会（MCEETYA）を通じて才能教育の制度を整備するよう，各州・地域の教育行政機関に対し働きかけた．それを受け，各州・地域の教育行政機関は，まず，それぞれ才能教育の政策綱領（Policy Statement）を発表するとともに，その内容を実際に具体化するためのガイドラインや実施要領の作成を行った．その結果，オーストラリア各州・地域で才能教育の制度が順次整備され，全土で才能教育が実施されるようになったのである．

しかし，上院の 1988 年才能児教育報告の発表後，連邦政府教育省は，1989 年にこれらの勧告の実施のための予算措置をまったくとらなかった（K. B. Start, M. U. M. Gross and R. F. Garton, Conference paper at the NAGC Annual Conference, at Little Rock, AR, USA, 1990）．

これは，当時オーストラリア連邦政府の政権を担っていたホーク（Robert James Lee (Bob) Hawke）首相ひきいる労働党政権（Australian Labor Party, 1983 年 3 月 11 日～1991 年 12 月 20 日）の教育省のドーキンス大臣（John Sydney Dawkins, 1987 年 7 月 24 日～1991 年 12 月 27 日）が，後にドーキンス改革（Dawkins Revolution）と呼ばれるようになった高等教育機関の再編や，大学間の研究費獲得競争を促す制度の導入，あるいは大学の授業料の復活などの政策に熱心なためであったといわれている（The Hon J. S. Dawkins, Report of the Senate Selected Committee on the Education of Gifted and Talented Children, May 23, 1989）．

また，もともと労働党政権は，才能教育の振興に熱心ではなく，才能教育の振興をはかる最初の機会を逃してしまったため，これ以後連邦政府には，才能教育関係の法制度は立法化されていない．現在でも連邦政府教育省の才能教育を担当する行政職員は，政策立案の法律による裏打ちがないため，充分な行政措置が取れないばかりか，自らの立場も不安定な状態に置かれたまま業務をこなさざるを得ず，早期の才能教育に関する法律の立法措置が望まれるところで

ある.

　一方当時の連邦教育省は，1988年勧告1と5に盛り込まれた学習用教材の開発に対する支援では，1989年のホバート宣言を受けて設立されたオーストラリア・カリキュラム法人（Curriculum Corporation of Australia）を通じてその開発を支援した．勧告2，3，4に盛り込まれた教師の専門性の開発については，教員養成学部に対する支援や現職教師の再研修などの予算による支援を行った．また，連邦政府教育省の全豪学校のための公平プログラム（National Equity Programs for School）による基金の中から，1993年に1万A$，1994年にも同額の予算が支出された才能教育に関する財政的支援も，1996年には打ち切られてしまった．勧告8に盛り込まれたカリキュラムに関する情報の利用などの面では，オーストラリア・カリキュラム・インフォメーション・ネットワーク（ACIN, Australia Curriculum Information Network）を通じて才能教育にかかわるカリキュラムの情報を強化して各州・地域に対する支援を行った．しかし，勧告5と6に示された才能児の教育のための国立研究センターの設立について，当時はまったく目途がなかった．また，勧告9に盛り込まれたセミナーやワークショップの開催に対する支援は，不充分であった．

　1988年才能児教育特別委員会報告にもあるように，「ほとんどのオーストラリアの学校では，才能児の教育のためにいかなる準備もしていない」状態であった．さらに，才能教育の準備をすることに対してオーストラリアでは，政治家，地域団体，教師，企業組合などからイデオロギーを前提とした継続的な強い反対に遭遇した（M. U. M. Gross, Exceptionally Gifted Children, London, Routledge, 1993）．

　上院の1988年才能児教育報告について，1）報告の内容が実現されたかどうか，2）現在の才能児のための政策や教育課程が適切かつ満足できるものであるかどうか，—とくに，才能児の認定，才能教育の教育課程を公平に提供できる体制があるか，子どもたちの社会経済状況と才能教育への参加の間に関連があるか，について—，3）才能児の教育を支援する連邦政府の適切な役割を

考慮する，などを検証するために，オーストラリア連邦議会の上院雇用・労働関係・スモールビジネス・及び教育権限委員会（Senate Employment, Workplace Relations, Small Business and Education References Committee）が，調査を行った．その調査内容は，2001年10月2日に才能児教育報告（Report on the Education of Gifted and Talented Children，以下2001年才能児教育報告）としてまとめられ発表された．2001年才能児教育報告の中にも，点検結果から導き出された20項目の勧告がなされている．1988年才能児教育報告は，連邦教育省に対する勧告であったが，2001年才能児教育報告では，勧告の4と9は州を対象に，勧告の4と11は大学を対象に，それ以外の勧告は連邦政府，または1993年に創設されたMCEETYA（Ministerial Council on Education, Employment, Training and Youth Affairs）に対して勧告が行われている．

1. 教育・雇用・訓練及び青少年業務大臣評議会（MCEETYA）は，国の学校教育の報告体制を，最低基準のみならず才能児の高い学力にも考慮した形に拡大するべきである．
2. 教育・雇用・訓練及び青少年業務大臣評議会（MCEETYA）は，高い知的能力に対して否定的な姿勢をとる理由に関する研究の依頼をするべきである．
3. 特別なニーズや個々の差異について触れたアデレード宣言あるいは州／地域（テリトリー）の同様の文書のような基本教育政策文書は，才能児を含む特別なニーズの内容を明確にするべきである．
4. 才能児認定のための教師養成では，社会・経済的状況，遠隔地居住，身体障害，先住民など，不利な立場にある才能児の認定に特別な注意を払うべきである．
5. 教育・雇用・訓練及び青少年業務大臣評議会（MCEETYA）は，才能児のための別のカリキュラム開発を目指した計画を立案するべきである．
6. 連邦政府は，教育・雇用・訓練及び青少年業務大臣評議会（MCEETYA）が，才能児のための適切な促進教育を奨励する一貫した政策を展開するよ

う提案するべきである．

7. 教育・雇用・訓練及び青少年業務大臣評議会（MCEETYA）は，能力のある子ども達の選択肢の調査や，選択学校であろうとあるいは総合学校であろうと，才能児のニーズに見合った能力のある子ども達を支援するための一貫した政策を開発するべきである．
8. 連邦政府は，特別な学校や学級を持つ州が，特別な学校制度による教育の効果や結果について研究するように，教育・雇用・訓練及び青少年業務大臣評議会（MCEETYA）に提案するべきである．
9. 才能教育の政策には，その教育に関する資源や，必要な人材の供給源を含めた議論をするべきである．
10. 教育・雇用・訓練及び青少年業務大臣評議会（MCEETYA）は，公立学校制度の中に包括的な中核的センター設備の選択肢について調査すべきである．
11. 学校教育の専門家達の協議において，オーストラリア学長委員会（AVCC）は，才能児のための選択肢としてより柔軟な大学への入学や学習機会を提供する政策を開発するべきである．
12. 教育・訓練及び青少年業務省（DETYA）は，特に，大学院に対する研究基金政策によって才能教育の研究に関与すると不利益になるかどうかについて，過去5年間の大学院における才能教育の研究について調査するべきである．教育・訓練及び青少年業務省（DETYA）は，この観点から新しい大学院教育のための貸付制度の効果について経過の観察をするべきである．
13. 連邦政府は，才能教育研究のための大学院設置を目的とした基金を提供するべきである．
14. 連邦政府は，州や地域の教育担当部署が，雇用条件として，新たに卒業した教師は，学位の一環として少なくともセメスター単位で才能児の特別なニーズについての学習を要求するよう，教育・雇用・訓練及び青少年業務

大臣評議会（MCEETYA）に提案するべきである．これには，才能児の認定や才能児の学習指導の教育を含むべきである．

15. 連邦政府は，資質の優れた教師プログラム（Quality Teacher Programme）の中に優先的に才能児の問題について専門的な開発を行うことを明記するべきである．

16. 連邦政府は，州や地域の担当部署が，特別の学校や学級の教師には，ふさわしい才能教育の教育資格を持つことを要求するよう，教育・雇用・訓練及び青少年業務大臣評議会（MCEETYA）に提案するべきである．州や地域の担当部署は，必要な専門家の養成を確保するべきである．連邦政府は，優秀教師プログラムを通じて支援するべきである．

17. 教育・雇用・訓練及び青少年業務大臣評議会（MCEETYA）は，才能教育のための国の方針を開発するべきである．

18. 連邦政府は，才能教育のための国立研究資源センターの設置基金を提供するべきである．

19. 連邦政府は，学校を対象としたプログラムで，「教育上不利な立場」の意味の中に含まれていないニーズを持った不利な立場に苦しむ才能児を立証するためにガイドラインを修正するべきである．

20. 連邦政府は，教育・雇用・訓練及び青少年業務大臣評議会（MCEETYA）を通じて才能児のための通常の教材とは別のカリキュラム用のナショナル・カリキュラム用教材の開発を支援するべきである．

勧告内容をみると，勧告の1，3，7，9，17，19は国の報告や政策にかかわる内容，勧告の2と8はMCEETYAを対象にした研究の促進にかかわる内容，勧告の4，14，15，16は教師養成にかかわる内容，勧告の5，6，20はカリキュラムや教育法にかかわる内容，勧告の10，13，18は施設の設置にかかわる内容，勧告の12と13は大学院にかかわる内容，勧告の11は大学入学資格にかかわる内容となっている．

連邦議会上院の 2001 年才能児教育報告を受けて，これらの勧告に対する連邦教育省の対応に関するオーストラリア国内での評価は，勧告3については，努力がなされている，勧告4については，一部実現されているとの評価である．また，勧告 13 については，現在までに国内 20 の大学院に，才能教育を担当する教師の養成を支援するために，才能教育の講義を開設するための基金1万 A$（約 87 万円）が支出され，連邦教育省の努力が認められている．

勧告 16 については，才能教育を担当する教師のための教材を開発，あるいは開発した教材を配送する費用として 2,300 万 A$（約1億7千 400 万円），ニューサウスウエールズ大学に委託して，遠隔地に居住する才能児の保護者のために開催する少なくとも 50 回のワークショップの開催費用として約 57 万 6 千 A$（約 5,650 万円，Murray Senate Order 192, 1 July 2005-30 June 2006 Financial Year, p. 27），また同様にニューサウスウエールズ大学に委託して，保護者や教師のための才能教育のワークショップの開催費用として約 80 万 A$（約 7,800 万円，Murray Senate Order 192, 2006～2007 Financial Year, p. 65, 30 August 2007）などの予算措置を講じている．勧告 17 については，方針が確立されつつあるとの評価である．

勧告 18 については，弁護士で西オーストラリア州出身の当時のビショップ雇用・教育・訓練大臣（Hon Julie Bishop, 2006 年 1 月～2007 年 11 月）は，2006 年9月 27 日に，勧告の一つである国立才能教育センター（National Center for Gifted Education）設立のために，320 万 A$（約3億 400 万円）の予算を用意すると宣言している．

勧告 20 については，教材開発のための予算から約 29 万 A$（約 2,900 万円，Murray Senate Order 192, 1 January 2004-31 December 2004, p. 14）を使って，ニューサウスウエールズ大学（University of New South Wales）の才能教育研究・資料情報センター（GERRIC, Gifted Education Research, Resource and Information Centre）の6人の研究者に依頼して，才能教育専門家開発用パッケージ（The Gifted Education Professional Development Package）を作成し，2005 年に公開して

いる．このパッケージは，1）才能児の理解（Understanding Giftedness），2）才能児の認定（The Identification of Gifted Students），3）才能児の社会的感情的発達（Social and Emotional Development of Gifted Students），4）成績のふるわない才能児（Underachievement in Gifted Students），5）才能児のための個別化カリキュラムへの変更（Curriculum Differentiation for Gifted Students），6）才能児の発達プログラムと施設（Developing Programes and Provisions for Gifted Students）の6つのモジュールで構成されている．さらに各モジュールは，それぞれ独立の幼児教育，初等教育，中等教育の3部で構成され，合計18編の大部の文書である．とくに上院の1988年才能児教育報告で，幼児を対象とした才能教育がどの州・地域でもほぼ手付かずであることは才能の浪費である，と大きな課題としてあげられており，遅ればせながらその要望に答えた形となっている．

　これ以外の，勧告1〜2，5〜12，14〜15，17，19については，まったく対応が取られていないという評価である．オーストラリアの才能教育は，いわば黎明期にあり，今後の発展が期待される．

（4）オーストラリア各州・地域の才能教育の動向

　前章でも触れたように，各州・地域が教育権をもつオーストラリアでは，各州・地域の教育に対して連邦教育省が干渉する権限はない．たとえば，各州・地域は，どれぐらいの人数の才能児が，どのような才能教育の学習機会があるかなどの統計についても，連邦への報告義務はないので，連邦教育省は把握していない．学校基本調査によって，5月時点での教育に関する統計を毎年発表している日本の文部科学省との相違は明らかである．オーストラリアでも情報開示が進んだとはいえ，調査や集計がされていないデータは利用しようがない．このため，利用できるデータが得られるかどうかは，州や地域によって大きく異なる．このような状況のため，ここでは各州・地域の教育行政機関とそ

の才能教育の担当部局，あるいは，才能教育の政策綱領やガイドラインなどが制定されるまでの経緯などについて説明する．ただし，ここで示した教育行政機関の才能教育の担当部局は，2007年9月の調査時点のものである．

また，才能教育の制度は，クイーンズランド州，ヴィクトリア州，ノーザンテリトリー，南オーストラリア州，西オーストラリア州などのように拠点校を設置し，その学校で収束的に才能教育を実践する州や地域と，ニューサウスウエールズ州やACTのように，多くの学校に才能教育の学級を設置して，あるいはすべての学級を才能教育の学級とした学校を設置して，分散的に才能教育を実践する制度をもつ州・地域とがある．タスマニア州のように，その置かれた地理的条件により，主としてもっぱら教育工学的手法を利用して才能教育を実践する州などもあり，各州・地域によって才能教育の教育制度や教育方法に大きな違いがみられる．ただ，才能児の認定ならびに才能教育については，クイーンズランド州，ニューサウスウエールズ州，オーストラリア首都テリトリー，ヴィクトリア州，タスマニア州，南オーストラリア州，西オーストラリア州などの各州・地域では，ガニエのギフテッドネスとタレントの個別化モデル（図5－1）によって実践されている．そこでここでは，最近の各州・地域の才能教育の動向や，可能な限り実践事例についても触れることとする．

1）クイーンズランド州

州の教育行政機関は，教育訓練芸術省（Department of Education, Training and the Arts）である．才能教育は，教育局（Education Queensland）カリキュラム部門（Curriculum Division）のカリキュラム戦略（Curriculum Strategy）課が担当している．この課では，才能教育の政策立案および教育実践での教師に対するカリキュラム開発の指導など，才能教育全般について担当している．

1978年にクイーンズランド州議会は，州教育省長官アーン（Mike I. Ahern）を委員長とする特別委員会（Parliamentary Selected Committee）を組織し，州の教育が地域や保護者，子どもたちの期待に沿っているかどうかについて調査し

た．特別委員会は，1980年にアーン報告書（Ahern Report）を発表し，その中でクイーンズランド州としてはじめて才能教育について触れている．州教育省長官はこの報告書の勧告を受けて，州教育省の職員によって構成される作業部会を設置した．後に常任委員会に組織替えされたこの作業部会は，1983年に報告書を作成し，この中で州の最初の才能教育の政策綱領を発表している．1984年には州立のケルビン・グローブ・ハイスクールにダンスの特別教育センターを設立し，オーディションによって選ばれた限られた人数の11年生が，朝から厳しいバレエの練習を行って，午後には一般の授業を受けていた．また，クイーンズランド・ハイスクールには，美術の特別教育センターが設けられた．

　1985年2月22日，改訂版の才能教育の政策綱領，政策綱領：クイーンズランド州立学校における才能教育（Policy Statement: Education of the Gifted in Queensland State Schools）が発表されている．この政策綱領は，1988年の連邦議会上院才能児教育特別委員会報告が出された後に，1992年に再々改訂版が作成され，1993年に発表されている．この再々改訂された政策綱領が，現在までのクイーンズランド州の才能教育の政策綱領となっている．その内容は，理論的解説，目的，才能児とは？，認定，教育機会の提供，教育・人的資源の6項目から構成され，いわば才能教育の宣言といった内容となっている．クイーンズランド州では，他の州が公表している才能教育のガイドラインに相当する文書は出されていない．

　一方，州議会の常任委員会は，1985～1986年に2回の才能教育のワークショップを開催するとともに，12人の地域才能教育コンサルタントを任命した．コンサルタントは，教師や保護者を対象としたワークショップやセミナーを開催し，才能教育についての知識の普及を行った．この才能教育のワークショップやセミナーでは，通常の学級における拡充教育や，プルアウトによる拡充教育の実践に焦点が置かれていた．その結果，州立学校における拡充教育を中心とした才能教育が実践されるようになった．しかし，学校によって，あるいは

担当する教師によって，拡充教育の期間，一週間の時間数や頻度などの教育方法や教育内容が異なり，同一学校内でも統一性のない実践であった．

また，1992年には，クイーンズランド州後期中等教育調査委員会が，後期中等教育における才能教育の実施—才能児のための委員長による作業部会報告と題する15ページの調査結果の文書を発表している．調査委員会は，才能教育の政策や教育方法を変更する必要はないが，才能児や才能児の特別なニーズに対する理解の不足，あるいは何をしなければならないかに関する知識の不足があり，この報告書が後期中等教育段階で才能教育に携わっている教師のために出発点となる文書となることを期待しているとしている（Providing for Gifted Students in the Senior Secondary School: A Report by the Chairman's Working Party on Gifted Students, Queensland Board of Senior Secondary School Studies, 1992）．

州教育省は，前記の統一性のない才能教育の実践の反省や後期中等教育調査委員会の報告書の結果から，連邦政府教育省の全豪学校のための公平プログラム（National Equity Programs for School）による基金を得て，ヴィクトリア州や西オーストラリア州で行われているのと同様の学校群を形成して才能児に集中的に拡充教育を行うプログラムを実施した．これには，ジグザグ（Zigzag Project），シグニット（Cygnet Project），ユニコーン（Unicorn Project）の3つのプログラムがあった．ジグザグは，1993年から1994年に実施されたアボリジニの子弟，障害のある子どもたち，英語を母国語としない子どもたち，社会経済的に恵まれない環境にある子どもたちなどの成績の振るわない才能児の子どもたちを対象としたプログラムであった．シグニットは，州の過疎地域である北部に居住する子どもたちを対象としたプログラムであった．1995年から1996年に実施されたユニコーンは，成績の振るわない才能児の子どもたちを認定し，才能教育を実施するプログラムであった．1996年に連邦政府教育省の基金の支援が打ち切られた後は，州の広報，学校，重点学校ネットワーク（Focus School network）の3つの基金に依存することとなった．このプログラムは，2校の州立小学校（Coorparoo State School, Nundah State School）と2校の

州立ハイスクール（Albany Creek State High School, Bray Park State High School），2校の私立小学校（Islamic School of Brisbane, Northside Christian School）と2校の私立ハイスクール（Mueller College, St Michael's College）において引き続き体系的な才能教育を実施した．しかし，ジグザグ，シグニット，ユニコーンの各プロジェクトは，2000年で打ち切られた．

　次いで，州教育省は，前記のこれらのプログラムを足掛かりにして，1997年には2校の小学校（Nambour State School, Roberson State School）と2校のハイスクール（Caloundra State High School, Mackay North State High School）を才能教育方式（Gifted And Talented Education (GATE) Way）の重点学校（Focus Schools）に指定し，さらに1998年には3校の小学校（Denison State School, Eagle Junction State School, Hatton Vale State School）と1校のハイスクール（Townsville State High School）を重点学校に指定して，本格的な才能教育に着手している（Students with High Intellectual Potential (SHIP) Focus School Program）．このプログラムによるGATE Way学校指定の目的は，教師の訓練，研究，見学者の受け入れなどを行って，すべての州立学校のセンターにすることであった．2000年後半には，この中の小学校の一つ（Hatton Vale State School）が指定をはずれ，代わって2002年に別の小学校（Atherton State School）が指定されることとなった．

　その結果これ以降，クイーンズランド州の小学校や中等教育学校での才能教育は，中核となる重点学校が周辺の学校と学校群を形成し，重点学校を中心に拡充教育による才能教育を実施する方法で，才能教育を実践することとなった．2001年にはこれらの8校を，才能教育の中核校と位置付けて才能児学習開発センター（LDC, Learning Development Center-Gifted and Talented）と呼び，LDCの才能教育コーディネーターが中心となって周辺校との調整や，拡充教育カリキュラムの開発などを行う教育方法が定着した．このようにセンターを設立する利点は，各学校で才能教育の特別学級を用意するよりも，高い専門的能力をもった教師を1ヶ所に集中させて効率のよい授業が行うことができるた

め，全州から集まる，ある特定の分野に才能をもった子どもたちに集中的に才能教育を実施することができることである．しかし他方，このような方法では，自ずと受け入れ可能な児童・生徒の人数も少なくならざるを得ない．また，これには保護者の協力が不可欠であり，保護者も子どもたちも通学に時間が取られることが大きな欠点といえる．

州教育省は，クイーンズランド後期中等学校調査委員会 (Board of Senior Secondary School Studies) 委員長のイミソン (Kenneth E. Imison) に，州立学校における才能教育の点検を依頼した．その結果 2001 年に一般にイミソン報告 (Imison Report) と呼ばれる，違いの受け入れ―2010 年に向けてクイーンズランド州立学校における才能教育の点検報告書，と題する報告書が出されている (The Acceptance of Difference-Report of the Review of Gifted and Talented Education in Queensland State Schools toward 2010)．報告書作成の目的は，1990 年代に州立学校で実施された才能教育の内容を点検，再考し，21 世紀の州立学校における才能教育の指針を示すためであった．87 ページの報告書は，点検の目的・対象・方法，点検の背景，重点学校―学校訪問，GATE イニシアチブの構成要素としての重点学校の評価，GATE イニシアチブの構成重点学校の評価，重点学校―課題と教訓，今後の方向，才能教育を中心の一つとするための行動提案，文献の 9 章で構成されている．イミソンは，その後重点学校の指定を辞退した Hatton Vale State School を除く，前記の 1997 年と 1998 年に重点学校に指定された州立小学校 4 校と州立ハイスクール 3 校の実地調査を行い，校長，才能教育コーディネーター教師，一般教師，児童・生徒，保護者などに面接調査を行った結果を報告書としてまとめている．報告書は，才能児に質の高い教育を行っている重点学校方式による才能教育は，成功であるとしている．

2002 年には，未来の可能性の拡大―クイーンズランド州立学校の才能児の教育政策の再点検と題する，序，コンテクストと年代記，各州の政策と実践，各国の政策と実践，参考文献で構成されている 83 ページの報告が出されている (Expanding Possible Futures: A Review of Education Queensland's Policy on the

Education of Gifted students in Queensland Schools). 報告書の第2章のコンテクストと年代記では，これまでの州の才能教育を簡単に振り返り，第3章の各州の政策と実践では，オーストラリア各州の才能教育の政策の特徴に触れ，第4章の各国の政策と実践では，カナダ，米国，ヨーロッパ，ニュージーランド，アジアなどの才能教育の政策の特徴について簡単に説明している．この内容から分かるように報告書は，オーストラリア各州や各国の状況とクイーンズランド州の現実を対比させて，州民に州の才能教育の状況を理解してもらおうとの意図を読むことができる．また，1999年に州教育省が，2010年のクイーンズランド州の教育と題するカリキュラムなどの州の教育政策の見直しを打ち出し，現在の才能教育がその内容に沿っているかどうかなどを検証している (Queensland State Education 2010).

さらに，2004年に州教育省は，今後の才能児の教育ヴィジョンを示す，政策綱領の解説と促進教育の説明を主内容とする才能教育の枠組み（Framework for Gifted Education, DEA, Qld, 2004）と題する10ページの文書を発表している．州立学校における才能教育の柱を，これまでの拡充教育中心から，促進教育も取り入れようとする政策転換の現れとみることができる．

2005年には，可能な受け入れ能力—才能児のための洗練された州の未来像に向かう挑戦—才能児学習開発センターの再点検と題する，才能児学習開発センター（LDC）方式による才能教育の点検結果を報告した文書が出されている（Enable Capacity: The Challenges Facing the Smart State Vision for Gifted Students': A Review of The Learning and Development Centres）. この文書は，LDCの才能教育コーディネーターの権限が確立しておらず，たとえば学校長の意向で決定が変更されるなどコーディネーターが疲弊しており，体系的な才能教育の枠組みができていないと指摘している．報告書は，この状態を改善するための15の改善勧告を提案している．

州の学校教育制度は，初等事前学級（Preparatory year）1年，小学校7年，中学校3年，ハイスクール2年で，義務教育期間は小学校と中学校の10年間

である．

　一方2005年4月，州政府内閣府は，現在好調ではあるが失業率の高い州経済を活性化するために，洗練されたクイーンズランド―2005～2015年洗練された州戦略と題する政策を打ち出した（Smart Queensland: Smart State Strategy 2005-2015, Department of the Premier and Cabinet, 2005）．この戦略は，今後成長が見込まれる分野を重点的に育て，州経済の持続的な成長を図って州を発展させようとする政策である．知識経済（Knowledge Economy）は成長の主推進力という位置づけで，教育職業訓練改善政策を提案している．具体的には，より洗練された学習，洗練された学級，洗練されたアカデミーという提案で，カリキュラム改革，IT化によって教師，保護者，児童・生徒がさまざまな情報の利用や，学校の情報へのアクセス拡大を図る，11～12年生に成長が見込まれる分野の学習を高等教育機関と連携して重点的に学習するアカデミーの創設を行うとしている（Smarter learning, Smart classrooms, Smart academies）．この政策により，2007年に科学・数学・技術アカデミー（Science, Mathematics and Technology Academy）と創造的インダストリー・アカデミー（Creative Industries Academy）がトゥーワンのクイーンズランド大学の側に設置され，2009年にゴールドコーストのグリフィス大学の側に健康科学アカデミー（Health Sciences Academy）が設置される．なお創造的インダストリー・アカデミーは，2008年にケヴィングローヴに新しい7階建ての校舎を建設して移動した．

　アカデミーは，才能児を含めた州のベストの賢いハイスクールの生徒のために，拡充教育を中心とした授業内容で，大学と連携して大学の講義の受講や大学レベルの研究をして，国際バカロレアの大学入学準備資格ディプロマ・プログラムが学習できるなどの特徴をもった教育をする．アカデミーへ入学するには，ハイスクールの10年生の時にアカデミー入学申請，アカデミー入学試験と面接，結果通知という手続きになる．入学試験は，作文以外は多肢選択解答の問題で，45分の読解総合試験，25分の作文，40分の数学・科学試験，30分

の要約論理試験である．生徒の選抜は，入学基準に沿って審査されて決定し通知される．結果について不服がある場合には，クイーンズランド・アカデミー入学センターに不服申し立てをすることができる．

　クイーンズランド州の才能教育が，州教育省の管轄するLDCと，11～12年生のみが対象であるとはいえ，州内閣府の管轄するアカデミーとの2本立てとなり，若干混乱が生じているのが現状である．

2）ニューサウスウエールズ州

　州の教育行政は，教育訓練省（Department of Education and Training）が担っている．才能教育は，学校局（School）学習発達部門（Learning and Development）のカリキュラム部門（Curriculum Division）と教育評価・学校説明責任部門（Educational Measurement and School Accountability Division）とが担当している．カリキュラム部門は，才能教育の政策立案や政策綱領の作成，教育評価・学校説明責任部門は，才能教育の教育実践に必要な才能児の認定，カリキュラムの開発などを担当している．

　ニューサウスウエールズ州では，米国の1972年マーランド報告に先駆けること40年，1932年に州の公立の小学校最終学年にフルタイムのオポチュニティー学級（Opportunity class, OC）と呼ばれる拡充教育を行う特別学級が設置され，今日に至っている．OCは，小学校6年間の内の最後の2年間の5～6年生に在籍する児童を対象としていたが，当時はシドニー首都圏にわずか1～2校のみであった．連邦議会上院の才能児報告が発表される前年の1987年には，32校の小学校にOCが存在していた．

　中等教育段階では，1918年以来コンザベートリウム・ハイスクール（Conservatorium High School）に音楽の特別教育センターが設立され，現在に至っている．現在，生徒の意識や潜在能力の試験，オーディションや面接によって，毎年20人前後の生徒が選抜されて入学している．また，1957年以降中等教育選択校（Selective school）が設立され，これらの選択校を基盤として総合的

な中等教育学校の整備が進んで行った．同年11月26日，州の教育省大臣のウィンダム（H. S. Wyndham）を議長とする，中等教育問題委員会（通称ウィンダム委員会）は，中等教育学校について調査を行った結果，中等教育の抜本的な改革のための数々の提言を行い，その中に総合的な中等教育学校で才能児の教育に対する配慮がなされていないとの懸念を表明し，能力のある子どもたちにもっと選択教科を用意すべきであると報告書の中で述べている．

このように，オーストラリアでもっとも早くから才能教育が始められたニューサウスウエールズ州は才能教育の歴史が古く，才能教育のスキルの蓄積も厚い．そのため才能教育の教育体制や教育方法も系統的に確立され，かつて自身がOCで学んだ生徒が，才能教育を担当する教師として小学校に勤務している例や，州の依頼でクイーンズランド州の才能教育を調査検証し，2001年に報告書を作成した才能教育の専門家イミゾンなど，他州と比較して人材も豊富である．

1977年州教育省の事務次官（Staff Inspector）のマクドナルドが設置した委員会（MacDonald Committee）が，才能児の教育（The Education of the Talented Child）と題する報告書を提出している．この報告書の中で，州としての最初の才能教育の政策綱領，才能児の認定ガイドライン，才能教育コースの設置，特別センター（Special Interest Centre）の設置，中等教育選択校の廃止などを提言している．しかし，中等教育選択校の廃止などに対し95％以上の世論が強く反対したため，これらの才能教育の実施を含めた提言内容のすべてが，実現されることはなかった．

連邦上院の1988年才能児教育報告の発表後の1991年11月に，新しい才能児教育の政策綱領を発表している（Policy for the Education of Gifted and Talented Students）．この綱領は，序文，理論的解説と政策綱領のわずか3ページからなる簡単な文書である．2004年に改訂された新しい政策綱領，才能児の生徒・児童の教育のための政策と実施戦略は，要約，適用，置き換える公文書，背景および定義，政策綱領，手続きと基準，文献からなる14ページにおよぶ文書

となっている（Policy and Implementation Strategies for the Education of Gifted and Talented Students). 手続きと基準の項は6ページをさいて，才能児の認定，家庭との連携，プログラムのモニター，教師の才能児認定，プログラム運用に対する教師の責任，地域社会との施設面での連携，地域社会との人的資源の面での連携，教育省事務次官の結果に対する説明責任などを定めている．とくに，州民に才能教育の実施結果に対する説明責任を盛り込んでいることは，画期的な内容となっている．

2004年には改訂されたガイドライン，教育プログラム，促進教育，グループ分け戦略，文献の内容からなる8ページの才能児の生徒・児童を支援するための戦略使用ガイドラインが発表されている（Policy and Implementation Strategies for the Education of Gifted and Talented Students-Guidelines for the Use of Strategies to Support Gifted and Talented Students)．

ニューサウスウエールズ州の才能教育は，初等教育ではOCと呼ばれる特別学級をもつ小学校での拡充教育による才能教育が，中等教育段階では選抜ハイスクールSHSまたは選択学級をもつハイスクールでの拡充教育を中心にした才能教育が主流となっている．州の学校教育制度や，才能教育の実践事例については，才能児の認定と才能教育の実践事例の章で詳述したので参照していただきたい．

3）オーストラリア首都テリトリー

オーストラリア首都テリトリー（ACT）は，連邦独立10年後の1911年に，ニューサウスウエールズ州の一部地域を割譲して創設され，首都となった．ACTに自治政府が樹立されたのは，1989年のことで，これ以後に自治政府の各省庁の建物の建設や移転が始まった．筆者が，1999年3月にキャンベラの中心街からバスで約30分の所に位置するタゲラナン（Tuggeranong）に，新しく建てられたACTの教育省をはじめて訪れた時は，周辺のあちらこちらでいまだ教育省のビルの建設工事が進行中であった．現在，ACTの教育行政は，

教育訓練省（Department of Education and Training）が担っている．教育省の本部はブランドン（Braddon）に，また他部局はタゲラナンに，さらに才能教育を担当するカリキュラム支援・専門教育部門（Curriculum Support and Professional Learning）などは，2007年にスターリング（Stirling）のキャンベラ・カレッジの隣に移転している．才能教育は，P-12カリキュラム支援課（Curriculum Support P-12）が担当している．

ACTは，元々ニューサウスウエールズ州であった地域の一部を割譲して創設されたため，早くから才能教育を実施していた．1983年に才能教育政策綱領を定め，才能教育を実施していた．しかし自治政府樹立後の翌年に出された連邦政府上院の最初の才能児教育報告の勧告に充分に対応することができなかったようである．その後1998年5月に，ACTの才能教育の政策と題する政策綱領が発表され，2002年に改訂されて現在に至っている（ACT Policy on Gifted and Talented Students）．政策綱領の内容は，目的，定義，政策綱領，政策責任などからなる1ページ程の宣言といった内容となっている．ただし，自治政府の組織改編に伴い，政策責任の5項目中の局長（子どもサービス）の項目が削除された．さらに，4ページの定義，実施戦略，促進教育，早期入学，文献目録の内容からなるガイドライン（Guidelines to Support Gifted and Talented Policy）が作成されている．また，初等教育や中等教育の学校への早期入学については，公立の小学校とハイスクールへの入学と題する文書で具体的な手続きを説明している（Enrolment in Government Primary and High School, DET, ACT, 2004）．

ACTの学校教育制度は，初等事前学級（Kindergarten）1年，小学校6年，ハイスクール4年，カレッジ2年で，義務教育期間は小学校とハイスクールの10年間である．2007年現在，小学校は62校，ハイスクールは16校設置されている．

1976年に創設された，アボリジニの言葉で水を意味するケイリーンと命名されたACTの小学校（Kaleen Primary School）では，1995年以降，才能教育を実践している．創設時は，4～6年生の混成学級1クラスであったが，現在は

1年生から6年生までの各学年1クラスで才能教育を実践している．ケイリーン小学校では，このやり方を並行クラス式（Parallel Classes）と呼んでおり，才能教育クラスは，拡充拡張クラス（Enrichment and Extension Classes）と呼んでいる．現在，4年生と6年生は通常クラスと拡充拡張クラスがそれぞれ1クラスで，他の学年は通常クラス2クラス，拡充拡張クラスが1クラスで，初等事前学級から6年生まで計20クラスに約440人の児童が在籍している．教員数は，校長，副校長2人（兼任），管理教員2人（兼任），初等事前学級2人，初等事前／1学年混成学級（才能教育クラス）1人，1学年3人，1学年／2学年混成学級（才能教育クラス）1人，2学年学級3人，3学年学級3人，4学年学級2人，5学年学級3人，6学年学級2人，教科担当教員6人の計28人，職員数は，学校カウンセラー1人，職員10人の計11人である．

才能児の認定は，前記のガイドラインにしたがって，1）児童についての書類，2）入学に必要な書類一式，3）児童に関する公式の資料などを揃え，これらの書類を持参して学校長と面接する，という手続きが必要である．ほとんどが保護者による申請で，教師による申請は少ない．

1）の児童についての書類は，申請書式（Parent Student Information Form, KPS），保護者による基準尺度測定用紙（Parent Form, General Information），教師用才能児認定チェックリスト（General Checklist, Teacher Identification of Gifted Children），必要な場合には成績の振るわない子どもの認定用チェックリスト（Checklist To Identify Gifted Underachievers），あるいは先輩用認定チェックリスト（Peer Identification Checklist）などを提出する．

2）の入学に必要な書類とは，2歳半～7歳の子どもが対象のウェクスラー修学前・小学校児童用知能検査（Wechsler Preschool and Primary Scale of Intelligence, WPPSI）の結果，または7～16歳の子どもが対象のウェクスラー子ども用知能検査のウィスク第3版（Wechsler Intelligence Scale for Children Ⅲ, WISC Ⅲ）の結果，あるいはレヴィン知能検査の結果，またはPIPSテスト（Performance Indicators in Primary Schools）の結果などである．PIPSテストは，

英国ダーハム大学カリキュラム評価運営センター (The Curriculum Evaluation and Management Centre, University of Durham) が開発したコンピュータを使って絵を見て答えさせるテストで，テスト時には教師が立ち会いながら行う必要がある．テストの採点は，オーストラリアでは西オーストラリア州マードック大学が主管している．オーストラリアでは，西オーストラリア州の 329 の学校，ACT のすべての公立校，タスマニア州の全州立校などが，PIPS テストに登録している．

　3）の児童に関する公式の資料とは，基準テストの結果などをいう．基準テストとしては，オーストラリア教育研究協議会 (Australian Council for Educational Research, ACER) が作成している小学校高学年から中等教育段階の児童・生徒を対象とした読解総合テスト (Tests of Reading Comprehension, TORCH)，南オーストラリア・スペリング・テスト，オーストラリア・シンゲージ学習社 (Cengage Learning Australia Pty Ltd) の出している小学生用読解テスト (PM Reading)，英国ホルボーン社の小学校低学年用読解テスト (Holborn Reading Test)，1951 年にショーネルが開発した単語読解テスト (Schonell Graded Word Reading Test)，ACER の開発した段階を追って難しくなる数学学力テスト (Progressive Achievement Tests in Mathematics, PAT Math) などのテストを例示している．なお，ACER は，連邦政府教育省や各州・地域の教育担当官，教師連盟の代表，大学の教育研究者などから構成され，子どもたちの学習の改善に役立つ知識や手段を創造し普及する目的で作られた非営利の独立組織で，出版部では学力判定テストや教材なども販売している．

　一般に申請は，初等事前学級入学前や入学時に行われることが多く，これらの資料をもとに，校長，副校長，子どもを推薦した教師，学習促進担当教師，才能児委員会委員，カウンセラーなどによって構成される特別ニーズ委員会 (Special Needs Committee) で審議される．その結果，ケイリーン小学校では，早期入学制度によって，半年早く初等事前学級や小学校に入学する児童もおり，なかには 1 年早く入学する児童もいる．しかし，飛び級はめったになく，

これまでの13年間で，IQ150以上であった3人のみである．現在は，1人の女児の才能児が飛び級によって第2学年に在籍している．才能児によっては，才能児クラスに入るのを拒否する児童もいるという．才能児の男女比は，米国と同様男児よりも女児が多い．また，才能児クラスの児童は毎年，一般学級の児童は第3学年の時にテストなどを使った再検討を行っており，5％～15％の子どもが入れ替わるという．

2008年度からACTの教育省では，初等事前学級から第10学年の間の学習により身に付けるべき目標として，21項目の必須学習目標（Essential Learning Achievement, ELAs）というのを定めている．このELAsを実現するために，カリキュラム改善が進行中である．現在小学校のカリキュラムは，英語（English），算数（Mathematics），科学（Science），社会と環境の学習（Studies of Society and the Environment, SOSE），芸術（Arts），健康と体育（Health and Physical Education），技術（Technology），外国語（Language Other than English, LOTE）の8教科である．ケイリーン小学校では，LOTEとして2年生から日本語を学習している．読み書きよりも会話の習得を主眼にし，3年生からはひらがなを読めるように学習している．日本語の学習は，2～3年生は週50分の授業1回，4～5年生は週50分の授業が2回，6年生は選択科目で週50分の授業1回である．才能教育クラスでのコアカリキュラムの学習は，カリキュラム圧縮や速習による促進教育を行い，それによって生じた時間を，メンターシップ教育やグループ学習，ブルーム分類法を応用したピロッツォの格子（Ralph Pirozzo's Grid）などを利用した個別化教育などによって，拡充教育の学習時間に当てている．また，国語，算数，コンピュータ学習，舞台芸術などは，プルアウトによる学習を実施している．とくに注目されるのは，たとえばデザインと算数のように教科目の境界を超えた統合カリキュラム（Integrated curriculum）による才能教育の実践である．才能教育クラスの児童は卒業後4年間のハイスクールへ入学するが，50％は公立，50％は私立へ進学する．

1959年創立のライネム・ハイスクール（Lyneham High School）は，7年生か

ら10年生までの男子生徒514人，女子生徒473人，計987人が在籍する公立ハイスクールである．教員数は，校長，副校長2人（兼任），管理教員9人（兼任），コアカリキュラム教科担当教員62人，特別教育担当教員3人の計66人，職員数は，学校カウンセラー1人，職員17人の計18人である．教員の45％は大学院修士以上の学位を所持している（Annual School Board Report 2006, Lyneham High School）．日本のようなクラス担任教員制度はない．

始業は9時からで，9時15分までに出欠確認，授業時間は，1時間目が9時15分から55分，2時間目が10時10分から70分，3時間目が11時40分から70分，4時間目が1時35分から45分，5時間目が2時20分から40分で，2時間目と3時間の間に20分間の休み時間，昼食時間が12時50分から1時35分の45分間である．

コアカリキュラムは，英語，数学，科学，社会と環境の学習（SOSE），健康と体育の5教科である．選択教科は，外国語（LOTE, 仏語），芸術，音楽，技術，コンピュータ学習，農業の6教科である．

ここには才能教育プログラムとして，学習分野のリープ（The Lyneham Enriched Academic Program, LEAP program），音楽分野のバンド（Band Program），スポーツ分野のシール（Sporting Excellence at Lyneham, SEAL）がある．リープには，すべての教科をリープクラスで学習する完全登録プログラムと，1～2科目の教科のみをリープクラスで学習する一部登録プログラムとがある．リープへの登録は，申請希望者は出席義務がある説明会が小学校6年の5月中旬にあり，5月下旬にテスト受験申請，6月初旬にテスト，6月から7月にかけてリープ委員会の審議，8月中旬に合否通知，10月から11月にかけて各小学校の教師との協議，翌年2月に入学，という手続きとなる．テスト内容についての情報は，一切公開されていない．バンドとシール入学申請は，6月初旬のリープのテストが，面接に置き換わる．

A4裏表1枚のリープの申請書は，児童と保護者の情報，趣味や課外活動などごく一般的な質問がほとんどで，なぜリープを志望するのかや得意科目，プ

ログラムの存在をどうして知ったかなどを最後に尋ねる程度の簡単な内容である．これは，リープ志望者の多くは，小学校で才能教育を経験してきた児童を念頭にしていることによる．また，ノミネーションは，主として保護者が行うが，小学校やハイスクールの校長，カウンセラー，教師，あるいは本人が行うこともできる．校長，カウンセラー，リープ・コーディネーターで構成されるリープ委員会は，毎学年の始業から2週間以内にリープに在籍する生徒の審査を行う．

4）ヴィクトリア州

ヴィクトリア州の教育行政は，教育・幼児発達省（Department of Education and Early Childhood Development）が担っている．才能教育は，州政府学校教育局（Office of Government School Education）の児童生徒学習プログラム部門（Student Learning Program）が担当している．州の学校教育制度は，初等事前学級（Kindergarten）1年，小学校6年，中学校4年，ハイスクール2年で，義務教育期間は小学校と中学校の10年間である．

1970年代以前から，州内では選択校（Selective School）と呼ばれた中等教育学校で才能教育が行われていた．また，州教育省では1970年代から，地理的に隣接した幾つかの公立や私立の学校で学校群（Cluster group）を形成し，学校群の学校に通う才能児をその中の一校や，あるいは大学，地域の施設などに半日，または一日中集め，6週間かまたはそれ以上の期間にわたって拡充教育による才能教育を行う方法を開発している．この試みは現在でも受け継がれ，たとえば，ホリゾン・プログラム（Horizon Program）と呼ばれている8年生から10年生の生徒を対象としたモナシュ大学やメルボルン大学での生物学を中心にした拡充教育プログラムなどが実践されている．

1977年，州教育省の中等教育局長のフォード（T. J. Ford）は，省内に才能児作業部会（Gifted Children's Task Force, GCTF）を設立した．この作業部会は，州内の中等教育選択校で行われていた才能教育の調査を行って報告書をまと

め，各学校，あるいは学校群に実験的な拡充プログラムなどを整備するように勧告した．作業部会は，州で最初の才能教育の政策綱領やその改訂版を発表している．その結果1979年には，この間に適切な教材を開発して，1981年から促進教育のパイロットプログラムを開始することが決定された．また，並行して，小学校の才能児の教育を支え，才能のある子どもたちのニーズに対し学校や地域の関心を高め，実践的なコースを作り，カリキュラムを開発するために，州教育省内に才能児委員会（Gifted Children Committee）が組織され，1981年には新しい才能教育政策綱領の原案も発表している．1983年にはオーストラリアではじめての才能児の先輩による1対1のメンターシップ教育（mentorships）の制度が導入されている．この試みは現在でも多様な形で引き継がれ，たとえば，遠隔地に居住する10年生から12年生の才能児を対象にした，ヴァーチャル・メンタリング・プログラム（Virtual Mentoring Program）とよばれるプログラムがある．生徒はまず大学を訪問し，ペアとなる大学生や大学院学生との会合をもつ．才能児は学生と相談の上，コア・カリキュラムの教科，あるいは選択教科の中から拡充教育の対象教科を選び，才能児が自分の学校に戻ってからは，少なくとも週2回ペアとなった学生とインターネットによってコミュニケーションをとって指導や相談を受けながら学習するプログラムである．

　1980年の終わりにGCTFは30人の7年生を選抜し，1981年に当時選択校であったユニバーシティー・ハイスクール（University High School）が受け入れ，4年間の中学校と2年間のハイスクールを，7〜9学年で学習したあと12学年に飛び級して6年間の学校を4年間で卒業させる促進教育プログラムに着手した．しかし当時の州教育大臣（Minister Robert Fordham）は才能教育の中止を決定し，前記の才能児委員会は1982年に唐突に解散されてしまった．1984年に促進教育プログラムの最後の生徒が卒業し，州教育大臣は促進教育プログラムの評価を担当していたマーフィー（Ms. Betty Murphy）に対し報告書を提出するよう要請した．その報告書に基づき，保護者や，生徒の保護者で

作るグループ (Parents Active in Children's Education) が陳情を行い，1985年州教育大臣 (Minister Ian Cathie) は，促進教育プログラムの4年間の延長を認めることとなった．1987年までは，GCTFが50～60人の申請者をテストして，26人を選抜していた．

連邦議会上院では，1985年10月から教育および芸術常任委員会において才能教育の実施についての調査検討が始められ，その検討結果は1987年9月に才能児教育特別委員会に引き継がれ，1988年には最初の連邦議会上院才能児教育特別委員会報告が発表された．この調査報告書でも，ユニバーシティー・ハイスクールは当時連邦で唯一の個別化促進教育プログラムの実践校であると評価された．1991年には，州の高校卒業試験であるHSC (High School Certificate) に代わって内容の高いVCE (Victorian Certificate of Education) が導入されると，これまで6年間の過程を4年間で卒業させていたが，それが難しくなった．そこで，最初の7～9学年の3年間で圧縮カリキュラムによって学習し，1年間の促進教育を行い，そのあと11学年に飛び級して2年間でVCEに備えた学習をすることに変更し，6年間の学校を5年間で卒業する促進学習への選抜入学プログラム (Selected Entry Accelerated Learning (SEAL) Programs, シール・プログラム) とした．また，1988年から1999年までは，ユニバーシティー・ハイスクールがテストと選抜を行っていたが，2000年からはテストをITSA (The Independent Testing Service of Australia) に委託した．さらに，2005年からはACERのテストを使用している．

一方，州教育省では，1993年にコネクションズ (Mornington Peninsula Connections Programs) と名付けられた，学校終了後の有料の課外授業によるプログラム (An After-school Extension Program) を開始し，現在に至っている．職についていない教師40人が中心となって，初等事前学級から7年生～8年生の児童・生徒を対象に，5～6週間にわたる拡充教育を実施するプログラムである．

州教育省は，1995年に才能児の輝かしい未来のための政策と題する才能教

育の政策綱領を発表している（Bright Futures Policy on Gifted Education）．この政策綱領は翌1996年5月，才能児の教育支援のための政策綱領と改められた（A Policy Statement to Support the Education of Gifted Students）．内容は，政策認識，論点，戦略の3つで構成され，論点は，才能児の認定と評価，適切なプログラムの開発，専門性の開発，ネットワークからなる，2ページ弱の文書である．なお，才能教育全般に関するガイドラインは出されていない．

　2005年11月，州教育省は，きわめて能力の高い才能児のための促進学習への選抜入学プログラム・ガイドライン（Selected Entry Accelerated Learning (SEAL) Programs for Students of High Intellectual Potential Guidelines, DET, Vic）という文書を発表している．これは，現在27校のシール校を10校増やして37校とする計画を打ち出し，新たな選択校となる中等教育校を公募するために，シール校についてまとめたガイドラインの文書である．2007年現在，シール校は36校となっている．各シール校は，ユニバーシティー・ハイスクール同様，それぞれ独自の方法によって生徒の選抜を行っている．

　ユニバーシティー・ハイスクールでは毎年2月，新聞に生徒の選抜に関する小さな広告を新学期の直前に出している．また，すべての小学校長に生徒の選抜に関する電子メールを送付している．ハイスクールに保護者から電話での問い合わせがあるので，シール・プログラムと申請方法の説明書，申請書，早期入学者用の保護者用チェックリスト用紙，保護者用チェックリスト用紙，教師用チェックリスト用紙などが一式となった申請書パッケージを送付する．6年生の保護者が必要事項を記入した申請書と保護者用チェックリスト用紙を返送してくるので，ハイスクールから受領証を送付する．また，小学校の教師からは，教師用チェックリスト用紙を返送してくる．申請書には，5年生のAIMテストの結果の複写を添付する（University High School Supplementary Application Form Year 7 Entry）．なお，AIMテスト（Achievement Improvement Monitor）とは，ヴィクトリア州の3学年，5学年，7学年，9学年の全児童・生徒が受けなければならない英語と算数・数学のテストで，NCLBの規程

によって米国の各州で実施されている標準テストに相当するテストである．また，チェックリストは，ニューサウスウエールズ大学 GERRIC の開発したものを使用している．

　選抜の次の段階は，申請した生徒が，読解，作文と構文のテストである表現力（Written expression），算数，隠れたルールを論理的に推論して理解できるかをみる抽象的推論（Abstract reasoning）の各 ACER テストを受ける．ハイスクールでは ACER テストの結果を得ると，すべての資料をもとに候補者を 75 人にまで絞り込み，約 3 週間以上をかけて一人約 30 分づつ 75 人の候補者に面接する．面接は，最初に保護者と子どもと同席して，次に保護者と別の面接担当者が面接し，その間に子どもとシール担当者が面接する．次に別の面接担当者が子どもと，シール担当者が保護者と面接するという方法で実施している．このような方法で面接をするには，子ども本人が本当にシール・プログラムのもとで学習することを希望しているかどうかを確認するためである．また，面接では，小学校でのことや，あるいは最近読んだ本について質問している．これは，読んだ本の感動したことや面白かったことなどではなく，内容をたずねて何を得たのかをきいている．子どもは面接では恥ずかしがったり緊張しているので，子どもを背の高い椅子に座らせ，シール担当者は背の低い椅子に座って，子どもの目線と同じになるように配慮している．その結果，最終的に 50 人の入学者を選抜する．選抜された生徒は，11 月に開催される 3 日間のオリエンテーション・キャンプに参加する．このキャンプでの活動を通じて，友人を得る生徒が多いという．

　2005 年の入学実績は，25 人の定員に 360 人の申請者があった．しかし，2006 年からは才能教育のクラスが 2 クラスになったので，2005 年の申請からは 50 人の生徒を選抜している．毎年 50 人の定員に対し約 400 人の申請者がある．申請者のほとんどは 6 年生であるが，たとえば，1995 年生まれの 10 歳少年が 7 年生に入学し，現在 12 歳で 9 年生に在籍しているような例もある．ユニバーシティー・ハイスクールの在籍生徒数は約 1,200 人であるが，このうち

の250人の生徒がシール・プログラムで促進教育を受けている．他校での選抜生徒の人数は不明だが，ユニバーシティー・ハイスクールでは2クラス50人の生徒を受け入れているが，他校では25人の生徒を選抜していると仮定すると，36校のシール校に1学年当たり約900人の生徒が在籍し，計約4,500人の生徒が才能教育プログラムのもとで学習していることになる．この人数は，ニューサウスウエールズ州の拡充教育を主体とする才能教育を実践する選抜ハイスクールに，毎年13,000人弱の生徒が入学しているのと比較すると，人数ではもちろん，在籍生徒数に対する比率でも，ニューサウスウエールズ州の約50％となる．

また，メルボルンでは生徒の通学時間は一般に30分前後であるが，なかには，片道2時間かけて通学する生徒や，入学するために6年生の時から親元を離れてメルボルンのいとこの家に同居して通学している生徒もいる．学校は8時45分に始業，3時10分に終業である．

シール・プログラムの促進教育はカリキュラム圧縮による．数学を例にとると，生徒は，7学年で7～8学年の内容を学習し，9学年で9～10学年の内容を学習し，10学年でVCE数学を学習する．すなわち8学年を飛び級するのである．子どもによっては7～10学年の4年間で学ぶラテン語を2年間で学習する才能児もいる．問題は，オーストラリアの大学が，高い能力の15歳の生徒を受け入れてくれないことであるという．シール・プログラムの在籍生徒は，一般のクラスに在籍する生徒に比べると，宿題が少ないとのことであった．また，シールクラスの生徒が，一般クラスの生徒とともに受ける教科は，芸術とスポーツだけである．

このように，ヴィクトリア州では，小学校段階の才能教育は，学校群を形成して才能児に集中的に拡充教育を行う才能教育を実施している．中等教育段階では，メンターシップ教育の一種である上級学年の生徒や学生との学習（Vertical Grouping），大学や教員グループなどが開催する才能児向けの教育への参加（Tertiary Enhancement Program）や，能力のある子どもたちだけのグルー

プによる学習（Ability Grouping）などの拡充教育と，中等教育選択校または選択学級（Select Entry School or Class）への飛び級による早期入学や，選択校での個人による促進教育（Individual Acceleration），カリキュラム圧縮などによるシール・プログラムの促進教育などが実践されている．ヴィクトリア州の才能教育は，きわめて能力の高い才能児を中心にして組み立てられており，ニューサウスウエールズ州やACTと比較すると，拡充教育よりは促進教育に主眼が置かれているようにみえる．

5）タスマニア州

　タスマニア州は，州としての面積も小さく四国の半分程度の面積で，また州の人口も約48万人，州都ホバートの人口は約20万人で，東京近辺で比較すると州の人口は，埼玉県の川口市とほぼ同じ人口である．したがって，他の州や地域に比べて住民の才能教育に対する要請は，それほど多くはないようである．また，人口の半分以上がタスマニア島の海岸沿いの地域に居住しているため，各地域に才能教育の拠点校やセンターを設置すると非効率であるため，インターネットを利用した学習指導を中心とした多様な才能教育プログラムを用意している．

　州の教育行政は，教育省（Department of Education）が担っている．才能教育は，学校教育局（School Education）のリーダーシップ・学習部門（Leadership and Learning）が担当している．この部門の下に，2004年9月に創設され，2005年1月から稼働した拡大学習機会センター（Center for Extended Learning Opportunity, CELO, チェロ）が，州内の幼児教育から中等教育までの才能教育のすべてについて対応している．常勤職員は4名のみで，多くのパートタイム職員が各学校からチェロの開発したオンライン・プログラム（Online Extension Program）の稼働に協力している．人件費を除いたチェロの年間予算は，約15万A$である．チェロのような才能教育に関する職務を集中的に扱う恒常的なセンターが存在することは，他州と比較した時のタスマニア州の大きな特徴と

なっている．なお，タスマニア州の教育法には，才能教育に関する条文はなく，才能教育は，その他のニーズを必要とする子どもたちに関する条項を援用して実施されている．

歴史的には1930年代，タスマニア州の公立の小学校最終学年に特別学級やハイスクールが設置されたものの，いずれもすぐに廃止されている．

州のはじめての才能教育政策綱領は，1984年に発表されている．1997年には，才能ある児童生徒の教育政策綱領（The Policy for the Education for Students Who Are Gifted）を発表している．さらに2000年に改訂版，政策声明：才能ある児童生徒の教育（Policy Statement: Education For Students Who Are Gifted）を発表している．この政策綱領は2000年に改訂されて現在に至っている．内容は5ページにおよび，政策綱領，定義，理論的説明と背景，目標，資格条件，責務の6項目から構成されている．定義はさらに，才能児の児童・生徒，GiftedとTalentedの2項目から，責務は，両親の責務，校長の責務，教師の責務，チェロの責務の4項目からなる．タスマニア州では，まとまったガイドラインは出されていないが，項目ごとのガイドラインが作成されているのが大きな特徴である．才能児の認定については，学齢期の才能児の児童・生徒の認定（Identifying Students who are Gifted in the School Population），通常学級での才能児の児童・生徒の支援（Catering for Students who are Gifted in the Regular Classroom），才能児の児童・生徒の促進教育進展ガイドライン（Guidelines for Accelerated Progression for Students who are Gifted），才能児の児童・生徒の早期入学ガイドライン（Guidelines for Early School Entry for Students who are Gifted），才能児の児童・生徒の早期入学ガイドライン―私立学校（Guidelines for Early School Entry for Students who are Gifted-Non-Government Schools）などの項目ごとのガイドラインが作成されている．いずれも理論的な背景や理念，学校や校長・教師の責務や対応などについて述べており，実践家向けの文書となっている．また，各学校の才能教育の担当者用に，序，学校，教師，ガイダンス担当者，保護者，児童・生徒，参考資料の章からなるパッケージも用意している

(Students Who are Highly able/gifted-Identification Package, DE, Tas).

　チェロは，才能児，学校や教師に対してばかりではなく，保護者への支援も行う．その内容を列挙すると，1）教師や学校の才能児を認定する能力を高める，2）子どもたちの学習効果を改善するための教師や学校の戦略立案を支援する，3）学校や学校群が教育省の政策綱領やガイドラインを実行するのを援助する，4）通常のカリキュラムを才能児のために変更するための支援や助言を行う，5）早期入学や促進教育プログラム作成の支援や助言を行う，6）学校外の才能教育活動プログラムの支援や助言を行う，7）オンライン・プログラムの開発支援や助言を行う，8）保護者への支援も含めて才能児の心理学的な評価やカウンセリングを行う，9）教師や保護者のために連絡場所を提供する，10）図書の貸し出し，オンラインの情報や現在の研究に関する情報などの資料の提供を行う，11）教師や子どもたちのための奨学金の管理運営を行う，などである．

　州の学校教育制度は，初等事前学級（Preparatory）1年，小学校6年，中学校4年，カレッジ2年で，義務教育期間は小学校と中学校，カレッジの1年の11年間である．4歳までの幼児教育段階の才能児は，幼稚園や初等事前学級へ早期入学を行って促進教育で対応している（Early Entry into Kindergarten for Young Children who are Gifted, DE, Tas）．小学校段階の主流は，学校群を形成してその中の1校で才能児に集中的に拡充教育を行う才能教育を実施している．中等教育段階では，早期入学，メンタープログラムや飛び級も採用している．

　2006年のフルタイムに換算した時の州の初等教育段階に在籍する児童数は約34,841人，中等教育段階に在籍する生徒数は約26,135人で，計60,976人の児童・生徒が学校に在籍している（Statistical Compendium 2006, DET, NSW）．州全体で約6千人の才能児がいるとのことであり，これは在籍児童・生徒の約9.8%に当たる（Personal communication, J. Tayler, CELO, DE, Tas）．ニューサウスウエールズ州の5年生と6年生のオポチュニティ・クラスに全在籍児童の約4.2%，選抜ハイスクールに全在籍生徒の約8.8%の才能児が学習しているのと

比較すると，タスマニア州では才能児がより高い比率で認定されているのが理解される．チェロは，10%～12%の比率で才能児を認定すると考えている．これは，ある分野のみに潜在的能力をもつ才能児も認定するように努力している結果である．なお，現在では才能教育のための特別な学校や施設は設置していない．

　認定は，一般に保護者が校長に相談を行い，校長はチェロに連絡する．その結果，正式な認定が必要と判断された場合には，校長は学校区の学校ガイダンス職員とともに認定手続きをとる．正式な認定は，IQテストや知能テストを使用し，特定分野の能力認定にはウィスクⅣ（WISC Ⅳ）などを使用し，ほとんどそのようなケースはないが，必要であればスタンフォード・ビネー知能基準テストⅤなども使用する．また，明らかに正式な認定は必要がないと判断された場合には，チェロは学校へ赴いて保護者や教師と相談し，協同で才能児がどのような能力をもっているかを見極めて最適な学習計画を立案する．この学習計画には，チェロが開発したオンライン・プログラムの利用も含まれる．このような方法によるのは，各学校に才能教育の専門家がいるわけではないからである．州内にある2つの大学のオーストラリア海洋大学には教育学部はなく，タスマニア大学の教育学部には才能教育のコースはない．州の学校に勤務する教師が，才能教育の専門的な資格を取るには，ニューイングランド大学，ニューサウスウエールズ大学，南オーストラリア大学などの才能教育の大学院オンラインコースによって学習するのが一般的方法である．とくに，ニューイングランド大学は，スクリーニングや試験のために大学まで赴く必要がない．

　飛び級による促進教育は，小学校での例の方が中学校よりも多く，年間8～10人程度である．各学校で促進教育によって学習する児童・生徒の人数は不明である．教科では英語，算数・数学，理科が中心で，プルアウトや特別クラスで実施するのではなく，通常のクラスの中での個別化教育の教育方法によっている．毎年数える程の人数ではあるが，非常に能力の高い11年生や12年生の才能児の場合には，大学の協力者に依頼して，カレッジに在籍したまま入門

レベルの大学の科目履修を行うこともある．

　チェロは，対象とする才能児の年齢の違いや，同じ教科でもさまざまな内容の各種の異なるオンライン・プログラムを開発している．いずれも，調査，思考，問題解決，創造性などを養う内容となるように工夫され，才能児は各学校ではオンライン担当教師の指導のもとに使用する．開発された常に利用できるオンライン・プログラムには，初等事前学級から小学校3年生までを対象にした教科の枠を超えた総合プログラムのアド・アストラ・ジュニア（Ad Astra Junior），視覚芸術プログラムのアーティ・ファクト・ジュニア（Arty Facts Junior），小学校4年生から6年生を対象にしたアド・アストラ・シニア（Ad Astra Senior），アーティ・ファクト（Arty Facts），小学校5年生から中学校2年生を対象にした算数・数学プログラムのインフィニティ・スクエア（Infinity Squared），中学校1年生から2年生を対象にした総合プログラムのペガサス・プロジェクト（Pegasus Project）などがある．

　また，決まった期間のみに利用できるオンライン・プログラムには，初等事前学級から小学校3年生までを対象にした，オーストラリアの子どものテレビ番組のひどい親友（Worst Best Friend）をベースにした問題解決法などを学習するプログラムのソファ・ソォグッド（So Far So Good），小学校5年生から中学校1年生までを対象にしたコンピュータ技術や算数・数学プログラムのゲームメーカー（GameMaker），小学校5年生から中学校2年生までを対象にした2～3人の小グループのチームでコンピュータ上にロボットを作成するプログラムのスマートボット（SmartBots），小学校4～6年生を対象にした討論プログラムのソクラテス・カフェなどがある．ソクラテス・カフェには，今日的話題について討論するプログラム（Socrates Café Topical）と，本の内容について討論するプログラム（Socrates Café Book）とが用意されている．一つのテーマについて，10～12週間討論する．才能児は，同年代の子どもたちに比べてとくに，他人に起きたことを自分の上に起きたこととして捉える共感の感情が強いので，ソォファ・ソォグッドでは，子どもたちが学校でのできごとについ

て討論する中で,どんなにイジメが他人を傷つけるかに気が付くなどの効果が上がっている.

これらのプログラムの結果は,各学校ばかりでなく常にチェロで追跡できるようにプログラミングされているので,場合によってはチェロとオンライン・プログラムの担当教師とが容易に相談することもできるようになっている.また,現在試用段階にあるプログラムが,テレビのマンガ番組をベースにした小学校1年生から小学校3年生までを対象にしたロッキング・ウイズ・リトルジョン (Rocking with Little John) である.基本的にはソォファ・ソォグッドと同じ問題解決法などを学習するプログラムであるが,同じソフトだと子どもたちが飽きてしまうので,目先を変えて子どもたちの興味をひくための努力である.チェロの不断の努力によるプログラムの充実ぶりは瞠目に値する.この他,各学校で担当の教師が開発した沢山のプログラムが稼働している.子どもたちがプログラムを利用するのは,放課後や週末が多く,その理由の一つはおそらく保護者が子どもたちに週末に利用するよう指示しているのではないかと考えている.

また,子どもたちの休業期間中に,課外講座として利用できる有料のプログラムも開発している (School Holiday Programs).キッズ・エド (Kidz・ed) と名付けられたプロジェクトのもと,2006年春には57のプログラムが開設されている.

2007年〜2008年は,国際科学会議 (ICSU) と国連機関である世界気象機構 (WMO) とが協同で国際極地年 (The International Polar Year, IPY) と定め,各国が北極や南極,グリーンランドなどで,気候変動による影響などさまざまな科学的な調査を行っている.オーストラリアは,砕氷船オーロラ・オーストラリス号 (Aurora Australis) で海氷の物理学と生態系の調査を担当し,2007年9月には,タスマニア州の2つのハイスクール,ギーベストン学校区ハイスクール (Geeveston District High School) とクレアモント・カレッジ (Claremont College) の女性教師2人が乗船し,インターネットを通じて南極での海氷調査

のようすを毎日報告した．探求心の強い才能児たちの関心を満足させるのに充分な好企画であったという．

　州教育省が，才能教育を開始したのは2000年になってからであるが，着手してから日が浅いにもかかわらず，近年のタスマニア州の才能教育の進展には目を見張るものがある．これは，チェロのような才能教育に関する職務を集中的に担当する恒常的な部門が存在することで，才能教育にかかわるさまざまな課題に対応する教育行政の窓口を一本化し，才能児の教育を実践できる施設をもった独立した建物で才能教育の行政の業務を行っていることにより，より教育実践に近い立場に立って教師に寄り添って迅速にさまざまな課題を処理できる体制がとられていることによると考える．たとえば，業務のうちでもっとも困難な仕事は，才能児がどれほど高いニーズをもっているかを，現在通常のクラスを担当している教師に理解してもらうことだと話していた．また，なかには子どもの教育について保護者と教師とが対立することもあり，チェロはできるだけ仲裁役を果たすが，もっともよいのは保護者と教師とがパートナーになることだとの発言にも如実に表れている．山岳部が多い地形を逆手に取って小さな州だからこそ実現できたことかもしれないが，チェロの設立によって得られた大きな成果であると考える．

6）ノーザンテリトリー

　ノーザンテリトリー（NT）の教育行政は，雇用教育訓練省（Department of Employment, Education and Training）が担っており，才能教育は，教育サービス部門（Education Services）が担当している．

　ノーザンテリトリーは1978年7月に自治政府を樹立し，連邦政府の直轄地ではなくなった．1983年才能教育政策綱領が発表され，1985年には，小学校段階のフルタイムの選択学級（Selective class）を開始した．州の才能教育政策綱領は，連邦議会上院から1988年才能児教育報告が発表された後，1993年に才能児の教育のためにとしてはじめて発表された（For the Education of Gifted and Talented Children). 翌年の1994年に, ノーザンテリトリーの学校における才能児の児童・生徒の教育における政策実行のためのガイドラインと題する本文16ページ, 付録7ページの計23ページの文書が発表されている (Guidelines for the Implementation of Policy for the Education of Gifted and Talented Students in Northern Territory Schools). 内容は, 序, ガイドの原則, 政策実行のためのガイドライン, 才能児の認定, 児童・生徒の進歩の再検討, 進歩の形, 学校の政策, 教師のための専門性の開発, 資料の配置, 広域共同体との連携の構築, 両親の関与, 制度の責任, 付録である. 1994年には同時に, ノーザンテリトリーの学校における才能児の児童・生徒の認定 (Identification of Gifted and Talented Students in Northern Territory Schools) が, 1999年には, ジェンダーと才能児：学校における才能ある少年・少女の支援が発表されている (Gender and Giftedness: Supporting Gifted Boys and Girls in School).

その後2000年8月に, ノーザンテリトリーにおける才能児の教育政策が発表されている (Policy for the Education of Gifted Students in the Northern Territory). さらに2005年および2006年には, その改訂版が作成されている. 約9ページの内容は, 理論的説明, 政策の意図, 才能児の定義, 認定, 指標原則, 関係者の責務, 文献で構成されている. 関係者の責務の項は, 雇用教育訓練省, 校長, 教師, 保護者や介護者の4項目からなっている.

州の学校教育制度は, 初等事前学級 (Kindergarten) 1年, 小学校7年, 中学校3年, ハイスクール2年で, 義務教育期間は小学校と中学校の10年間である.

7) 南オーストラリア州

州の教育行政は, 教育こどもサービス省 (Department of Education and Children's Services) が担っている. 才能教育は, 学校・こどもサービス局 (School and Children's Services) のカリキュラムサービス部門 (Curriculum Services Office) に属するカリキュラム改革・研究課 (Curriculum Innovation and

Research) が担当している.

　州の最初の才能教育政策綱領は，1979年に発表された知的才能児と名付けられた綱領である（Intellectually Gifted Students）．1983年には，子どもたちの才能の育成にかかわる政策が発表されている（Policy regarding Fostering Gifts and Talents among Children）．1988年に連邦上院から才能児教育報告が発表された後，州教育省は1990年，21世紀に向けた教育（Educating for the Twenty First Century, Education Department of SA）を発表し，この中で質の高い学校の設置と維持を行うとうたっている．

　このような動向の中，州教育省は1995年7月に才能児・生徒の政策綱領を発表（Gifted Children and Students Policy Statement, DECS, SA, 1995），翌1996年4月には改訂版の政策綱領が出され，現在に至っている．7ページからなる内容は，理論的説明，政策綱領，政策の結果，政策の責務の4項目から構成され，政策の結果の項は，機会の提供，早期認定，機会の平等，適切な教育機会，適切なカリキュラム提供，先輩グループとの交流，促進教育，教師トレーニング，保護者や地域住民の関与，カウンセリングとキャリア開発の10項目からなる．また，政策の責務の項は，教育行政担当者の責務と教師の責務の2項目で構成されている．

　また，同年には才能児の理解：政策実施のガイド（Understanding Giftedness: A Guide to Policy Implementation, DECS, SA, 1996），思考・感情・学習：才能児の社会的感情的ニーズの理解（Thinking, Feeling and Learning: Understanding the Social and Emotional Needs of Gifted Students, DECS, SA, 1996）と題するガイドライン文書を発表している．1998年には，最善の実践：才能児（Best Practice: Gifted Students, Department of Education, Training and Employment, SA, 1998）と，高い知的能力の児童・生徒：教師のための専門性開発のための，マニュアル（Students with High Intellectual Potential: A Professional Development Manual for Teachers, Department of Education, Training and Employment, SA, 1998）など，矢継ぎ早に文書を発表している．

州の学校教育制度は，初等事前学級（Reception）1年，小学校7年，中学校3年，ハイスクール2年で，義務教育期間は小学校と中学校，ハイスクールの1年間で11年間である．なお，南オーストラリア州の小学校のコアカリキュラムは，英語，数学，科学，社会と環境の学習（SOSE），健康と体育の5教科である．選択教科は，外国語（LOTE，仏語），芸術，音楽，技術，コンピュータ学習，農業の6教科である．また，学校の始業は8時30分からで，8時45分までに出欠確認，授業時間は，1時間目が8時45分から1時間55分，2時間目が11時から1時間40分，3時間目が1時20分から1時間40分で，1時間目と2時間目の間に20分間の休み時間，昼食時間が12時40分から1時20分までの40分間である．

　州政府に対する保護者のロビー活動もあって，また，1990年に発表した21世紀に向けた教育の内容を実現するために，州教育省は1993年，高い知的能力をもった子ども（The Students with High Intellectual Potential, SHIP）の重点校プログラム（SHIP Focus School Program）に着手した．1993年から1995年の3年間を第1期と位置づけ，1993年には7校のSHIP重点校を選び，各学校にコーディネーターを配置し，スタッフの訓練とプログラムの開発を行った．1994年には，SHIP重点校のネットワーク校を選び，SHIP重点校のコーディネーターの協力のもと，スタッフの訓練とプログラムの開発を行った．1995年には，ネットワーク校が新しいネットワーク校を選び，スタッフの訓練とプログラムの開発を行った．ネットワーク校は，初等事前から7年生までの小学校が選択された．これは，クイーンズランド州で，中核となる重点小学校が周辺の小学校と学校群を形成し，重点小学校を中心に拡充教育による才能教育を実施するのに似ているが，南オーストラリア州の場合は，中等教育学校が重点校となっている点が異なっている．

　一方，1996年から1997年をSHIP重点校プログラムの第2期と位置づけ，8校の重点校と16校のネットワーク校を選び，2校の重点校と4校のネットワーク校でクラスターを構成し，計4クラスターを形成し，各クラスターにコ

ーディネーターを置いた．重点校がまず学習プログラムの開発と運営組織の構築を行い，さらに 1996 年には，学校の発展のために SHIP に関心をもつ学校を重点校やネットワーク校に登録するプログラムを開始したが，希望する学校は少なかった．

1998 年には，重点校で毎年 30 人の 8 年生（中学校 1 年）の生徒の募集を開始し，才能教育の実践に着手した．1998 年には 8 年生 30 人，1999 年には 8 年生〜9 年生各 30 人の計 60 人，2000 年には 8 年生〜10 年生各 30 人の計 90 人，2001 年には 8 年生〜12 年生各 30 人の計 120 人の生徒が，才能教育プログラムのもとで学習した．また，ネットワーク校における才能教育を実施するために，小学校における才能児の申請の受付も開始した．

しかしその後紆余曲折の結果，SHIP 重点校プログラムは，プロジェクト名もイグナイト・プログラム（Ignite Program）と改名され，現在まで才能教育の重点校として残っているのは，幼児・児童・生徒約 1,480 人を抱える初等事前学級（Reception）から 12 学年までの初等中等併設校のハイツ・スクール（The Heights School），在籍生徒約 1,500 人の 8 学年から 10 学年の中学校と 11 学年から 12 学年のハイスクールを併設するアバーフォイルパーク・ハイスクール（Aberfoyle Park High School），在籍生徒約 950 人の 8 学年から 12 学年までのグレナンガ国際ハイスクール（Glenunga International High School），の 3 校のみである．

南オーストラリア州の，とくに中等教育段階の才能教育は，クイーンズランド州やヴィクトリア州と同じように，中核校を設置して才能教育を実施している．しかし，人口約 500 万人のヴィクトリア州では 27 校の中核校を，人口約 390 万人のクイーンズランド州では 8 校の中核校と 3 校のアカデミーをそれぞれ置いているが，人口約 150 万人の南オーストラリア州では 3 校の中核校のみであり，才能児の子どもにとっては才能教育のもとで学習する機会がきわめて少ないといえる（表 1−2）．

8）西オーストラリア州

　州の教育行政は，教育訓練省（Department of Education and Training）が担っている．才能教育は，学校局（School）のカリキュラム標準部門（Curriculum Standard）が担当している．

　歴史的には1930年代，州の小学校最終学年に特別学級が設置され，一般学力試験と校長推薦で選ばれた子どもたちが学習していたが，まもなく廃止されている．

　西オーストラリア州の教育省では1978年，西オーストラリア州の才能児と題する才能教育の政策綱領を発表し（Gifted and Talented Children in Western Australian Schools），特別の学校や学級ではなく，通常学級における才能児の認定，拡充教育などの実施を支援していた．

　州教育省は1981年に，例外的な子どもたちの学習の優先度（Priority Exceptional Students Study）についての議論を深めるために，不利な状況にある高い能力の子どもたちの認定と題する討論用の文書を公表した（Identifying High-Ability Disadvantaged Students）．その結果，このような状況下の子どもたちの中に，かなりの人数の才能児がいることが明らかになった．そして，知的発達の促進と挑戦に対応するために，才能教育の政策綱領を改訂している．1986年の連邦政府のオーストラリア教育研究協議会（ACER）の調査でも，とくにこのような状況下の子どもたちの中等教育への入学が達成されていないことが報告されている．

　また，州教育省は1980年に，才能児の認定がもっとも決定的な要因と考え，試験を中心にした州内年間才能児探索（An Annual State-wide Talent Search）プログラムを導入した．

　1981年に公立の総合中等教育学校内に設立されたフルタイムで拡充教育を行う特別プログラム（Secondary Special Placement Program, SSPP）をもつ中等教育学校10校への入学は，1987年まで毎年州内の30ヶ所で行われていた才能児探索（Talent search）という評価プログラムによってSSPPを受ける才能児

の選択を行っていた．生徒がSSPPを受けるには，保護者，教師，同級生の推薦，あるいは自己推薦を行い，州教育省の学術拡充部門（Academic Extension Branch）は，推薦された生徒の分析表を作成する．分析表には，一般教養，語彙や算数の数々の試験の成績，生徒の学力に関する教師の評価などが記載される．1981年の州教育省の研究部門がSSPP学級について調査した時に，保護者は，自分の子どもがSSPP学級に在籍していてもいなくても，このプログラムを支持していた．

　西オーストラリア州政府は，1983年才能教育を含む州内の教育を調査するための委員会を設置し，報告書を作成した．その中で，小学校や中等教育学校，職業訓練学校などの特別学級において，柔軟な才能教育の実施や，柔軟な時間割や促進教育について勧告を行っている．この報告が出される6週間前，州教育大臣が主査する才能児教育に関する委員会は，才能児のニーズや才能児のためのプログラムの開発を準備するために報告書（Kelly report）を提出している．ケリー報告では，小学校や中等教育学校の定められた割合の生徒に特別な教育をすることや，中央による選抜のための試験について批判している．すべての段階の児童と生徒を対象にした通常の学校での拡大プログラムの実施を求め，さらに小学校段階での通常の教育以外での才能教育の導入や，SSPP制度の廃止を求めていた．

　しかし，1984年に打ち出された西オーストラリア州政府教育省の実現可能な立場からの才能教育の政策綱領は，これまでのSSPPのように通常学級内での才能教育を実施し，補足的に必要に応じてすべての段階の児童と生徒を対象として才能教育を実施するとした．また，小学校段階での通常の教育以外での才能教育や，特別センター（Special Interest Centre）の設置の導入は見送られた．それに代わって1985年11月のケリー報告を受けて，通常教育プログラムからの部分的な引き抜き教育（withdraw）による小学校拡大挑戦プログラム（PEAC, Primary Extension and Challenge Programs）と中等教育学校拡大挑戦プログラム（SEAC, Secondary Extension and Challenge）を導入することとなった．

これらは，ヴィクトリア州で行っている，学校群を形成して才能児に集中的に拡充教育を行う方法である．フルタイムのPEACは，近辺の12校〜18校の公立小学校で学校群を形成し，中の1校に才能児を集めて拡充教育を行う．パートタイムのPEAC学級は，12人から20人の才能児を集めて拡充教育を行う．一週間に7〜8コースのPEAC学級がもたれ，1人の教師が指導する．コースの内容は多様で，たとえばコンピュータ，太陽エネルギー，ダンス，言語などである．このコースを受ける児童は，テストあるいは聞き取り調査と，教師による推薦によって選ばれる．PEAC学級の運営経費は，州教育省から支出される．さらにこのPEACによって沢山の才能教育を経験した子どもたちが出たことにより，才能児の先輩による1対1のメンターシップ教育（mentorships）も導入された．

1995年に才能児の教育と題する政策綱領を発表している（Teaching Talented and Gifted Students）．翌1996年4月，才能児の教育政策と題する改訂政策綱領を発表し（Policy for the Education of Gifted and Talented Students），初等事前教育や小学校の低学年の児童の5％に，通常学級における才能教育を行う計画であった．さらに，小学校の中学年の児童の3％に一部の授業を通常学級外での才能教育を，高学年の児童の2％に通常学級外での才能教育を行う計画を立案した．また，上位1.5％の中等教育学校の生徒を対象として，通常の教科に加え音楽，絵画，ダンス，演劇，言語教育などを導入した中等特別学級クラス分けプログラムを選択校に設立した．このSSPP学校は現在に至っている．

2004年4月には，才能と題する1ページの政策綱領が出されている（Gifted and Talented）．その内容は，政策と背景の2項目からなり，背景の項は，定義，関連政策・手続き・ガイドライン，関係法令または権限機関の3項で構成されている．

政策綱領は，いわば方針を示しただけの簡単な内容なので，新しい政策綱領とともに，才能ガイドラインを発表している（Gifted and Talented Guidelines）．こちらは，本文7ページ，付録7ページの内容で，定義，背景，支援の原則，

関係法あるいは担当機関,役割と責任,認定,準備,モニタリング,付録となっている.

なお,州の学校教育制度は,初等事前学級(Pre Primary)1年,小学校7年,中学校3年,ハイスクール2年で,義務教育期間は小学校と中学校の10年間である.

以上,充分な調査ができなかった州や地域もあったが,オーストラリア各州・地域の才能教育の近年の動向について説明した.また,調査を行ったニューサウスウエールズ州のウーラル小学校,才能教育の歴史が40年以上にもなるヴィクトリア州のユニバーシティー・ハイスクール,南オーストラリア州のグレナンガ国際ハイスクールなどにおける才能教育の実践についても詳細な説明をしたかったのだが,紙数が大幅に増加してしまうため,止むを得ず割愛することにした.また,2009年に新たに1校が開校するクイーンズランド州の3校のアカデミーの動向も,今後注視する必要があろう.

【chapter 5】

才能児の認定と才能教育の実践事例

　どのような理論的根拠に基づいて，才能児の探索，発見，認定，あるいは才能教育が実践されているかや，オーストラリアならびに米国の学校教育の中で，系統的に才能教育に取り組んでいる実践例を取り上げる．オーストラリアでは，比較的早く1991年に才能教育を系統的に開始した，ニューサウスウエールズ州における実践例について，また，米国では，早くから系統的に先駆的な才能教育に取り組んでいる米国メリーランド州（MD）モンゴメリー郡（Montgomery County）における実践例を概観する．

(1) 才能児の認定理論

1) レンズーリの才能児認定理論

　米国各州においては，1972年のマーランド報告や初等中等教育法の才能児の定義が，才能児の認定に広く取り入れられている．さらにその延長線上にあるのが，1981年にレンズーリらによって提唱された回転ドア認定モデル（Revolving Door Identification Model）で（J. S. Renzulli, S. M. Reis, and L. H. Smith, The Revolving Door Identification Model., Creative Learning Press Inc., Mansfield Center, CT, USA, 1981），その理論をさらに発展させた1985年の全校拡充モデル

に基づく才能教育を実践している州や郡，学校が多い（J. S. Renzulli, and S. M. Reis, The Schoolwide Enrich Model: A Comprehensive Plan for Educational Excellence., Creative Learning Press Inc., Mansfield Center, CT 06250, USA, 1985）．

　レンズーリの提唱する回転ドア認定モデルは，子どもの課題に対して取り組む意欲（Task commitment），平均を上回る能力（Above average ability），創造性（Creativity）の3つの条件を表す円が重なり合った部分に属する子どもが，高い才能をもった子どもであるとしている．これは，レンズーリらの才能に対する考え方がよく表れているモデルで次のような特徴をもつ．1）才能とは，複数の能力による総合的な能力として捉えるべきであり，一つの能力だけが突出した子どもが才能児ではない．2）課題に取り組む意欲といった数量化することが難しい条件を含んでおり，保護者や教師による基準尺度測定などによる評価も才能児の認定手段として大きな比重を置いている．3）テストなどで測定されたある基準以上の能力などではなく，平均を上回る能力といった表現で表されるように能力を広く捉えていることなどである．その結果，他の研究者のモデルに比べ，回転ドア認定モデルで認定される才能児の人数は，比較的多人数となる．

　また，全校拡充モデル（Schoolwide Enrichment Model, SEM）とは，特定の教科や分野に偏らないで，体系的により深化した幅広い内容を学習する教育方法である拡充教育（Enrichment）を主体として才能教育を実施し，しかもその才能教育は，通常の学級あるいは学校で実施しようとするモデルである．すなわち，通常の学習内容をさらにより掘り下げた学習を行う，あるいは通常の学習内容と関連する内容まで学習内容を拡大して学習し，総合的な思考力や分析力を養うことを目的とする教育方法である（松村暢隆教授の好訳書，巻末参考図書）．

2）ガニエの才能児の個別化モデル

　オーストラリアでは，以前には才能児の定義が明確ではなかったために，学習意欲のある成績の良い児童や生徒を才能児とみなしていた州が多かった．そ

の後オーストラリア上院の1988年才能児教育報告が発表され，これによって才能児の明確な定義が各州に浸透する機会となった．しかし，系統的な才能児教育が各州で実施されるまでには至らなかった．さらに2001年になって，20の勧告を含む2001年才能児教育報告が上院から発表されると，潜在的な能力をもっているにもかかわらず，その能力を発揮していない才能児の児童や生徒が見落されていることが問題となった．この問題を解決するために，カナダの心理学者（ケベック大学モントリオール校）のガニエ教授（Françoys Gagné）が，1985年に提唱した才能児のモデルが，広くオーストラリア各州で才能児認定の基準として取り入れられるようになった（Françoys Gagné, Giftedness and Talent: Reexamining a Reexamination of the Definitions, Gifted Child Quarterly, Vol. 29, No. 3, pp. 103-112, 1985）．ガニエの才能児の個別化モデルは，レンズーリの回転ドア認定モデルを基本にしながら，より詳細に才能児の定義を行うとともに，全校拡充モデルを発展させて，より詳細に一人ひとりの子どもを意識した個別化学習法を取り入れた才能児の認定と才能教育を実践しようとするモデルである．

それまでオーストラリアでは，ギフテッドネスとは高い能力の子ども，タレントとは高い学力の子どもとみなされてきた．ガニエの才能児認定モデルでは，才能を表す言葉であるギフテッドネス（giftedness）とタレント（talent）の定義を明確に区別し，ギフテッドネスとは，いかなる領域の人間の能力について，その年齢で期待される以上の天性の能力または素質をもつ子どもと定義している．それは同年齢層の子どもの10％～15％と考えられ，30人の学級であれば3～4人の子どもは知的領域でのギフテッドネスの可能性があり，3～4人の子どもは身体能力上のギフテッドネスの可能性が考えられ，これには両方の能力をもった子どもも含まれるであろうとしている．また，タレントとは，その年齢で期待される以上の意味のあるレベルの学力あるいは成績の子どもと定義している．したがって，ほとんどの分野のギフテッドネスは，タレントに転換することができると考えられ，ギフテッドネスのタレントへの転換は，子

どもの学習内容の質によって起こり，このため教師の役割が非常に重要であるとするモデルである（Françoys Gagné, Transforming gifts into talents: The DMGT as a developmental theory. In Nicholas Colangelo and Gary A. Davis eds., Handbook of Gifted Education, 3rd ed., Allyn and Bacon, Boston, MA, USA, 2003）．したがって，このモデルの特徴は，優秀な成績ではなく，潜在的な能力をもった才能児を発見することが重要であるとしている点にある（図5－1）．

　ガニエは，子どものギフテッドネスからタレントへの転換には，子ども自身の資質として，動機と忍耐力がもっとも重要な因子であるとしている．多くの才能児は学校で学習の動機を見出せないでおり，もし学校で潜在的能力を伸ばす出発点となる動機を見出せれば，忍耐力も養われるとしている．また，ガニエは，学習を最後まで続けるためには，外的な刺激を排除する力量である集中力も重要で，とくに早期に才能を開花させた才能児には，集中力がない子どもがいると指摘している．

　子どもの家庭的，社会的，文化的な環境要因も，子どもの発達や学習過程を促し，ギフテッドネスからタレントへの転換を図るために重要であると，ガニエは考えている．たとえば，子どもの家庭の家族構成や経済状況，家族が教育や才能児についてどのように考えているか，子どもの保護者，兄弟，あるいは地域の担い手などが才能児について理解があり，子どもをいつも励ましてくれるかなどの地域社会のエートス，さらに，家庭でインターネットを利用できる環境にあるか，手近な場所に子どもが気軽に利用できる図書館，博物館，美術館，青少年センターなどの施設があるかなどの子どもが置かれている社会資本に関する環境要因などである．

　このようにガニエは，子どものギフテッドネスからタレントへの転換には，教師や地域社会の役割が，重要な因子であると考えている．ほとんどの環境要因は，子ども自身が自分でコントロールできない因子であり，したがって教師は，子どもを取り巻く環境要因の中で，何が子どもの学習に有用で，何が否定的な影響を及ぼすかを把握し，できるだけ否定的な要因を取り除くよう機会を

図5—1 ガニエのギフテッドネスとタレントの個別化モデル

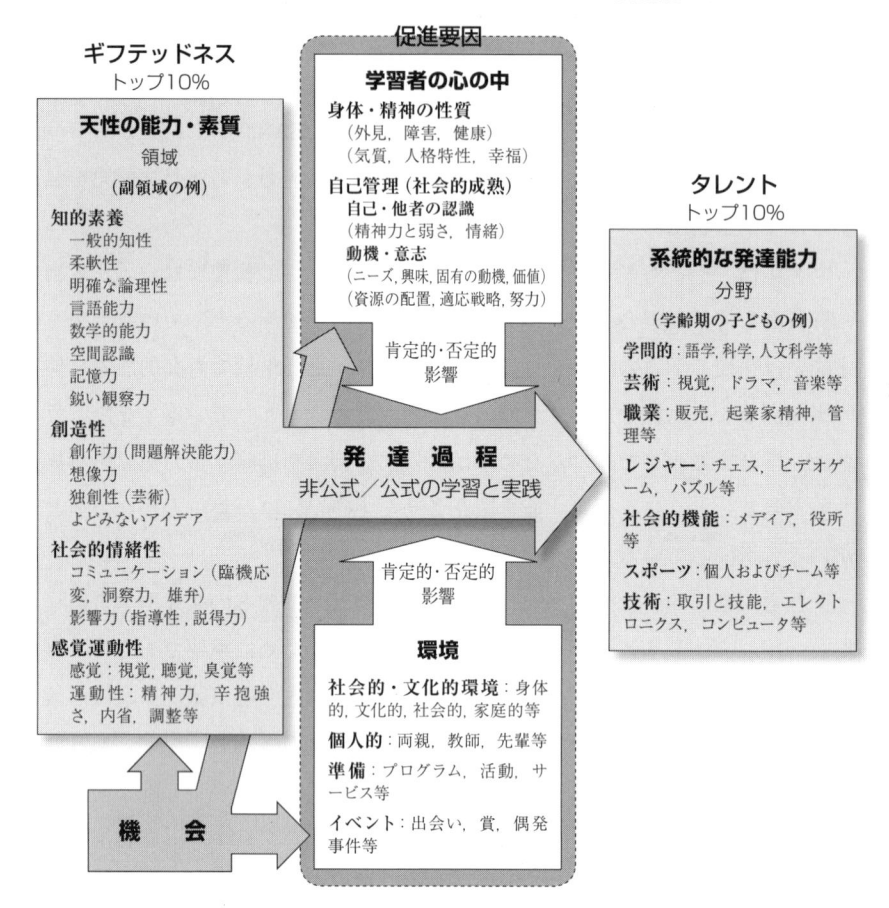

ギフテッドネス（トップ10%）

天性の能力・素質
領域
（副領域の例）

- 知的素養
  - 一般的知性
  - 柔軟性
  - 明確な論理性
  - 言語能力
  - 数学的能力
  - 空間認識
  - 記憶力
  - 鋭い観察力
- 創造性
  - 創作力（問題解決能力）
  - 想像力
  - 独創性（芸術）
  - よどみないアイデア
- 社会的情緒性
  - コミュニケーション（臨機応変，洞察力，雄弁）
  - 影響力（指導性，説得力）
- 感覚運動性
  - 感覚：視覚，聴覚，臭覚等
  - 運動性：精神力，辛抱強さ，内省，調整等

促進要因

学習者の心の中
- 身体・精神の性質
  - （外見，障害，健康）
  - （気質，人格特性，幸福）
- 自己管理（社会的成熟）
  - 自己・他者の認識
  - （精神力と弱さ，情緒）
- 動機・意志
  - （ニーズ，興味，固有の動機，価値）
  - （資源の配置，適応戦略，努力）

肯定的・否定的影響

発 達 過 程
非公式／公式の学習と実践

肯定的・否定的影響

環境
- 社会的・文化的環境：身体的，文化的，社会的，家庭的等
- 個人的：両親，教師，先輩等
- 準備：プログラム，活動，サービス等
- イベント：出会い，賞，偶発事件等

機 会

タレント（トップ10%）

系統的な発達能力
分野
（学齢期の子どもの例）

- 学問的：語学，科学，人文科学等
- 芸術：視覚，ドラマ，音楽等
- 職業：販売，起業家精神，管理等
- レジャー：チェス，ビデオゲーム，パズル等
- 社会的機能：メディア，役所等
- スポーツ：個人およびチーム等
- 技術：取引と技能，エレクトロニクス，コンピュータ等

（Françoys Gagné, Transforming Gifts into Talents: The DMGT as a Developmental Theory. In Nicholas Colangelo and Gary A. Davis eds., Handbook of Gifted Education, 3rd ed., Allyn and Bacon, Boston, MA, USA, 2002, DMGT. 2007. フランソワ・ガニエ教授の許諾を得て日本語への翻訳と図の転載使用を行った．）

とらえて努力することが必要であるとしている．教師が，常にクラスの環境を子どもの潜在的能力を伸ばすために，学習の動機や，忍耐力や集中力を育成する機会を与えられるような環境を維持すれば，ギフテッドネスからタレントへの転換を支援することができるとする考え方である．

ガニエのモデルは，子どもを取り巻く環境や地域社会の役割などを重視しており，なかでも教師が機会を作ることや教師自身の力量が，才能児の教育に大きな影響を及ぼすものと考えている．

（2）オーストラリア・ニューサウスウエールズ州の才能児の認定と才能教育

オーストラリアの全人口の約 33.5％である 670 万人以上の人口を擁するニューサウスウエールズ州の動向は，他州に与える影響も大きい．また，国の全人口の約 20.7％，州人口の約 62％の 417 万人が，州都シドニーに集中している（日本では，2007 年度全国人口の 9.8％が東京都に居住）．このため，ここでは主にニューサウスウエールズ州の学校教育や才能教育について取り上げる．

1）学校教育制度

ニューサウスウエールズ州には 10 の学校区（Region）があり，3 歳から 4 歳の 1 〜 2 年間が幼稚園（Preschool），5 歳の 1 年間が初等事前学級（Kindergarten），6 歳から 12 歳の 6 年間が小学校（Public School），13 歳から 16 歳の 4 年間がハイスクールのジュニア課程（Junior, High School, HS），17 歳から 18 歳の 2 年間がシニア課程（Senior HS, College, Collegiate Senior Campus）が標準的な学校教育制度である．遠隔地には，初等事前学級から 12 年生までの初等中等併設校（Community School, Central School）も存在する．また，義務教育期間は，6 歳の小学校 1 年生から 15 歳のハイスクール 10 年生までである．このため義務教育期間を終了すると，ハイスクールを退学する生徒も多い．

2006 年 6 月現在の公立学校は，小学校に併設された幼稚園が 99 校，独立の幼稚園が 1 校，小学校が 1,627 校，初等中等併設校が 67 校，ハイスクールとカレッジ（Secondary School）が 397 校，大学や専門学校（TAFE Institute）に併設されているシニア課程（Senior Campus）が 11 校である．私立学校は，小学

校が508校，初等中等併設校が220校，ハイスクールとカレッジが152校である．公立学校の在籍幼児・児童・生徒数は，幼稚園4,273人，小学校432,660人，ハイスクールとカレッジが303,622人である (Statistical Bulletin-Schools and Students in New South Wales, 2006, NSW Department of Education and Training, 2007)．ただし，別の統計によると，公立小学校の校数は1,644校と報告されている (Statistical Compendium 2006, Department of Education and Training, NSW)．

2005年現在の12年生の在籍率は，公立学校は65.8％，私立学校は80.6％で，平均71.1％であった．これは全オーストラリアの平均75.3％より低い．この内，女子は76.3％，男子は66.0％であるが，男子は退学後職業教育を受ける率が，女子より高い (The Health of the People of New South Wales-Report of the New South Wales Chief Health Officer, NSW Department of Health, 2006)．また，2005年の高校卒業試験 (HS Certificate) の12年生の合格率は，女子73％，男子62％，平均67％で，全オーストラリアの平均と比較すると，男子の合格率が1％高い．また，再挑戦者も含め2005年に高校卒業試験に合格した生徒数は，35,917人で，この内の36.8％の13,220人が職業専門学校 (TAFE) へ進学，32.6％の11,700人がニートまたはフリーター，3.9％の1,400人が大学に進学している (Statistical Compendium 2006)．日本や米国に比較して人口圧力の少ないオーストラリアの高校生は，のんびりした性格なのであろう．しかし，ニューサウスウエールズ州政府にとっては，12年生のシニア課程の在籍率の低さや，高校卒業試験に合格しても学習あるいは働こうとしない生徒の多いことは，労働市場の不安定化と将来の社会的コストの無駄遣いを招くとして，今後の大きな教育課題の一つとして位置づけている．全オーストラリアでも同じ様な傾向がみられる．

2）才能教育

ニューサウスウエールズ州には，初等教育および中等教育の各段階の公立学校に，才能教育を実践する学校が設置されている．学習を主体とした才能教育

を実践するオポチュニティ学級 (Opportunity class, OC) と呼ばれる学級が小学校に，選抜ハイスクール (Selective High School, SHS) と呼ばれる学級または学校がハイスクールに，それぞれ設置されている．OC ならびに SHS に入学する児童・生徒の選考は，教育評価・学校説明責任部局 (Educational Measurement and School Accountability Directorate) の選抜ハイスクール・オポチュニティ学級クラス分け部門 (Selective High School and Opportunity Class Placement Unit) が担当している．

　ニューサウスウエールズ州の才能児の認定は，州教育省の才能児の認定ガイドラインに沿って実施される (Policy and Implementation Strategies for the Education of Gifted and Talented Students—Identification Support Package, Curriculum K-12 Directorate, DET, NSW, revised 2004)．この文書は，概要，序，才能児の特徴，認定方法，学校カウンセラーの役割，特別なニーズのある才能児，幼児教育段階の才能児の認定，チェックリストと推薦書式の例，用語解説，文献，参考資料，補遺の 11 章からなる 29 ページに及ぶ文書である．才能児の認定は，1) 学校全体で教育方針を作成する，2) 必要に応じ努力目標の高いカリキュラムや教育プログラムを作成する，3) チェックリスト，推薦書式，テストなどの追加の認定用の手段を使う，4) 収集したデータを分析する過程を確立する，5) 情報を分析する，6) 教育プログラムや認定過程の評価や査定を行う，7), 児童・生徒のモニタリングを行う，8) 評価に基づいた変更を行うといった過程をとるようにアドバイスしている．州教育省の才能児の認定方法では，ガニエの個別化モデルに沿って，1) 学校全体で取組む，2) 多面的な規準を使う，3) 包括的に行う，4) 機能的に継続して行う，5) 文化による差別のない公正な認定，6) すべての分野のギフテッドネスとすべての領域のタレントを認定する，7) ギフテッドネスとタレントの度合いを認識する，8) 個別化教育の体系化と相互の連携をとる，9) 早期の認定とあらゆる段階での認定を考慮する，10) 関係者の誰もが意見を言える体制を作るの 10 点の基本方針を定めている．これにより，才能児の認定を，推薦，選

択，モニタリングの3段階に分けて説明している．推薦は，保護者，教師，先輩，本人などからの推薦書の例をあげて説明している．選択の過程は，ガニエの個別化モデルに沿った具体的な方法が説明され，モニタリングの過程は，観察ガイド・シートを例示して，具体的なモニタリングの方法が説明されている．

さらに，OCやSHSに入学する才能児の認定は，州教育省の定めたクラス分け政策（Selective High School and Opportunity Class Placement Policy, NSW Department of Education and Training, Reference No. PD/2006/0353/V01, October 3, 2006）に則って実施されている．この政策文書は，2項目からなる政策綱領の目的，8項目からなる全体の流れ，8項目からなる責任と委任，モニタリング・評価・報告の要請，連絡先の5節からなるわずか2ページ半程の短い文書である．責任と委任の8項目は，学校区長，学校教育局長，ハイスクール校長，小学校長，OCをもつ小学校長に加えて，OCならびにSHSそれぞれの選抜委員会の召集，候補者，異議申し立て審査会の8項である

OCあるいはSHSの才能教育プログラムで学習するには，オーストラリアの永住権または市民権をもった児童・生徒であることが条件である．また，OCあるいはSHSの才能教育プログラムで学習を希望する児童の選考は，選考試験の受験申請，選考試験の受験，選考委員会による審査，入学の許可または不許可の通知，保護者のOCまたはSHSでの学習の承諾，場合によっては保護者による入学不許可に対する異議申し立て，などの過程を経る．なお，選考試験の受験申請は，OC，SHS，それぞれ異なった時期に申請する．

選考試験は，州内のテスト・センターで実施される．試験は，SHS試験テスト4の作文以外は，多肢項目から解答を選択するマークシート形式である．児童が試験会場に携行できるのは，州教育省の担当部門からの手紙（受験票），HBまたはBの鉛筆2本，消しゴム1個，透明な入れ物に入った商標以外のことが書いていない飲み水，そして許可を得れば鉛筆削りで，定規や時計などの持ち込みは禁止されている．試験問題は，持ち帰ることはできない．この選考

試験の結果は，成績ではなく能力によって評価が行われる．

OCをもつ小学校，あるいはSHSには，学校長，教務主任，保護者代表あるいは学校区の指導主事からなる選考委員会（Selection Committee）が置かれる．選考委員会は，州の才能児の選考基準に則り，児童の学校の成績によって学業の成果を評価し，選考試験の結果によって学習上の能力を評価する．ただし，学校の成績や選考試験の生の結果を利用するのではなく，数学的な評価基準処理を行った値（％）が用いられるため，入学基準は毎年同じではない．選考委員会による選考結果は，入学許可（Offer），補欠（Reserve List），不受理（Unsuccessful）で保護者に通知される．入学が許可された場合には，結果の通知を受けとってから2週間以内に入学の意志表明（Authority to enroll）をしなければならない．また，補欠者への入学許可などが電話によって通知された場合には，48時間以内に入学の意志表明をしなければならない．

なお，結果に不服がある保護者は，通知から2週間以内に州担当部門（Unit）に所定の書式（Appeal Form）によって不服申し立てを行うことができる．不服申し立て書は，前半部は保護者が，後半部は児童が入学を希望する小学校またはハイスクールの校長が，それぞれ記入する2つの部分から構成されている．ただし，不服申し立ての内容は，選考試験の成績が良い場合，学校の成績が良い場合，およびその他の場合の3つの理由のどれか一つでしか申し立てができない．不服申し立て書を受け取った校長は，保護者へ不受理の通知があった日から3週間以内に，州担当部門に申し立て書を返送しなければならない．不服申し立ては，州担当部局内に設置される，州担当部門を統括する部局長（Director of Educational Measurement and School Accountability），学校教育局長，SHS校長，OCをもつ小学校長，保護者または地域代表者から構成される不服申し立て審査会（Appeal Panels）で審議され，結果は，州担当部門から保護者へ通知される．

3) オポチュニティ学級

　州の公立小学校1,694校の内，学習を主体とした才能教育を実践するOCと呼ばれる拡充教育を行う特別学級が，2008年現在で小学校70校と初等中等併設校1校の計71校に設けられている．また，スペシャリスト小学校として演劇，ダンス，音楽などのパーフォーミング・アートを教授する小学校が1校ある (Hunter School of the Performing Arts)．また，OCには，5年生 (Year 5) と6年生 (Year 6) の両学年にOCをもつ学校と，5年生と6年生混成のOC (Year 5/6 composite OC) をもつ学校，6年生のみにOCをもつ学校とがある．2007年9月現在，72の学校にOCがあり，42校はシドニーに，30校はシドニー以外の場所にある．また，5年生のOCに1,710人，5年生と6年生の混成学級に3,420人が才能教育プログラムのもとで学習している (Magda Pollak, Private communication, NSW Department of Education and Training)．2007年の統計がまだ発表されていないので正確ではないが，2006年度の5年生および6年生の在籍児童数，60,664人と61,655人 (Statistical Bulletin—Schools and Students in New South Wales, 2006) を使って比率を計算すると，約4.2％の児童が才能教育を受けていることになる．州教育省では，5年および6年の各学年の在籍児童の5％の児童がOCで学習することを目標としている．

　保護者は，原則として児童が4年生の5月に在籍小学校を通じて，所定の書式を用いて選考試験の受験申請を行う (Year 5 Opportunity Class Placement Application Form, Selective High School and Opportunity Class Placement Unit, Educational Measurement and School Accountability Directorate, Department of Education and Training, NSW)．しかし場合によっては，3年生の児童でも受け付ける．この書式の前半 Section A は，子どもに関する一般的な情報を記入し，居住地区によってそれぞれ決められている入学できる小学校の範囲の中から，入学を希望する学校名を記入する．後半の Section B は，各ページとも左半分を保護者が記入し，右半分が在籍中の小学校長が記入する．保護者の記入欄では，とくに，児童の学習上の優秀さなどを証明するために，学校の成績表

を添付するのではなく基礎能力テスト（Basic Skills Test）の結果などの客観的な外部テストの結果を記入することとなっている．校長の記入欄には，最大で児童の4年生の6月までの，英語（国語）と算数の成績や，日常の学習や行動の状況などを記入する．小学校長は，申請書を6月の締切日までに，州教育省の担当部門に提出する．2008年度の申請人数は，1,710人の定員に対し10,165人で，倍率約5.94倍であった．

なお，基礎能力テストとは，ニューサウスウエールズ州が毎年8月に小学校3年生と5年生の児童を対象に行っているテストである．3年生のテストは100分，5年生のテストは120分で，テスト内容は，読み，言語使用，句読法，綴りなどの言語判断能力（Literacy）と，数，長さ，空間などの数量判断能力（Numeracy）である．テスト結果は保護者に，3年生は5段階で，5年生は6段階で，10月に通知される．日本の学力テストの結果は，都道府県単位で教育委員会に，教育委員会からは各学校へ，学校からは児童個人へと通知されているが，ニューサウスウエールズ州の基礎能力テストの結果は，日本の学力テストとは異なり，州全体の結果の公表と，児童個人への結果の通知が行われるだけである．

オポチュニティ学級選考試験（Opportunity Class Placement）は，4年生の8月に実施される．試験は，第1部と第2部に分かれており，いずれも英語（国語），算数，一般能力に関する35問の問題から構成され，各部の試験時間はそれぞれ30分である．

各OCをもつ小学校の選考委員会に，入学を希望する児童の申請書，OC選考試験結果，および関係資料が，州教育省担当部門から送付される．選考試験の結果は，成績ではなく能力によって評価が行われる（Opportunity Class Placement Profile Score, DET, NSW）．英語（国語）と算数は，学校の成績50％，選考試験結果50％，選考試験による一般能力の成果100％の計300％で選考を行う．結果は，保護者に州担当部門から11月に通知される．

なお，OCに在籍する児童がハイスクールに入学する時に，自動的に選抜ハ

イスクールに入学できるわけではない．

ニューサウスウエールズ州の小学校の1日の学習時間割は，季節，地域，学校などによって異なるが，1時間目が8時半〜10時，2時間目が10時半〜12時，3時間目が12時45分〜2時，4時間目が2時15分〜3時半，1時間目と2時間目の間に朝のお茶の時間があり，2時間目と3時間目の間が昼食と昼休みである．しかし，実際には時間割はかなり柔軟性をもって運用されており，担任教師の裁量でかなり自由な使い方ができるのが大きな特徴で，これはオーストラリアのどの州でも同様な状況である．

ニューサウスウエールズ州の小学校における学習教科は，国の定めたナショナルカリキュラムにそって組み立てられている (Outcomes for all K-6 Key Learning Areas, NSW Board of Studies). コアカリキュラム (Key Learning Areas) は，英語 (English)，算数 (Mathematics)，科学と技術 (Science and Technology)，人間社会と環境 (Human Society and Its Environment, HSIE)，創造的実践的芸術 (Creative and Practical Arts, CAPA)，個人の発達と健康と体育 (Personal Development, Health and Physical Education, PDHPE) の6教科である．この内もっとも重視されている教科が，国語（英語）と算数である．読み，書き，話す，聴くの内容である国語（英語）は，英語を話さない先住民や，国民の約30％が外国生まれといわれるオーストラリアでは，国の共通言語の教育として最重要視している．算数は，実生活上の必要性はもちろん，数学から論理的な考え方を学習させようと意図するものである．科学と技術は，理科に相当するが，技術の分野は主にコンピュータリテラシーである．人間社会と環境は，日本の教科では道徳，生活科，理科，社会科に相当する教科で，人びとや文化，社会や環境といった問題を扱う．とくに，総合的な学習の時間の一部を使って環境学習をしている日本と比べると，幅広い観点からの教育が必要な環境教育を真正面から取り扱っている姿勢が際だつ．創造的実践的芸術は，日本の音楽，図工，体育などの分野に相当し，舞踊，演劇，音楽，映画や写真，絵画など幅広い芸術活動を扱う．個人の発達と健康と体育は，日本の保健や体育

分野の内容であるが,健康な食事,交通安全教育などを含むより広い内容となっている.全体として,より実生活に則した学習教科の組立となっているのが,日本との目立った大きな相違といえる.

州教育省の拡充教育の指針 (Policy and Implementation Strategies for the Education of Gifted and Talented Students-Curriculum Differentiation, 2004 Revised ed., DET, NSW) は,その表題にもあるように個別化カリキュラムである.州教育省が推奨しているのは,ブルーム分類法と呼ばれる思考過程の分析過程の結果を,学習カリキュラムの開発へ応用した方法である (Benjamin S. Bloom, and David R. Krathwohl, Taxonomy of Educational Objectives: The Classification of Educational Goals, by a Committee of College and University Examiners. Handbook 1: Cognitive Domain, Longmans, New York, NY, USA, 1956). さらに,実践的に学習内容,学習過程,教材について,いかに個別化を行うかを示す分かり易いメーカー・モデルと呼ばれる方法である (C. June Maker, Curriculum Development for the Gifted, PRO-ED, Inc., Austin, TX, USA, 1981). 指針では,いくつかの実例によって個別化の方法を例示している.また,カリキュラム開発を立案する時に,その内容,過程,教材,学習環境などについて基準型や反省材料となる,カプラン・モデルによって照合することを勧めている (S. N. Kaplan, The Grid: A Model to Construct Differentiated Curriculum for the Gifted, in J. S. Renzulli ed., Systems and Models for Developing Programs for the Gifted and Talented, Hawker Brownlow Education, Heatherton, Vic, 1993). OCでの学習指導は,基本的にハイスクールにおける学習指導の方法を採用し,ブルーム分類法などを利用した個別化カリキュラム (Curriculum differentiation) による拡充教育が基本である.すなわち,カリキュラムの内容を掘り下げ,より深い,あるいはより高度な内容のカリキュラムとするものである.児童は,とくに算数や理科では,グループ学習,個別学習などによりそれぞれ異なった内容を学習する.

一方,州教育省は,促進教育の指針も作成している (Policy and Implementation Strategies for the Education of Gifted and Talented Students-Support

Package-Acceleration, 2004 Revised ed., DET, NSW). 促進教育の方法として，初等事前教育クラスへの早期入学，飛び級，現在よりあとに学習する予定の内容を現在学習する，自分の学習速度に合った早い速度で学習する，将来の学年で学習する予定のより上級レベルの内容を現在学習する，上級生との混成学級で学習する，ハイスクールで大学レベルの試験を受ける，遠隔教育によるハイスクールの授業あるいは大学の講義などを受ける，試験のみを受けることによって単位を得る，少なくとも1年早く大学に入学する，ハイスクールあるいは大学を早期卒業するなどの方法を提案している．また，先に説明した学習方法上の促進教育として，カリキュラム圧縮，テレスコーピング，メンターシップ，課外特別授業などの方法もあげている．

　州教育省の指針では，促進教育を実践する時には，次のような手続きを踏むことを求めている．クラスで標準以上の学習スキルを示す児童・生徒が自ら望んだ時に，促進教育の検討に入る．教師あるいは学校は，才能教育のコーディネーターまたは才能教育委員会に提案する．この時保護者に，提案に必要な書類の提出を求める．才能教育委員会は，校長，才能教育コーディネーター，学校カウンセラー，担任教師，受け入れクラスの担任教師で構成する．委員会の結論が，他の方法がないと判断した時，次の段階に進む．保護者，児童・生徒本人と他のオプションについて相談する．他のオプションの可能性がなければ，次の段階に進む．学校カウンセラーは，保護者，児童・生徒本人と再度相談し，促進教育が最善の方法なのか，あるいはそれ以外の方法がないか検討する．もし，それ以外の方法がなければ，学校カウンセラーは，心理学的な総合判断を下し，その結果を才能教育委員会に報告する．才能教育委員会が促進教育を認め，児童・生徒本人が新しいクラスに入る．校長は，促進教育を実施したことを学校教育局長に報告する．才能教育の手段として促進教育を実践する場合には，このような慎重な手続きに従うよう求めている．

　基本的にOCの学級運営は，州教育省は各小学校に任せている．1877年に創設されたニューサウスウエールズ州ウーラル小学校（Woollahra Public School）

は，初等事前学級と1学年から6学年まで23クラスの計24クラスに，約600人の児童が在籍している．1950年以来OCが置かれ，現在5年生と6年生に各2クラス，計4クラスのOCが置かれている．各クラス30人，計120人の才能児が在籍し，全校児童の20％が才能教育を受けている．ウーラル小学校のOCには毎年約500人の入学申請があるが，OCで才能教育を受けられるのは60人のみで，競争倍率は約8.3倍で，州の全OC平均の競争倍率約5.94倍より高い．児童の平均知能指数は140，最高は190である．11歳の5年生で，中学生である13〜14歳の生徒が学習する内容を学習する．

また，初等事前学級の在籍児童で，才能のある児童がみつかった場合には，小学校へ早期入学させることもある．3年生と5年生の全児童が受けなければならない州の基礎能力テストの結果，成績の飛び抜けた児童がみつかった場合には，飛び級をさせて，3年生の児童を5年生のOCに入学させることなどもある．児童の社会化を促すために，多くの社会的な活動を実践させるように留意しており，学校内に児童の発達を援助するために，校長，才能教育主任教師，カウンセラーなどからなる児童支援委員会（Student Support Committee）を設置している．

4）選抜ハイスクール

SHSには，総合ハイスクール（Comprehensive HS）19校，農業ハイスクール（Agricultural HS）4校，技術ハイスクール（Technical HS）1校，初等中等併設校（Community School）1校，カレッジ6校，の計31校がある．総合ハイスクール19校の内，14校はすべてが選抜クラス（Fully selective），4校は一部が選抜クラス（Partially selective）である．また，総合ハイスクール19校の内，12校が共学校，4校が女子校，3校が男子校である．4校の農業ハイスクールでは7年生から10年生の時に，1校のみは10年生の時に，必修科目として農業関連教科を学習する．4校の内3校が共学校，1校が男子校である．例えばジェームス・ルーセ農業ハイスクールには，毎年120人の定員に対し約2,000人

の入学希望の応募がある．英語と数学の成績，知的生産性，農業に対する関心などによって選抜される．技術ハイスクールはすべてが選抜クラスで男子校である．初等中等併設校は一部が選抜クラスで共学校である．31校のSHSの内，26校はシドニーに，5校はシドニー以外の場所にある．2007年9月現在，31校のSHSに7年生から12年生の26,061人が才能教育プログラムのもとで学習している（Magda Pollak, Private communication, NSW Department of Education and Training）．これを2006年度の7年生から12年生の在籍児童数295,002人（Statistical Bulletin-Schools and Students in New South Wales, 2006）を用いて計算すると，約8.8%の生徒が才能教育を受けていることになる．ニューサウスウエールズ州のSHSでは，まだ3,522人の才能児が受け入れ可能だという．もし定員一杯の才能児を受け入れるとすると，才能児数は29,583人になるので，7年生から12年生の全在籍児童数の約10.0%にあたることになる．なお，才能教育を受けている児童数は一般には公表されていない．また，州教育省では，今後さらに才能ある生徒の受け入れ枠を増加する計画を進めており，今後，数校のSHSが増える予定である．

　特別な分野の才能教育を実践するスペシャリストハイスクール（Specialist HS）と総称されるハイスクールもある．科学技術ハイスクール（Technology HS）13校，ただしこの内の1校は海洋科学技術ハイスクールで，語学ハイスクール（Language HS）5校，パーフォーミング・アーツ・ハイスクール（Creative and Performing Arts HS）5校，スポーツ・ハイスクール（Sports HS）7校の計30校がある（NSW Department of Education and Training ウエブサイト）．学習分野が特別のこれらのスペシャリストハイスクールの入学者選抜は，ニューサウスウエールズ州の高校卒業試験に合格していること以外は，それぞれのハイスクールが独自の基準で入学者の選抜を行っている．例えば，その1校のシドニー市内にあるニュートン・ハイスクールには，ダンス，体操，劇場芸術，および関連した演劇の特別教育センターが設立されており，オーディションや面接により選抜されて入学する．

SHSの7年生の才能教育プログラムで学習を希望する児童は，児童が小学校5年生の11月に在籍小学校を通じて，所定の書式を用いてSHS試験（Selective High Schools Test）の受験申請を行う（Year 7 Entry to Selective High Schools Placement Application Form, Educational Measurement and School Accountability Directorate, Department of Education and Training, NSW）．書式の基本的な形式は，OCの受験申請書と同じである．ただし，入学を希望するSHS校は，第4希望まで記入することができる．農業ハイスクールに入学を希望する場合には，居住地による申請制限があり，1校のみにしか申請できない．後半のSection Bは，各ページとも保護者が左半分を記入し，在籍中の小学校長が右半分を記入する．児童の在籍する小学校は，必要事項を記入後，最大5年生までの成績を使ってSHSに入学を希望する児童の言語や算数の成績，一般学力試験の結果，児童の才能教育に対する意識，特に優れている事項の詳細，言語や算数以外の教科の成績などをまとめた分析表を用意し，12月はじめまでに州担当部門に返送する．2008年度の申請人数は，3,522人の定員に対し12,828人で，倍率約3.64倍であった．なお，申請児童の性別比は，若干男児が多いが，ほぼ半々である．

　これとは別に，SHSの8年生以上の学年の才能教育プログラムで学習を希望する生徒は，7月に所定の書式を用いて入学を希望するSHSに直接入学申請を行う（Year 8 to 12 Selective High Schools Application Form, Educational Measurement and School Accountability Directorate, Department of Education and Training, NSW）．ただし，2008年の場合，各学校の入学定員は4人であった．この場合には，最大4校まで入学申請を行うことができるが，それぞれ入学申請書を作成して各校に直接入学申請を行う．また，申請した各校からの求めに応じて，必要書類を提出しなければならないが，選考試験の受験は行わない．これは主に，海外勤務から帰国した保護者や，他州からの移住者の子弟からの申請を想定したものである．

　児童は，6年生の3月に実施されるSHS試験（Selective High Schools Test）

を受ける．その内容は，テスト1は45問の読解（Reading），テスト2は40問の算数（Math），テスト3は60問の一般能力（General Ability），テスト4は1問の作文（Writing Expression）で，テスト1から3は各40分，テスト4は20分である．テスト4は，与えられた主題を理解し（理解力），どのような内容を記述するか（考える能力），記述内容は筋道がたって整理されているか（まとめる能力），明確にかつ効果的に記述しているか（言葉の使用能力）などが，採点基準になる．たとえば，「近隣や，校外や，街や，あるいはオーストラリア全体で，どんな変化をみることが好きですか？」といったテーマが出題される．

各SHSの選考委員会に児童の申請書，学校の成績，選考試験の結果，関係資料が送付され，選考基準にしたがって審査が行われる．関係資料には，双子，アボリジニなど先住民族であるかのATSI（Aboriginal/Torres Strait Islander），母国語が英語以外であるかのLBOTE（Language Background other than English），インターネットを利用できる環境にあるかのISOS（The International Society for Occupational Science），居住地，入学のために下宿をする必要があるかなどの家庭状況や，病気や事故，欠席日数，年齢，身体障害，知能指数，再チャレンジの生徒であるか等の資料である．学校の成績や選考試験の結果は，英語（国語）は，学校の成績50％，選考試験結果30％，作文20％で評価される．算数は，学校の成績と選考試験の結果がそれぞれ50％，選考試験による一般能力の成果100％の計300％で選考を行う．2008年度の例では，申請児童の12,828人の上位3分の1以上に含まれる児童が，このように選考された．選考結果は7月に，州担当部門から保護者に通知される．

5）シドニー女子ハイスクールの才能教育

1883年に創立されたシドニー女子ハイスクール（Sydney Girls High School）は，すべてが選抜クラス（Fully selective）のSHSである．4年間（Y7〜10）のジュニア課程（Junior）と2年間（Y11〜12）のシニア課程（Senior）を併設している．創設時には別の場所に立地していたが，1921年に現在地に移動してい

る.学校のモットーは,学習はすべてを乗り越える（Work conquers all）である.

在学生徒数は,2002年度922人,2003年度928人,2004年度930人,2005年度924人,2006年度923人であった.毎年約150人の7年生が入学してくるが,新入生徒の中には,すでにその時点で小学校の時の促進教育により,年齢的には本来下級学年のもっと若い生徒も含まれている.また,在学中にテレスコーピングやカリキュラム圧縮によって促進教育を行っているため,8年生は10人程の生徒しかいないので,7～10年生の学級数は13学級であるが,実質8年生がいないのも同然なので7,9,10の各学年平均4学級で,各学級約35人程度の規模である.また,保護者の海外勤務や他州への転出などによって毎年10人前後の空席ができる.このため,数人の8年生以上の学年の入学申請を受け付けている.

SHS校といえども,シドニー女子高等学校のカリキュラムもニューサウスウエールズ州の定めた指針によって組み立てられており,英語,数学,科学,技術と応用（Technological and Applied Studies, TAS）,人間社会と環境（HSIE）,外国語（Languages other than English, LOTE）,創造的実践的芸術（CAPA）,個人の発達と健康と体育（PDHPE）の8教科が主学習分野である.小学校の教科と比べると科学と技術がそれぞれ独立し,新たに外国語が加わっている.現在,英語12人,数学9人,科学8人,技術と応用5人,人間社会と環境9人,外国語9人,創造的実践的芸術7人,個人の発達と健康と体育4人,厚生福利担当7人,進路指導1人,司書1人,カウンセラー2人,これに教科担当と兼任の副校長2人と校長を加えた計75人の教師で約920人の生徒を指導している.生徒約12.3人に教師1人の比率であり,ニューサウスウエールズ州の平均12.4人（Statistical Compendium 2006, DET, NSW）とほぼ同じで,とくに優遇されているというわけではない.なお,教師の内の10人,約13％が修士以上の学位をもっている.主任を含め,職員は13人配置されている.また,学校の運営予算でも州からの特別の配慮があるわけではなく,保護者や奇特者から

の寄付などを集めるのが校長の役割の一つである．

授業時間は，1時間目が8時55分から45分，2時間目が9時40分から40分，3時間目が10時20分から40分，4時間目が11時20分から40分，5時間目が12時から40分，12時40分から1時20分が昼食時間で，食堂（Canteen）の大きさから12時40分からのクラスと1時からのクラスとに分けて使っている．6時間目が1時20分から40分，7時間目が2時から40分，8時間目が2時40分から40分で，3時20分に終業である．3時間目と4時間の間に20分の休み時間（Recess）がある他は，授業と授業の間の休み時間がないので，生徒は授業が終わると次の授業の教室へ急いで移動する．日本の中学校や高等学校で1時限が50分であることや，授業と授業の間に休み時間があることと比較すると，時間的な余裕はない．また，日本のような担任教師はいないので，主任を含めた7人の厚生福利担当の各教師が，各6学年の生徒や保護者の相談相手となっている．なお，いじめ（Bullying）があった場合には，厚生福利担当教師に限らず，どの教師にでも訴えることができる．

7～8年生の学習内容は，英語，数学，科学，TAS科目のデザインと技術，HSIE科目の地理，歴史，外国語2科目，CAPA科目のドラマ，音楽，視覚芸術，PDHPEと体育，聖書（Scripture）で，選択科目はない．ニューサウスウエールズ州の1990年の教育改革法によって，どの公立学校においても，子どもたちにいかなる宗派の宗教教育の時間を設けても良いとされている．なお，生徒の成績は，通常の授業時間中の学習方法や学習への取組姿勢，課題への取組，日本のような中間テストや期末テストなどはないが，教科ごとに授業時間内に頻繁に実施される小テストの結果などによって評価される．ほとんどの7年生の生徒は，カリキュラム圧縮によって2学年分の学習を7年生の1学年で終了するので，生徒はかなり忙しい学習時間を過すはずである．

9～10年生の学習内容は，英語，数学，科学，HSIE科目の地理，歴史，PDHPEである．さらに7～8年生の成績によって学校が許可すれば，ラテン語，フランス語，ヘブライ語，日本語，中国語などの外国語，HSIE科目の選

択地理，選択歴史，通商，TAS科目のマルチメディア，デザイン，情報処理と技術（Information Processing and Technology, IPT），グラフィック技術，CAPA科目のドラマ，視覚芸術，これに食品技術，織物技術の16科目の選択科目の中から最大4教科を選択することができる．

学習は，生徒の進度や習熟度に合った学習内容，生徒の学習速度に合った学習内容，創造性やより高度な認知スキルの必要な過程を含んだ学習内容，他者に学習内容を説明して納得してもらうことのできる成果をあげる学習方法，収束的思考方法ではなく拡散的思考方法が必要なオープンで支援が望める学習環境などの個別化教育による才能教育が実践されている．

11～12年生の学習内容は，上級英語，数学，科学科目の物理，化学，生物学，HSIE科目の地理，歴史，古代史，近代史，経済学，法律，外国語科目のヘブライ語，上級ラテン語，上級フランス語，上級日本語，上級中国語，CAPA科目のドラマ，視覚芸術，食品技術，織物技術の選択科目の中から教科選択をする．また，11年生に限っては，視覚デザインと，シドニー大学のコースの一つである「心と倫理観」の講義を選択することができる．また，数学の成績評価が高い生徒には，ニューサウスウエールズ大学の数学コースの講義を受けて，大学の単位を取得することもできる．

11～12年生の最大の目標は，高校卒業試験でできるだけ高得点を取って，志望の大学の学部に進学する資格を得ることである．ニューサウスウエールズ州教育省は，各学校へ得点分布をグラフにした評価で，州の高校卒業試験の学校ごとの集計結果を送っている．グラフは，試験の得点によって上位，中位，下位のグループに分け，それぞれのグループをさらに5グループに分けて，その得点範囲に何人程度の生徒が分布しているかの評価グラフで表されている．全州のSHSの12年生の得点は，上位グループに3分の1，中位グループに3分の2が分布する中で，シドニー女子ハイスクールの12年生約150人の2006年度の成績は，ほとんどが上位の成績グループに入っており，残りは，中位の下の段階の成績の生徒が30人弱分布している．すなわち，80％の生徒，約

120人が上位の得点を取るという成績である．毎年12年生全員が大学に進学し，2006年度の過年度生を含めた卒業生159人の進学先は，シドニー大学65人，ニューサウスウエールズ大学73人，西シドニー大学6人，シドニー工科大学5人，マクワリー大学4人，オーストラリア国立大学3人，ウーロング大学2人，メルボルン大学1人であった．ダブルスクールを含め進学先の学部は，会計，商学，経済学，ビジネス分野が35人，法学部が29人，理学，先端科学，応用科学分野が19人，芸術分野が15人，医学が11人，工学9人，心理学8人，教育7人，リベラルアーツ7人，メディアと通信，創造芸術，文化の分野に7人，デザインと建築分野に5人，薬学5人，医療科学分野に5人，国際関係4人，獣医学と検眼がそれぞれ3人などとなっている

　学校の伝統と価値を維持するために，13人の生徒から構成される生徒監督会（Prefect）が置かれている．立候補資格は，たとえば5日以上の欠席，5回以上の遅刻，制服規則違反などがないことなど，厳しい条件がある．生徒監督会長（School captain）は選挙で11年生から選出され，全生徒の模範となるような生徒が選ばれるため，生徒にとってはかなり名誉なこととなる．また，日本と同様に生徒自身による学校生活の支援のために，7年生から11年生の各クラスの代表と生徒監督会の生徒会担当（SRC captain）の生徒とで構成される生徒会（Student Representative Council, SRC）も置かれ，生徒と教師の連絡，校内フォーラムの開催などの学校行事の運営，地域社会との連携などの役割を担っている．

　シドニー女子ハイスクールでは，教師には効果的な教師であるかの64項目のチェックリストが，生徒には効果的な学習者であるかの48項目のチェックリストが，それぞれ作成されている（The High Way-Quality Teaching and Quality Learning at Sydney Girls High School）．教師は，1学期と3学期の最初の日に設定されているスタッフ・デベロップメント・デーには，チェックリストを記入して自己チェックを行う．生徒も1学期と3学期の最初の日，または2日目または3日目に設定されている学校再開の日（School resume）にチェック

リストを記入し，自己の学習をチェックする．とくに，入学した生徒には，3つの学校生活や学習習慣が求められる．自分と同様あるいはそれ以上の能力の仲間と学校生活を送ることに慣れること，速度が早くより深い内容を学習することに慣れること，時間配分の技術を身に付け，それにしたがって行動することに慣れること，である．

　SHS校のため，小学校から入学したばかりの7年生にとっては，新しい学校文化や学習レベルの高さに対するカルチャーショックが大きい．教師は，新入生を2つのグループに分けてカウンセリングを行うとともに，年に一度，80分のワークショップを開いて新入生が新しい環境に適応し，学習スキルを身に付ける支援を行っている．さらに7年生を支援するために，校長が主監する9年生の先輩による先輩支援プログラム（The Peer Support Program）が，1985年以来置かれている．プログラムのトレーナー教員によって候補者があげられ，厚生福利担当教員の中の学年主任教師と校長で構成される先輩支援委員会との協議によって9年生50人のリーダーが選ばれる．リーダーの生徒は，第4学期の第8週に開催されるオリエンテーションの日には新入生を助け，新入生が入学してから2～3日はその支援をし，1学期には毎週1度7年生のグループに会い，コミュニケーション，自己尊重，信頼，積極性，自己と他人の理解などを中心に指導する．さらに，10年生の時には，9年生全員が参加するリーダー・トレーニング・プログラムに参加して後輩の指導に当たり，4学期の第2週に1日で行われる．次に選ばれた後輩の9年生のためのリーダー・トレーニング・プログラムにも参加して指導方法の学習支援を行う．9年生の生徒にとっては，リーダーシップ技術を学び，責任感を養う場となる．生徒の学習や学校生活の支援のためには，各教科の主任教師によって，校内に生徒学習支援（Student Learning Support）のネットワークが作られている．

　バスケットボール，ネットボール，ホッケー，漕艇，水球，フェンシング，ダンス，スキーなどのスポーツや，音楽，ドラマ，ディベートなどの課外活動も盛んで，とくにオーケストラやブラスバンドには学校として指導に力を入れ

ている．また，各教科ごとの校内の賞も充実しており，さらに州や全国レベルのコンペティションなどにも積極的に参加して，毎年のように上位入賞を果たしている．

(3) 米国メリーランド州モンゴメリー郡の才能児の認定と才能教育

米国の中でもまれな，郡の教育行政機関が，積極的に才能児の探索と発見に力を注いでいるメリーランド州モンゴメリー郡教育委員会（Montgomery County Public Schools, MCPS）の事例を取り上げる．

1) 学校教育制度

MD州モンゴメリー郡における才能児の認定について概観する前に，MD州やMD州モンゴメリー郡の学校教育制度について簡単に触れる．米国東海岸のMD州は，教育に熱心な州として有名である．最近の報告書では，全米50州の内の5位と評価されている（Chance for Success, Quality Counts 2007, Education Week, Bethesda, MD, USA, January 5, 2007）．

MD州の州法では，義務教育期間は5歳から16歳までの12年間である．ただし学校教育の制度は，州内の各郡にまかされている．首都DCの北に接するMD州モンゴメリー郡の学校教育制度は，1年間の幼稚園（K），5年間の小学校（1～5年生），3年間の中学校（6～8年生），4年間のハイスクール（9～12年生）の5―3―4制の12年間である．すなわち，幼稚園生から11年生までの12年間が義務教育期間である．ちなみにDCの東に接するMD州プリンス・ジョージ郡の学校教育制度は，小学校とハイスクールがそれぞれ6年間の6―6制である．ポトマック川を介してDCの西に接するヴァージニア州アーリントン郡の学校教育制度は，MD州モンゴメリー郡と同様の5―3―4制である．

表5—1　米国メリーランド州およびモンゴメリー郡の学校教育

	全米平均	MD州	郡
調査年度	2002年	2002年	2005年
児童・生徒一人当たりの教育費	$7,734	$8,517	$9,113
小学校学級平均児童数	21.2人	22.2人	21.2人
教師平均初任給年収	$29,564	$32,939	$42,176
教師平均年収	$45,771	$50,410	$68,404
義務教育卒業率	71%	77%	83.6%
内・アフリカン・アメリカン卒業率	56%	69%	78.3%
内・ヒスパニック卒業率	52%	68%	72.8%
内・白人卒業率	78%	81%	85.6%

(とくに断らない限り Chance for Success, Quality Counts 2007, Education Week, Bethesda, MD, USA, January 5, 2007 による)

注1）全米平均とMD州の児童・生徒一人当たりの教育費は，地域の物価により調整した値．
注2）モンゴメリー郡の児童・生徒一人当たりの教育費，小学校学級平均児童数，教師平均年収は2005年度の値で，資料による値から算出した (MCPS Schools at a Glance 2005-2006, Department of Reporting and Regulatory Accountability, Montgomery County Public Schools, MD, USA, 2006.).
注4）モンゴメリー郡の教師平均初任給年収は2007年1月の額 (Mid-Year Update FY 2007 Salary Schedule, Montgomery County Public Schools, MD, USA, December 1, 2006.).
注5）モンゴメリー郡の義務教育卒業率，アフリカン・アメリカン，ヒスパニック，白人の卒業率は2002年の値 (Web page, School Matter, Standard and Poor's, A Division of The McGraw-Hill Companies, Inc., USA, 2006.).

　米国，MD州，およびモンゴメリー郡の学校教育に関する幾つかの指標を表5—1に示した．MD州は，全米平均と比べ児童・生徒一人当たりの教育費や義務教育の卒業率が，明らかに高いのが理解される．モンゴメリー郡ではさらに高く，とくにアフリカン・アメリカンやヒスパニックの生徒の義務教育の卒業率が高いのが目立つ．調査年度が若干違うとはいえ，教師の平均初任給年収や平均年収が相当高く，郡が優秀な教師を集めるために努力をしていることがうかがえる．

2）才能教育

　MD州は，州としては才能教育には取り組んではいないが，才能教育に取り組んでいる郡や市に対しては財政的な支援を行っている．したがって，州内で

の才能教育の実施は，郡や市にその実施の判断がまかされている．また，郡として才能教育に取り組んでいないところもあり，このような郡は各学校に才能教育を実施するかどうかを任せている．モンゴメリー郡は，1978年から才能教育に取り組んでいる．

　才能のある児童や生徒を見出すには，どのような方法が採られているのであろうか．一般的には，保護者，教師，専門家などによる教育委員会などの関係機関への申告による方法である．また，教育委員会に才能児の認定制度が整備されている場合には，保護者，教師，専門家などの推薦者の申請による方法である．

　しかし，これらの方法では，保護者や児童にとっては，運良く教師に見出された子どもや，才能教育についての情報を得ることができた家庭の子ども，あるいは希望者などのみに才能教育を受ける機会が与えられるという状況も起こり，教育の機会均等という観点からは子どもや保護者の要望に充分に答える方法とはいえない．一方，教育行政機関からこの方法をみると，申告や申請を待つ受動的な方法だといえる．

　これに対し，MD州モンゴメリー郡では，教育行政機関が積極的に才能児の探索や発見を行っている．モンゴメリー郡教育委員会（Montgomery County Public Schools, MCPS）には，才能教育担当部局が置かれ，そこに学校長，学校の教師，カウンセラーなどによって構成される学校才能教育委員会（School Gifted and Talented Committee）を設置し，系統的に郡内の才能児の発見と認定を実施している．MCPSは，1981年のレンズーリらの回転ドア認定モデル（Revolving Door Identification Model）と（J. S. Renzulli, S. M. Reis, & L. H. Smith, The Revolving Door Identification Model., Creative Learning Press Inc., Mansfield Center, CT 06250, USA, 1981），その理論をさらに発展させた1985年の全校拡充モデル（Schoolwide Enrichment Model, J. S. Renzulli, S. M. Reis, The Schoolwide Enrich Model: A Comprehensive Plan for Educational Excellence., Creative Learning Press Inc., Mansfield Center, CT 06250, USA, 1985）に基づいて才能教育を実施している．

モンゴメリー郡のMCPSでは，一時的であろうと，ある特定の分野であろうと，また，すべての分野においてであろうと，平均を上回る能力を示す子どもを，才能児と認定している．現在のモンゴメリー郡の学校教育で実施されている才能児の認定制度，才能教育の教育制度やプログラムは，やや複雑である．そこで詳細な説明の前に，現在MCPSが実施している才能教育の諸制度の特徴を以下にまとめて示した．まずMCPSの才能児の認定制度は，以下のような特徴をもっている．

1．回転ドア認定モデルに基づく広い才能児認定基準．
2．数量化することが難しい条件（非認知スキル要因）も考慮．
3．小学校3年全在籍児童を対象とした才能児スクリーニング法．
4．出身国の言語や文化の影響を受けにくい知能検査法の使用．
5．才能児の認定に教師の判断を重視．
6．保護者や教師による不服申し立て制度や再審査制度による救済制度の充実．

この他に，特殊なケースを対象とした才能児の認定制度も準備している．

1．小学校3年未満の児童を対象とした認定制度を準備．
2．経済的に恵まれない小学校3年未満の児童を対象とした認定制度を準備．
3．小学校，中学校できわめて能力の高い才能児の認定プログラムを準備
4．きわめて能力の高い才能児の認定プログラムでも教師の判断を重視．

さらに，MCPSの才能教育の教育制度は，以下のような特徴をもっている．

1．教育方法の基本は拡充教育．
2．基本的に普段通学する学校で拡充教育による学習を実践．
3．各学校に人文系，社会系，理数系の幅広い拡充教育プログラムを準備．

さらに，特殊なケースを対象とした才能教育プログラムを準備している．

1．小学校3年未満の児童を対象とした高度な才能教育プログラムを準備．
2．経済的に恵まれない小学校3年未満の児童を対象とした高度な才能教育プログラムを準備．

また，きわめて能力の高い才能児のために種々の才能教育プログラムを準備している．
1．教科外国語イマージョン授業プログラム．
2．地域ハイスクール・プログラム．
3．集中プログラム．
4．応募プログラム．
5．マグネット・プログラム．
6．居住地域からのスクールバス通学を考慮したクラスター・プログラムやコンソーシアム・プログラム．

以上のような特徴をもった MCPS の才能児の探索，発見，認定と，才能教育プログラムの詳細について以下に説明する．

3）大規模審査による才能児の探索と発見

MD 州モンゴメリー郡内の公立小学校に在籍するすべての2年生の児童は，毎年4月の終わりから5月のはじめに，大規模審査（Global Screening）と呼ばれる才能児発見のための一連の認定審査を受ける．また，保護者や教員の推薦によって再審査を希望する3〜5年生の児童と，新たにモンゴメリー郡内の公立小学校に転校して来た3〜5年生の児童は，それぞれ10月に一連の才能児探索のための認定審査を受ける．

この才能児探索の一連の大規模審査のそれぞれの段階で，専門家による認定審査結果（Professional Decision Making）によって，才能児の選択（Selection）が行われる．保護者は，才能児の認定・非認定に関して，大規模審査のどの段階においても，校長と教育委員会のどちらに対しても不服を申し立てる（Appeal）ことができる．また，教員も，教員擁護提訴（Teacher Advocacy）による不服申し立てが可能である．

MCPS は，毎年4月のはじめ頃大規模審査の1段階目の審査として，各小学校を通じて2年生の全児童の保護者や両親に，英語，フランス語，スペイン

語，中国語，ベトナム語，韓国語の6ヶ国語で書かれた認知スキル（Cognitive Skills）などに関する予備調査票を配布する．その内容は，以下のようなそれぞれ3つの調査項目からなる，創造性（Creativity），リーダーシップと社会性（Leadership & Social Skills），意欲（Motivation），学習（Learning）の4項目の調査で構成されている（Parent Survey of Child's Strengths for Grade 2 Global Screening, Montgomery County Public Schools, MD, USA）．

○創造性
　言葉や行動による質問，探究，試行
　想像や空想で新しいアイデアを考え出す
　ユーモアのセンスがあり，他の人にとって面白くもないことにユーモアを見出す

○リーダーシップと社会性
　良いやり方で人を説得する，あるいはうまくいかないようだと納得させる
　困っている人に対応し，その問題を別の見方からみることができる
　説明役，解説役として行動し，他の人を助ける先導役となる

○意欲
　関心の高い活動を捜してやり遂げる
　困難なことが起きても目標に達するまで一生懸命にやる
　簡単な活動よりも難しい活動を選ぶ

○学習
　一つの問題あるいは多くの問題について沢山のことを知っている
　他の事柄や状況に結び付けて学習する
　言葉を非常に早く学習する

　これらの予備調査の質問には，ありません（Not Observed），たまに（Very Rarely），時には（Occasionally），いつも（Almost Always）の4つの回答欄の該当する場所にチェックを入れて回答する．保護者は，一週間以内に回答するように要請される．

大規模審査の2段階目は，レヴィン知能検査（Raven Intelligent Test）であるが，内容は公開されていないので詳細は不明である．

　1938年に英国のJohn Carlyle Ravenによって開発されたレヴィン段階的難易度上昇配列問題（Raven Progressive Matrices, RPM）は，異なる図案や模様でできた図形が何列か配列され，パターン配列の一部に空欄があり，問題の下部に示されている6個または8個の図形からもっとも適切な図形を選ぶことによって正しい配列パターンを完成させる問題である．このような問題内容のため，回答に際して受験者の出身母体の文化や使用言語の影響を受けにくい．このため多様な民族が居住する米国社会で，才能児の探索方法として適している．また，問題内容は，問題作成のコンセプトが異なる5つのグループからなり，それぞれのグループの問題は12問からなり，合計60問で構成されている．問題の配列は，易しい問題から難しい問題へと回答順に配列されている．試験時間は，受ける年齢層によって30〜45分の間で実施される．結果は，基準（Norm）に照らし合わせて％で示される．米国におけるRPMの基準には，5〜17歳用の米国基準（USA norms）が利用できる．

　RPMには，6歳以下の幼児や障害者用のColoured Progressive Matrices（CPM），6歳以上80歳までの一般用のStandard Progressive Matrices（SPM），思春期以降の年齢で比較的知能が高いグループ用のAdvanced Progressive Matrices（APM）がある．MCPSが大規模審査で使用しているRPMは，SPMだと思われる．

　大規模審査の3段階目は，レンズーリ・ハートマン行動基準尺度測定（Renzulli Hartman Behavioral Rating Scales）である．

　大規模審査の4段階目の審査は，教員の推薦である．普段から子どもに接している教員は，教室での子どもの学習や行動を直接見聞する立場にあるため，最終審査には教員による推薦を重視しているのである．教員の推薦がどのように行われるかについての情報は公開されていないため詳細は不明であるが，その書式は，才能児認定チェックリストの形式になっているのではないかと考え

られる.

　MCPSの大規模審査の結果は，校長から保護者に通知される.この審査によって発見された才能児は，認定された才能を示す分野の適切な才能教育を，3年生から希望により受ける資格が与えられる.2002年および2005年の大規模審査によって，才能児と認定された小学校2年生の民族別の人数を，表5―2に示す.このように，レンズーリの回転ドア認定モデルによる広い認定基準により，大規模審査で才能児と認定された児童数は，2005年では全在籍児童の約34％となっている (Deputy Superintendent's Advisory Committee on Gifted and Talented Education Report 2006, Montgomery County Public Schools, MD, USA, May, 2006).

　経済的に恵まれない生活状態 (Disadvantaged) の幼稚園児や小学校1年生の児童の中にも，早くから才能を示す児童も存在する.このような大規模審査の年齢に達しない園児や児童のために，MCPSでは一人の子どもも置き去りにしない法のTitle I (Improving the Academic Achievement of the Disadvantaged) の対象となる早期潜在能力評価 (Early Recognition of Potential) プログラムを用意している.このプログラムでは，批判的思考 (Critical Thinking) と創造的思考 (Creative Thinking) のスキルを身につけることを主眼に学習指導が行われ，しばしば劇的な学習と学力の変化がみられたとする報告があり，指導を受けた園児や児童の中から，才能教育の対象者が生まれることも多い.

　MCPSの小学校2年生の全児童を対象とした才能児大規模審査は，1994年

表5―2　2002年および2005年の米国メリーランド州モンゴメリー郡公立小学校2年生の大規模審査による民族別才能児の探索と認定

人数	アジア系		アフリカ系		ヒスパニック		白人		合計	
年	2002	2005	2002	2005	2002	2005	2002	2005	2002	2005
探索	1,384	1,568	2,007	2,196	1,813	2,079	4,454	3,995	9,682	9,875
認定	647	710	412	411	356	354	2,058	1,840	3,473	3,333
比(％)	46.7	45.3	20.5	18.7	19.6	17.0	46.2	46.1	35.9	33.8

にMCPSの教育長諮問委員会 (The Superintendent's Advisory Committee) が出した報告書 (Deputy Superintendent's Advisory Committee on Gifted and Talented Education Report, Montgomery County Public Schools, MD, USA, 1994.) によって改善が勧告された結果，1995年より導入された制度である．それ以前は教師や専門家による才能児認定のためのチェックリスト (Checklist) の記入，児童に対するアンケート調査，および標準テスト (Standardized Test) を受けさせ，この内の2つまたはそれ以上の指標 (Indicators) に陽性を示した児童を才能児と認定していた．MCPSは，それまでに積み上げてきた実績に基づいて，大きな人手のかかる教師や専門家による才能児認定チェックリストの調査結果と，保護者による予備調査の調査結果に大差がないことが明らかになったため，探索方法を変更した．また，標準テストは毎年問題を作成しなければならないが，RVMはそれ自身の価格も安く，また，同じテキストを何回も繰り返し使用できるため，他の種類の知能検査を使用する場合に比べても大幅にコストを削減することできる．MCPSでは，教師によるチェックリストの記入を保護者に対する予備調査に代え，児童に対するアンケート調査を教員の推薦に置き換え，標準テストをRVMに変更することにより，才能児の探索と発見の大幅な省力化，効率化，そしてコストの削減を図って大規模審査を導入したのである．

4）小学校の才能教育プログラム

　大規模審査で発見され，才能児と認定された児童のために，算数，国語，科学，社会などの，ある特定の分野に才能を示す子どもたちのために，次のような地元小学校 (Local Elementary School) での地域学校プログラム (Local School Programs) と，幼稚園児から5年生までを対象とした，教科外国語イマージョン授業 (Foreign Language Immersion Programs) の才能教育プログラムが用意されている (Options 2006-2007, An Introduction to MCPS Application and Choice Programs, Montgomery County Public Schools, MD, USA)．

1．地域学校プログラム：すべての地元小学校
2．教科外国語イマージョン授業プログラム
　1）一部教科中国語イマージョン授業プログラム
　　　カレッジガーデン（College Gardens）小学校，ポトマック（Potomac）小学校
　2）主要教科フランス語イマージョン授業プログラム
　　　メリーヴェイル（Maryvale）小学校，スライゴクリーク（Sligo Creek）小学校
　3）一部教科スペイン語イマージョン授業プログラム
　　　ローリングテラス（Rolling Terrace）小学校
　4）主要教科スペイン語イマージョン授業プログラム
　　　ロッククリーク（Rock Creek）小学校
　5）一部教科スペイン語イマージョン手話プログラム
　　　バーンツミルズ（Burnt Mills）小学校

外国語による教科イマージョン授業の才能教育プログラムは，フランス語，スペイン語，スペイン語手話（Spanish Dual Language），中国語のプログラムが用意されており，また，一部の教科のみを外国語で受ける一部教科外国語イマージョン授業（Partial Immersion）プログラムと，読解，作文，算数，社会，科学の主要全教科の授業を外国語で受ける主要教科外国語イマージョン授業（Total Immersion）プログラムとがある．このプログラムへの参加は，幼稚園児と小学校1年生から開始され，参加児童は大規模審査を通過した児童の中からくじ引きによって決められる．ただし，米国の児童・生徒は，他の手段で通学する許可を受けたハイスクールの生徒を除いて，子どもの安全などの理由により全員がスクールバスで通学するため，子どもの居住地区によってはスクールバスの便がないために希望する才能教育プログラムに参加できない場合もある．

5）小学校のきわめて高い能力の才能児の認定と才能教育プログラム

　小学校2年生の全児童を対象に実施されている大規模審査で発見され，才能児と認定された児童の中には，きわめて高い能力の才能児（Highly Gifted Student）もいる．MCPSには，このような才能児を発見するための応募プログラム（Application Programs）がある．応募プログラムは，4年生，6年生，9年生（中学校3年生）で開始されるので，プログラムへの応募はそれぞれ3年生，5年生，8年生（中学校2年生）の12月はじめに締め切られる．

　4年生のきわめて高い能力の才能児のための応募プログラムに申請する資格は，大規模審査でのRPMの結果が，47％以上の評価でなければならない．申請手続きは，保護者が，入学を希望するきわめて高い能力の才能児のための集中プログラム（Elementary Center Programs for the Highly Gifted）を実施している小学校に応募申請書を郵送し，一方，子どもの在籍する小学校には，教師の推薦要請書（Recommendation Request Form）を提出する．教師は，要請に基づき子どもが入学を希望する小学校に所定の様式の推薦書を提出する．プログラムへの応募申請を受けた小学校の才能教育委員会（Gifted and Talented Committee）は，第1段階で学業成績，一人の子どもも置き去りにしない法で実施が義務付けられている標準テストの評価，大規模審査の結果，および，保護者や教師，地域社会の推薦など，この才能教育プログラムへ参加した際に良い結果が期待される潜在的能力とその根拠となる証などを考慮して審査する．第2段階では，子どもが在籍する学級より上の学級での小グループにおける活動を観察し，知的好奇心，分析的思考，創造性，並外れた才能などについて委員会が評価する．第1段階および第2段階の結果を総合的に審査し，結果が4月に保護者へ通知される．きわめて高い能力の才能児として認定された児童は，次のような才能教育プログラム実践小学校で才能教育を受けることができる（Options 2006-2007, An Introduction to MCPS Application and Choice Programs, Montgomery County Public Schools, MD, USA）．

1．4～5年生対象のきわめて高い能力の才能児のための集中プログラム

ルーシー V. バーンズリー（Lucy V. Barnsley）小学校，チェヴィーチェイス（Chevy Chase）小学校，クリアースプリング（Clearspring）小学校，コールドスプリング（Cold Spring）小学校，チャールズ R. ドルゥー（Dr. Charles R. Drew）小学校，フォックスチャペル（Fox Chapel）小学校，パインクレスト（Pine Crest）小学校

2．1～2年生対象のマグネット・プログラム：タコマパーク（Takoma Park）小学校

3．国際バカロレア・プライマリー・イアー・プログラム：カレッジガーデン（College Garden）小学校（2007年秋学期から開始）

小学校1～2年生のみが対象となっている小学校マグネット・プログラム（Primary Magnet Program）は，タコマパーク小学校（Takoma Park Elementary School, TPES）のみで実践されている．したがって，このプログラムに応募できるのは，幼稚園児のみで，応募は大規模審査と同じく4月はじめにTPESに応募申請書を提出する．TPESから保護者に，レンズーリ・スミス幼児チェックリスト（Renzulli Smith Early Childhood Cheklist）（J. S. Renzulli, & L. H. Smith, 1981, The early childhood checklist. In J. S. Renzulli, S. M. Reis, & L. H. Smith eds., The revolving door identification model. Mansfield Center, Creative Learning Press CT, USA）が郵送されてくる．保護者は，子どもが在籍する小学校の教師にこのチェックリストを渡して記入してもらい，教師は記入後タコマパーク小学校に直接郵送する．

その後，応募した子どもはテストを受けるが，そのテストについての情報は公開されていないので，どのような内容のテストが行われるのかは不明である．しかし，他の才能児の審査と認定の過程から類推すると，おそらく大規模審査で使用されたレヴィン知能検査（RPM）の幼児用（CPM）検査を行うと思われる．審査の結果は，5月末にまでに保護者に通知され，これによってTPESのマグネット・プログラムに参加する資格が与えられるのである（表5－3）．しかし，マグネット・プログラムには定員があるため，才能児と認定

表5—3 米国メリーランド州モンゴメリー郡タコマパーク小学校
マグネットプログラムの2006～2007学年度の児童数と割合

	1年生	2年生	計
総児童数	147人	143人	290人
マグネットプログラム	90人（61％）	70人（49％）	160人（55％）
内・通学区域外児童数	23人（25％）	20人（28％）	43人（27％）

(Web page, 2006-2007 Students Number of Takoma Park Elementary School Primary Magnet Program, Takoma Park Elementary School, Montgomery County, MD, USA, 2006)

されたからといって自動的にマグネット・プログラムを受けることができるというわけではない．最終的には，参加資格のある児童の中から，プログラムの参加者を抽選で選定する．

MCPSが2007年秋学期に開始したプログラムが，国際バカロレア（International Baccalaureate, IB）のプライマリー・イヤー・プログラム（Primary Years Program, PYP）である．PYPは，1997年に国際バカロレア協会が開発した3歳以上の児童を対象とした，社会性，身体の発達，情緒，文化，および学習などの発達に重点を置いた初等教育課程プログラムである．とくに8歳以上では，外国語の学習も加えられ，中等教育課程プログラム（Middle Years Program, MYP）への円滑な移行を意図していると思われる．連邦の首都ワシントンDCに隣接するモンゴメリー郡には，各国の外交官も多く居住しており，需要も高いと予想される．

6）中学校のきわめて高い能力の才能児の認定と才能教育プログラム

6年生で開始される中学校レベルの才能教育は，小学校と同様，集中プログラムとマグネット・プログラムから構成されている．中学校の応募プログラムによる才能教育は，以下に示す5校の中学校で実施されている教科外国語イマージョン授業プログラム（Middle School Language Immersion Programs），3校の中学校で構成する中学校マグネット・コンソーシアム（Middle School Magnet Consortium）の才能教育プログラム，3校のクラスター中学校（Cluster School）

が実施するマグネット・プログラムがある．きわめて高い能力の才能児のためのプログラムを提供するクラスター校の内の1校は，中学校集中プログラム(Middle School Center Programs for the Highly Gifted) 校であり，2校はマグネット・プログラム（Magnet Program）校である（Options 2006-2007, An Introduction to MCPS Application and Choice Programs, Montgomery County Public Schools, MD, USA）．

1．教科外国語イマージョン授業プログラム

　1）ゲイタースバーグ（Geithersburg）中学校：教科フランス語イマージョン授業

　2）ハーバート・フーバー（Herbert Hoover）中学校：教科中国語イマージョン授業

　3）フランシス・スッコト・キー（Francis Scott Key）中学校：教科スペイン語手話イマージョン授業

　4）シルバースプリング国際（Silver Spring International）中学校：教科フランス語・スペイン語イマージョン授業

　5）ウエストランド（Westland）中学校：教科スペイン語イマージョン授業

2．中学校マグネット・コンソーシアム

　1）アーガイル中学校：情報工学プログラム

　2）A. マリオ・ロイダーマン中学校：創作演劇プログラム

　3）パークランド中学校：航空宇宙工学プログラム

3．マグネット・プログラム・クラスター中学校

　1）ロベルト W. クレメント（Roberto W. Clemente）中学校：集中プログラム

　　人文科学コミュニケーションプログラム，数学プログラム，科学プログラム，コンピュータ科学プログラム

　2）イースタン（Eastern）中学校：マグネット・プログラム
　　人文科学コミュニケーションプログラム

3）タコマパーク（Takoma Park）中学校：マグネット・プログラム

　　コンピュータ科学プログラム，科学プログラム，数学プログラム

　中学校教科外国語イマージョン授業プログラムには，フランス語，スペイン語，スペイン語手話，中国語が用意されているが，これらのプログラムに参加できるのは，小学校で教科外国語イマージョン授業プログラムに参加した生徒に限られている．

　コンソーシアムの構成校が提供するプログラムには，情報工学（Information Technology），創作演劇（Creative and Performing Arts），航空宇宙工学（Aerospace Technology）の各プログラムがある．アーガイル（Argyle），A.マリオ・ロイダーマン（A. Mario Loiederman），パークランド（Parkland）の各中学校の通学区域に居住する才能児の生徒は，抽選による選択（Choice Process）を通過すれば，この3校のどれかのプログラムへの参加が保証される．モンゴメリー郡内に居住していない生徒も，抽選による選択で参加できる可能性もある．

　クラスター校が提供するプログラムは，人文科学コミュニケーション（Humanities and Communication），数学（Mathematics），科学（Science），コンピュータ科学（Computer Science）の4つのプログラである．クラスター校へは，各学校ごとに指定された複数の通学区域（クラスター）に居住する才能児の生徒でなければ応募することができない．

　5年生によるこれらの6年生のプログラムへの応募申請の手続きは，12月はじめに入学を希望する中学校に応募申請書を郵送し，在籍する小学校に教師の推薦要請書を提出して開始される．子どもが在籍する小学校では，12月中旬までに子どもが入学を希望する中学校に教師の推薦書とカウンセラー（Guidance Counselor）の推薦書，および，基準尺度測定（Rating Scales）評価票や所見欄などからなる教科ごとに所定の様式がそれぞれ決まっている国語，算数，科学，社会の推薦書を提出する．

　次に子どもは，希望する才能教育プログラムによって指定されたテスト科目

を受けなければならない．テスト時間が40分の図形論証（Spatial Reasoning）と30分の読解力（Reading Comprehension）のテストは，全員が受けなければならない．20分の数学論証（Mathematical Reasoning）のテストは，理数系の数学，科学，コンピュータ科学のプログラムを希望する子どもが，また，30分の作文（Essay）のテストは，人文科学コミュニケーションプログラムを希望する子どもが受けなければならない．理数系と人文科学コミュニケーションの両方のプログラムに参加を希望する場合には，4科目のすべてのテストを受けなければならない．

　図形論証のテストは，レヴィン段階的難易度上昇配列問題（RPM）の内容に近い．読解力のテストは，約350語程度の短い文章を読ませ，この文章の内容についての幾つかの設問が出され，それぞれの設問に対する5つの回答の選択肢から正しい答えを選択させる問題などから構成されている．数学論証の問題は，A欄とB欄にそれぞれ四則演算や文章題が書かれ，どちらが大きいかを判断させる問題などからなり，たとえば，A欄が50の35%（35% of 50），B欄が35の50%（50% of 35）などである．作文テストでは，たとえば「成人も含め誰でも現在ではまったく価値がない物にもかかわらず長い間保存している特別の物（Treasured Items）があるものです．あなた自身や親しい人のそのような特別の物について，なぜ大切に長い間保存しているのかについて述べなさい．」といった出題がされ，筋道を立てて論理的に回答するような指示が出されている．

　各中学校の才能教育委員会は，応募者の子どもの申し立て書，保護者の申し立て書，教師の教科ごとの推薦状，小学校の成績を付したカウンセラーの推薦状，小学校の成績，小学校の各教科の学習課題（Course Work）の成果，指定されたテスト科目の点数，課外学習活動（Cocurricular Interest）に対する関心や実績などを総合的に評価して審査する．審査結果は5月末までに，保護者に通知される．

　現在の応募プログラムによってきわめて高い能力の才能児を発見する過程

は，以前は特殊審査（Specific Screening）と呼ばれる制度で実施されていた．特殊審査の方法は，認知スキルテスト（Test of Cognitive Skills），および，言語（Verbal Reasoning），相似（Analogies），順序（Sequences），記憶（Memory）などの内容からなる市販の判定テスト（Assessment Test）を才能児が受ける．一方教師は，児童のカフ／ディハーン・チェックリスト（Kough/Dehaan Cheklist）と，レンズーリ・ハートマン行動基準尺度測定（Renzulli Hartman Behavioral Rating Scales）を作成する．

カフ・ディハーン・チェックリストは，1956年にR. F. DeHaanとJ. Koughによって出版された「特別の要求を持つ児童・生徒の認定（Identifying Student with Special Needs）」という著書の中で提案された，才能児認定の指標となる10の才能あるいは能力に基づいたチェックリストで，1）知能的（Intellectual），2）科学的（Scientific），3）統率力（Leadership），4）創造的（Creative），5）芸術的（Artistic），6）作文力（Writing），7）劇を理解する（Dramatic），8）音楽的（Musical），9）機械の仕組みを理解する（Mechanical），10）物理的（Physical）などの才能や能力をはかる測定法である（R. J. Sternberg and J. E. Davidson eds., Conceptions of Giftedness, p. 122, Cambridge University Press, 1986）．

7）ハイスクールのきわめて高い能力の才能児のための才能教育プログラム

メリーランド州モンゴメリー郡のハイスクール・レベルの才能教育プログラムには，2種類のプログラムが用意されている．郡内のすべてのハイスクールで行われている一般的な地域ハイスクールプログラムと，居住地域別の選択プログラム（Choice Programs）が準備されている．居住地域別の選択プログラムには，モンゴメリー郡を大きく2つの地域に分け，北東コンソーシアム選択プログラム（Choice Programs for Students Living in the Northeast Consortia）と，中心部コンソーシアム選択プログラム（Choice Programs for Students Living in the

Downcounty Consortia）がある．生徒がその２つの地域のどこに居住しているかによって，才能教育を実施しているハイスクールの中から選択プログラムを選ぶのである．これは，米国の児童・生徒は，他の手段で通学する許可を受けたハイスクールの生徒を除いて，子どもの安全などの理由により全員がスクールバスで通学するため，子どもの居住地区によっては希望する学校に通学するためのスクールバスの便がないため，子どもの居住地域によって入学することができる才能教育実践校に制限が設けられている．居住地域別選択プログラムを実施しているハイスクールと実践プログラムを，以下に示した．

1．地域ハイスクール・プログラム：郡内のすべてのハイスクール
　　AP，IB-Diploma，科学，数学，作文，視覚演劇芸術，スポーツ，インターンシップ他
2．居住地域別選択プログラム
2―1．北東コンソーシアム選択プログラム
　1）ジェイムス・ヒューバート・ブレーク（James Hubert Blake）ハイスクール
　　　芸術と人文科学（Fine Arts and Humanities）
　2）ペイントブランチ（Paint Branch）ハイスクール
　　　科学と数学（Science and Math）
　3）スプリングブルック（Springbrook）ハイスクール
　　　国際研究と工学（Int'l Studies and Technology）IB
2―2．中心部コンソーシアム選択プログラム
　1）モンゴメリー・ブレアー（Montgomery Blair）ハイスクール
　　　アントレプレナーとビジネス・マネージメント，福祉事業，国際研究，メディア・リテラシー，科学，数学，コンピュータ科学
　2）アルバート・アインシュタイン（Albert Einstein）ハイスクール
　　　金融・ビジネス・マネージメントとマーケティング，IB-Diploma，ルネサンス，視覚演劇芸術

3）ジョン F. ケネディ（John F. Kennedy）ハイスクール

ケンブリッジ大学資格（言語，科学，人文科学，数学），マルチメディアと遠隔通信，スポーツ医薬とスポーツ・マネージメント（Medical Careers, Sports Medicine and Sports Management），マネージメント

4）ノースウッド（Northwood）ハイスクール

ギルダー・レーマン，人文科学・芸術とメディア，政治・主張・法律（Politics, Advocacy, and Law），技術・環境・システム科学

5）ホイートン（Wheaton）ハイスクール

生命科学と医療技術者，工学，情報技術，世界と文化

注1）IB-ディプロマ：国際バカロレア後期中等教育課程卒業資格．
注2）ルネサンス（Renaissance）：数学，読解，作文，弁論技術およびそれらの文理学への応用を学習する．
注3）ケンブリッジ大学資格（Cambridge University Diploma）：英国のケンブリッジ大学に入学するための後期中等教育課程修了資格．
注4）ギルダー・レーマン（Gilder Lehrman）：言語，文学，歴史，文化，芸術，映画などを学習する．

9年生から開始される地域ハイスクール・プログラムや居住地域別の選択プログラムに参加するには，中学校最後の年の8年生の12月はじめに応募申請をする．入学を希望するハイスクールに応募申請書を郵送し，在籍する中学校に教師の推薦要請書を提出する．子どもが在籍する中学校では，教師による基準尺度測定（Rating Scales）評価票や自由記述の所見欄などからなる英語，数学，科学，国際学習（World Studies），外国語の各教科ごとの推薦書を，所定の様式で子どもが入学を希望するハイスクールに12月中旬までに提出する．

子どもは1月に，言語運用能力（Verbal）と数学の2つのセクションからなる2時間の適性テストと，30分の作文（Essay）のテストを受けなければならない．このテストは，APテストやSAT，TOEFLやTOEICなどのテストを作成しているETSに委託して作成しているものと思われ，テスト内容は，SAT試験の内容に近いものと思われる．

きわめて高い能力の才能児のためのハイスクール・プログラムには，応募プ

ログラム（Application Programs）とハイスクール・マグネット・プログラム（High School Magnet Programs）がある．これらのプログラムへの参加者は，参加を希望するプログラムによって要求される教科や基準に若干の異動はあるが，数学，科学，英語の学力記録（通知票），数学，科学，コンピュータ科学に対する関心表明，教師の推薦，批判的に思考し論理的に議論する能力などが求められる．このため，前記の適性テストに加え，1月に学力テスト（Achievement test），および批判的思考テスト（Critical thinking test）を受けなければならない．きわめて高い能力の才能児のためのハイスクール才能教育プログラムは次の通りである．

1．応募プログラム
　1）トーマス・エジソン工業ハイスクール（Thomas Edison HS of Technology）
　　技術キャリアー（Technical and Career）
　2）アルバート・アインシュタイン・ハイスクール
　　視覚芸術（The Visual Art）
　3）ジョンF.ケネディ・ハイスクール：リーダーシップ訓練

2．マグネット・プログラム
　1）リチャード・モンゴメリー（Richard Montgomery）ハイスクール
　　語学IB-Diploma（英語，中国語，スペイン語，フランス語），個人と社会IB-Diploma（歴史，心理学，経済学），数学IB-Diploma，実験科学IB-Diploma（生物，物理，化学，環境系），知識の理論IB-Diploma，芸術IB-Diploma（音楽，視覚芸術，演劇）
　2）モンゴメリー・ブレアー・ハイスクール
　　科学，数学，コンピュータ科学マグネット・プログラム
　　コミュニケーション芸術（Communication Arts）プログラム
　3）プールスヴィル（Poolesville）マグネット・ハイスクール
　　地球規模環境保全（Global Ecology），人文科学，科学，数学，コンピュータ科学

モンゴメリー郡の理数系のマグネット・プログラムの中心となっているのは，モンゴメリー・ブレアー・ハイスクールである．ブレアー・ハイスクールのマグネット・プログラムの理数系のみの教科の履修モデルとして表5—4には，マグネット・プログラムの数学とコンピュータ科学の履修モデルと通常クラスの数学の履修モデルを示した．また，マグネット・プログラムと通常クラスの科学の履修モデルを表5—5に示した．これらの表からも明らかなように，マグネット・プログラムの学習課程が，通常クラスの学習課程に比べかなり盛り沢山であり，たとえば日本では大学で学ぶ内容が導入されているのが理解される．とくに，コンピュータ科学の諸学問は，日本では理系の学生でも大学のコンピュータにかかわる専門学部に入学しないと学習しない内容であり，

表5—4 モンゴメリー・ブレアー・ハイスクールの数学・コンピュータ科学の履修モデル

学年	マグネット・プログラム		通常クラス
	数学	コンピュータ科学	数学
9	代数学Ⅰ or H 幾何学 or 代数学Ⅱ	コンピュータ科学基礎	マス9 or 入門代数
10	幾何学 or H 幾何学 or 代数学Ⅱと分析学 or 入門微積分学と分析学	アルゴリズムとデータ構造	代数 or 幾何
11	代数学Ⅱ or 代数学Ⅱと分析学 or 入門微積分学と分析学 or AP 微積分学	以下の選択科目から11・12年生で選択 上級応用学，アルゴリズム分析，人工知能，コンピュータ計算方法，グラフィックス，モデリングとシュミレーション，ネットワーキング，ソフトウエアーデザイン，3Dグラフィックス	三角関数
12	入門微積分学 or 入門微積分学と分析学 or 微積分学と応用微積分学・または AP 微積分学 AP 統計学 or マグネット数学		入門微積 (ベクトル，極座標)

注1) H：名誉（Honor）科目と呼ばれ，成績が優秀な生徒が履修できる．
注2) AP (Advanced Placement)：アドバンスド・プレースメント．
(Downcounty Consortium, High School Program Overviews and Pathways for Students Entering Grade 9 in 2007-2008, Montgomery County Public Schools, MD, USA, 2006)

先端的な学問もハイスクールで積極的に学習させようとしているのがうかがえる．

MD州では，NCLBにより定められた標準テストの読解と算数・数学の標準テストを実施した結果が発表されている（Maryland Report Cars: Montgomery County-2005 Performance Report, Maryland State Department of Education, Baltimore, MD, November 21, 2006）．表5―6にMD州，モンゴメリー郡，およびモンゴメリー・ブレアー・ハイスクール（ブレアー・ハイと略記）の読解の，表5―7に算数・数学の標準テストの結果をそれぞれ示した．結果は，得点により優秀（Advanced），習熟（Proficient），基本（Basic）の3つの範囲内にどれだけの児

表5―5　モンゴメリー・ブレアー・ハイスクールの科学の履修モデル

学年	マグネット・プログラム		通常クラス
	科学	学際的研究・実験	科学
9	物質とエネルギー or H物質とエネルギー or 工学における物理学 or H物理学	研究・実験 問題解決技術Ⅰ	科学基礎実験 （基礎実験技術）
10	化学 or H化学	研究・実験 問題解決技術Ⅱ	生物学
11	生物学 or H生物学 or AP生物学	以下の選択科目から 11・12年生で選択 研究デザイン，研究プロジェクト，物質科学，ロボット工学	化学と／または 物理学
12	物理学 or H物理学 or AP物理学 or AP科学 or AP物理学 or マグネット科学 以下の選択科目から11・12年生で選択 分析化学，天文学，細胞生理学，遺伝学，数理物理，海洋生物学，光学，科学の起源，物理化学，プレートテクトニクス・海洋学，量子物理学，熱力学		AP生物学と／または AP化学

注1）H：名誉（Honor）科目と呼ばれ，成績が優秀な生徒が履修できる．
注2）AP（Advanced Placement）：アドバンスド・プレースメント．
(Downcounty Consortium, High School Program Overviews and Pathways for Students Entering Grade 9 in 2007-2008, Montgomery County Public Schools, MD, USA, 2006)

童・生徒が分布しているかで示される．この標準テストの結果をみても，モンゴメリー郡が MD 州内でも優秀な得点を取る児童・生徒の人数が，読解および算数・数学の両標準テストで多く，全米の中でも教育水準の高い地域であることが理解される．

米国の多くのマグネット・ハイスクールで授業が行われているアドバンスド・プレースメント（AP）について，カレッジボードから報告書が発表されている．2007年2月に発表された報告書によると，2006年度に AP テストを受験した全米の公立ハイスクール3年生の生徒のうち3点以上の成績をとった生徒の割合は，ニューヨーク州が1位，メリーランド州が2位であった（表5

表5—6　2005年度のメリーランド州モンゴメリー郡モンゴメリー・ブレアー・ハイスクールの読解標準テストの結果

%	メリーランド州			モンゴメリー郡			ブレアー・ハイ		
	優秀	習熟	基本	優秀	習熟	基本	優秀	習熟	基本
3年	17.6	58.2	24.1	22.4	56.8	20.8	—	—	—
5年	29.9	44.4	25.7	39.6	40.2	20.2	—	—	—
8年	23.9	42.5	33.6	32.3	41.6	26.1	—	—	—
12年	22.6	34.7	42.7	34.9	34.6	30.5	35.3	28.3	36.5

注）ブレアー・ハイ：モンゴメリー・ブレアー・ハイスクール
(Maryland Report Card: Montgomery County-2005 Performance Report, Maryland State Department of Education, Baltimore, MD, November 21, 2006)

表5—7　2005年度のメリーランド州モンゴメリー郡モンゴメリー・ブレアー・ハイスクールの算数・数学標準テストの結果

%	メリーランド州			モンゴメリー郡			ブレアー・ハイ		
	優秀	習熟	基本	優秀	習熟	基本	優秀	習熟	基本
3年	25.6	51.2	23.2	37.4	45.6	17.0	—	—	—
5年	17.3	51.9	30.8	30.7	47.8	21.5	—	—	—
8年	18.8	32.9	48.3	29.6	35.1	35.4	—	—	—
12年	17.2	33.8	49.0	29.4	38.6	32.1	17.5	37.2	45.2

注）ブレアー・ハイ：モンゴメリー・ブレアー・ハイスクール
(Maryland Report Card: Montgomery County-2005 Performance Report, Maryland State Department of Education, Baltimore, MD, November 21, 2006)

表5−8　2006年度の米国公立ハイスクール（HS）3年生のAPテストの結果

	HS3年生 全生徒数	APテスト受験者数		3点以上の成績	
		生徒数	割合(%)	生徒数	割合(%)
全米	2,747,371	666,067	24.2%	405,999	14.8%
ニューヨーク州	149,387	52,843	35.4%	33,838	22.7%
メリーランド州	55,895	18,704	33.5%	12,273	22.0%
ユタ州	30,439	9,319	30.6%	6,338	20.8%
ヴァージニア州	71,278	23,483	32.9%	14,784	20.7%
カルフォルニア州	358,266	112,152	31.3%	71,884	20.1%

注）APテストの結果は，5点（Extremely well qualified），4点（Well qualified），3点（qualified），2点（Possible qualified），1点（No recommendation）の5段階で評価される．
(Advanced Placement Report to the Nation 2007, College Board, New York, NY, USA, Feb. 2, 2007)

−8)．また，MD州のAPテスト受験者のうち3点以上の成績をとった12,273人の生徒の内，4,234人（34.5%）がモンゴメリー郡の生徒であり，これらの生徒を除外すると，MD州の全米での順位は上位10位にも入らないと報告されている（Daniel de Vise, Montgomaery Carries Maryland to Top 10 in AP Testing, Washington Post, Washington, DC, USA, Feb. 8, 2007)．

このように，系統的な才能教育を開始して35年以上にもなる米国では，才能児一人ひとりのニーズに合せた多種多様なプログラムが用意され，才能教育の実践の成熟度が高いことが理解される．

【chapter 6】

才能教育を担う教師

　才能教育に限らず，どのような教育の中でも，大きな役割を果たすのは教師である．これまでみてきたように，才能教育の中で果たす教師の役割は，教育者（Teacher as Working Scholar），評価者（Teacher as Evaluator），連絡と調整役（Teacher as Coordinator）などである．

　才能児の探索・発見や認定，あるいは自らの才能教育の教育評価などを行う評価者としての教師については，才能教育や才能児の認定の項などで詳述した．才能児の評価に基づいて教育内容を定め，カリキュラムを作成し，適切な教育方法を選択し，時にはカウンセリングや進路指導を実践する教育者としての教師については，才能教育の項で述べた．才能児の保護者，通常の授業を担当する他の教師や他の教科を担当する教師，あるいはカウンセラー，教育委員会や特別センター，大学や博物館，教育センターなどの才能教育のための外部関係機関などへの連絡や連携，調整役を担う教師については，才能教育の項で述べた通りである．そこで，ここでは才能教育を担う教師のもつべき資質と，才能教育を担う教師の養成について説明する．

（1）才能教育教師の資質と役割

　前記のように，才能教育を担う教師には，通常の教育を担当する教師にはないさまざまな役割をこなす必要があるので，一般の教師以上に教育やスキル，あるいは精神的，心理的，社会的な資質が要求される．必要とされる教育やスキルの資質は，以下の通りである．

1. 高い知性と学識をもっていること
2. 専門分野の知識が豊かであること
3. 専門分野に熱意をもっていること
4. 他分野の知識や学識も豊かであること
5. 文化に興味があること
6. 多様なことに興味をもっていること
7. 教室において教授者や監督者であるよりはまとめ役であろうとすること
8. 教室では感情を出さずにきちんとした行動がとれること
9. 教育のための準備を好んでやること
10. 教えることが好きなこと
11. 専門的な内容を専門用語を使わずに日常の言葉で説明できること
12. 日常のできごとをひきながら専門的な内容を説明できること
13. 才能教育に興味があり才能児の教育に熱意があること
14. 一般クラスでの高い評価があること

　また，必要とされる精神的，心理的，社会的な資質は，以下の通りである．

1. 精神的に成熟していること
2. 情緒的に安定していること
3. 柔軟性のある考え方ができること
4. 持続性があること
5. 集中心があること

6. 謙虚であること
7. 素直さがあること
8. 注意深いこと
9. 誠実であること
10. 洞察力があること
11. 気配りのできること
12. 思いやりのあること
13. 頼りがいのあること
14. 創造的であること
15. 建設的であること
16. 自制心があること
17. 自己反省ができること
18. 実行力があること
19. 精力的であること
20. 自立心をもっていること
21. 自覚をもっていること
22. 自信をもっていること
23. 才能児の抱えている問題に同情できること
24. ユーモアのセンスがあること

　ここにあげた特徴は，一般の教師の資質としても望ましいものではあるが，才能教育を担う教師にとってはとくに必要な要素と考えられている．とくに，教育やスキルの資質として1．高い知性と学識，2．専門分野の豊かな知識，6．多様な興味，13．教育への情熱，精神的・心理的・社会的資質として1．精神的成熟の5項目の要素は，才能教育を担う教師のもっとも重要で不可欠な資質と考えられている．このように，一般の教師に比べ，才能教育に携わる教師には，より多くの資質が要求されるのである．一般の教師の中からこれらの

要素を考慮して，才能教育を担う教師が選ばれる．

　才能教育では，知的興味が強い才能児の特質を生かすために，知識伝達ではなく，問題解決指向の強い教育方法がとられる．教師が，問題解決指向の強い教育方法をとるには，教授者や監督者ではなく，まとめ役でなければならない．あるいは，才能児の疑問に対し，教師が的確な対応をとるためには，高い知性と学識や，専門分野や他分野の豊かな知識が必要となる．

　問題解決指向の強い教育方法をとるため，あるいは，時に教師の能力や知識を超えた才能児の要求に応えるため，教師は，大学，図書館，博物館や美術館，農場や工場などを利用した教育機会を頻繁に設け，才能児が専門家や研究者の指導を仰げるように，これら学校外のさまざまな施設などとの連絡や調整，連携をとる必要がある．

　一般の児童・生徒とは異なったクラスや，特別の，あるいは外部の施設などで学習する機会の多い才能児は，時として不満や疎外感を覚えることもある．また，才能児に学習上の問題が発生することも多い．はなはだしい場合には，知的発達と精神的発達の不調和から，精神的あるいは肉体的不調に陥ることもある．教師はこのような場合に，保護者やカウンセラーなどと連絡をとり，連携して問題の解決に当たらなければならない．

　このように，学習上の問題の解決や学習指導ばかりではなく，校内や校外との連絡，調整役や，連携をとってさまざまな問題や課題の解決に務めなければならないなど，一般の児童・生徒の教育にあたる教師以上に，常に多面的に多様な配慮が必要なため，才能教育に携わる教師には，精神的な安定性や成熟が求められるのである．

（2）オーストラリアの才能教育を担う教師の養成

　日本のような開放性の教員養成制度とは異なり，オーストラリアにおける教師養成は，教育学部あるいは教員養成課程が併設されている学部で所定の課程

を修了して，教育学士を修得しなければ教師となることはできない．教員養成課程が併設されていない他の学部を修了して他学部の学士をもつ場合には，教育学を修めるコースで修了証書（ディプロマ）を修得しなければならない．しかし，日本や米国のような教員免許制度はないので，教師の求人があれば応募し，面接などを経て条件が合えば採用に至る．

たとえば，9学部を擁するニューサウスウエールズ大学で，中等教員養成課程が併設されているのは芸術・社会学部，芸術学部，理学部の3学部のみである．修了期間は，芸術学部のデザイン・美術教育課程が5年のほかは，芸術・社会学部の舞踊・教育課程，芸術・教育課程，教育・科学教育課程，芸術学部の美術教育課程，理学部の科学・教育課程が，それぞれ4年である．このような教員養成課程では，教師の才能教育に関する理解を深めるために，才能教育にかかわる科目を卒業のための必修科目として課している課程も増えている．たとえば，ニューサウスウエールズ大学では2002年以降，教員養成課程の学生全員に，才能児：認識と責任（Gifted and Talented Students: Recognition and Response）と題する週2時間14週の計28時間の講義を必修として履修させている．講義は，才能児の知的要求を認識し，それに対応する技術を身に付けるための内容となっている．

オーストラリアでは，才能教育を担う教師の養成は，大きく5つの方法で行われている．一つは，才能教育のコースがある大学（Undergraduate course）で学び，才能教育の学士号（Bachelor Degree, Graduate Diploma）を取得する方法，2つ目は，才能教育のコースがある大学院（Postgraduate course）で，所定の課程を修了して才能教育を担う能力を養って修士（Master Degree）または博士号（Doctor Degree）をとる場合，3つ目は，学士号をもつ学生や現職の教師が，教師の再教育の課程として学部に相当する才能教育のコースをもつ大学で資格（Certificate）をとる場合，4つ目は，学士号をもつ学生や現職の教師が，教師の再教育の課程として修士課程に相当する才能教育のコースをもつ大学で資格（Graduate Certificate）をとる場合，他は，大学，州教育省や州学校区などが主

催するセミナーや講習会（Workshop）などに出席し，所定の課程を修了して修了証明書（Certificate of Participation）を得る方法である．ただし，大学や大学院を修了して修了証書を得ても，あるいは才能教育のセミナーや講習会などで所定の課程を修了したことを証明する修了証明書を得たとしても，才能教育を担う能力がある教師であると，大学や州教育省が全国に通用する資格と認定しているわけではない．このため，才能教育の教育内容や教育の質が，一般の教育以上に才能教育を担う教師個人の力量に依存する部分が大きい．少なくとも州レベルでの資格制度の創設によって，質の高い教師を確保する筋道を作ることが，オーストラリアの各州・地域での，才能教育に携わる教師養成における今後の課題ではないかと考える．

　クイーンズランド州に住むロビンさん（Robyn Malaxetxebarria）は，長女メルセデスさん，次女のグレーシアさん（Gracia），長男セス君の母親である．次女のグレーシアさんは，4歳の時にホームスクールによって小学校1年の学習を開始し，9歳（通常小学校4年）の時に地元の公立小学校（Mutdapilly State School）の混成学級で小学校6年生と7年生の学習を終えた．このため2003年，母親のロビンさんは，グレーシアさんを3年間の飛び級をして中学校（Rosewood State High School）に入学させたいと州教育省に申請した．しかし州教育省は，グレーシアさんが円滑な友人関係などを築くためにはさらなる社会的な発達が必要であるとして，飛び級を認めなかった．当時グレーシアさんのIQは147であったという．このためロビンさんは，グレーシアさんを公立学校から退学させ，70km離れた町に引っ越し，私立学校（Brisbane Adventist College）の8年（中学校2年）に入学させた．グレーシアさんは2006年，12歳の10年生（高校1年生）の時に大学の医学部に入学を果たした．今ではグレーシアさんは，高校生の姉のメルセデスさんの宿題を手伝っているという．母親のロビンさんは，2003年の州教育省の決定は年齢による差別である，として州教育省を訴え，地裁では州教育省の決定が支持されたが，クイーンズランド州の最高裁判所は，裁判のやり直しを命じ，事実上の州教育省の敗訴が決定し

た（Annabelle McDonald, Gifted Student's Mum Passes Court Test, The Australian, October 5, 2006, A Head of Their Time, The Queensland Times, October 6, 2006）。おそらく，校長や教師の的確な対応があり，教師やカウンセラーの適切な支援のもとに才能教育を受けることができたならば，グレーシアさんのようなケースでは間違いなく飛び級を認められ，裁判にまで発展することはなかったのではないかと考えられる．この例のように，個人の人生や将来を大きく左右する才能教育に携わる教師の役割は大きい．

1999年の時点で，オーストラリアの大学で才能教育のコースをもつ大学と大学院は，博士課程がニューサウスウエールズ大学と南オーストラリア州のフリンダース大学の2校，修士課程が，ニューサウスウエールズ大学，ヴィクトリア州のメルボルン大学，フリンダース大学の3校，大学院修士課程レベルの内容の才能教育に携わる資格（Graduate Certificate）を与える大学は，13校（クイーンズランド州のクイーンズランド工業大学，ニューサウスウエールズ州のウロンゴン大学，シドニー大学，シドニー工業大学，チャールズスチュワート大学，西シドニー大学，ニューイングランド大学，ニューサウスウエールズ大学，マクワイアー大学，ヴィクトリア州のディーキン大学，メルボルン大学，モナシュ大学，南オーストラリア州のフリンダース大学），学部の才能教育に携わる資格（Graduate Diploma）を与える大学は，ニューサウスウエールズ大学，メルボルン大学，フリンダース大学の3大学であった（Dean J. Ashenden and Sandra K. Milligan, The Good Universities Guide to Australian Universities, Western Australia, Ashenden Milligan Pty Ltd, 1998）．何らかの才能教育のコースをもつ大学を立地でみると，クイーンズランド州1校，ニューサウスウエールズ州8校，ヴィクトリア州3校，南オーストラリア州1校であった．

2007年に才能教育のコースをもつ大学や大学院は，次の通りである．大学院の博士課程が，クイーンズランド工業大学とニューサウスウエールズ大学の2校で，1999年と比較して校数には変化がない．大学院の修士課程は，8校増えて11校と大幅に増加している（クイーンズランド州のクイーンズランド工業大

学とグリフス大学ゴールドコースト校，ニューサウスウエールズ州のウロンゴン大学，サザンクロス大学，シドニー大学，チャールズスタート大学，西シドニー大学，ニューキャッスル大学，ニューサウスウエールズ大学，ヴィクトリア州のモナシュ大学，南オーストラリア州のフリンダース大学）．大学院修士課程レベルの資格（Graduate Certificate）を与える大学は，1999年に比べ6大学減少して7大学となっている（ニューサウスウエールズ州のウロンゴン大学，チャールズスタート大学，ニューイングランド大学，ニューキャッスル大学，ヴィクトリア州のメルボルン大学とモナシュ大学，南オーストラリア州のフリンダース大学）．1999年には確認できなかった，学部レベルの資格（Certificate）を与える大学は，ニューサウスウエールズ大学とフリンダース大学の2校である．学部の才能教育コースをもつ大学は，3校増えて6校となっている（クイーンズランド州のグリフス大学ゴールドコースト校，ニューサウスウエールズ州のサザンクロス大学，シドニー大学，西シドニー大学，ニューイングランド大学，南オーストラリア州のフリンダース大学）．

　このように，最近の特徴は，学部レベルと修士課程の学位を取得できる才能教育コースをもつ大学が増えたことと，逆に学位に結びつかない資格のみを与えるコースが減少したことが理解される．また，大学の立地でみると，クイーンズランド州2校，ニューサウスウエールズ州8校，ヴィクトリア州2校，南オーストラリア州に1校となっており，州教育省が才能教育の振興をはかっているニューサウスウエールズ州の多くの大学が，才能教育のコースの開設に力を入れているのが理解される．

　学部レベルでは，どのような才能教育関連講義があるのか，ニューサウスウエールズ州のサザンクロス大学の例を取り上げてみよう．サザンクロス大学教育学部には，以前に3年間の初等教員養成課程を卒業した学生や教師のために，4年制学士課程修了と同等の資格が得られる（Professional 4th Year Upgrade），1年間の初等教員養成課程（Bachelor of Education (Primary)）が用意されている．卒業要件は，1年間2セメスターで8単位（Unit）講義を履修する．各セメスターでは，1単位2科目の必修科目，1単位2科目の選択科目を

履修する．この選択科目の中の1科目に，才能児の教育（Teaching the Gifted）という講義が開講されている．講義内容は，「とくに能力の高い学習者の要求に応えるための教師の務めに焦点を当てる．学生は，能力の高い子どもたちを認定する方法や，拡充教育プログラムの立案や実践を経験することになるでしょう．」と説明されている．

クイーンズランド州のグリフス大学ゴールドコースト校では，大学院教育学研究科にフルタイムで1年，パートタイムで2年の，論文ではなくコースワークによる教育学修士課程（Master of Education）がおかれている．この課程では，1年または2年で8科目80単位（Credit point）の講義を履修する．その中に，才能児（Gifted and Talented Children）という10単位の講義が開講され，この講義の受講により，才能児の種々の特徴と要求に精通し，才能児の認定やカリキュラムの適切な変更，ならびにその結果をモニターして評価することができるようにするとある．教育方法としては，講義，個人指導，ワークショップセミナー，グループワーク，事例研究，全員討議などにより，才能児の発達の理論と実践についての最近の専門雑誌や文献などの論文を読み，それぞれの才能児や小グループの才能児のための変更カリキュラムの開発，才能児と通常の子どもが同居するクラスのための拡充教育カリキュラムの開発を行い，才能児の保護者や家族を支援する戦略を検討する，などの内容となっている．ワークショップセミナーでは，才能児のための法律や規則，エリート主義という主張，障害をもった才能児，成績が振るわない才能児と学習困難あるいは障害をもった才能児，男児の才能児と女児の才能児の相違，才能児のための学校や別の施設での教育，才能児の社会的・情緒的発達，促進教育，創造性の強化と思考の発達，才能児のためのITの利用などの内容が取り上げられる．事例研究では，才能児のために変更したカリキュラムを開発した学校について検討する，となっている．なお，講義を受講する学生は，あらかじめ定められた論文を読んでから出席するよう求められ，わずか1セメスターの講義にもかかわらず，中身の濃い講義であることが理解される．また，実際に教師として働いている

現職教員，あるいは働いていた社会人学生を対象とした講義内容として組み立てられているのがわかる．

このように，近年のオーストラリアにおける才能教育の教師養成は，通常の学校で教育実践を積んだ教師を，大学院での再教育によって才能教育に携わる教師として育成する方向が主流となっている．これは，オーストラリア国内における才能児の定義や認定が，レンズーリの才能児認定理論と比較してより狭い才能児の定義であるガニエの才能児認定理論に基づいて実践されることにより，対象となる子どもたちの人数が少なく，したがって才能教育を担当する教師の需要も多くないこと，この他，もっとも長い才能教育の歴史をもつニューサウスウエールズ州の大学で，才能教育の教師養成のコースをもつ大学が多いこと，州によっては才能教育の規模を縮小している州があることなどの理由が考えられる．

教師養成と直接関係があるわけではないが，ニューサウスウエールズ大学のGERRICでは，毎年のように夏季の夕方に教師や保護者を対象にした有料のセミナーを開催している．2007年10月～2008年3月の間に，6回にわたって開催されたGERRIC夏季セミナーの内容を以下に示した．

2007年10月26日（金）	才能児の才能ある教師であるには―どのような条件が鍵になると考えるかは人によって異なる
2007年11月1日（木）	知的・創造的な才能児の神経系の相関作用
2007年12年7日（金）	ドブロフスキー理論の再発見
2008年1月4日（金）	創造性の発達―詳細な知識，情熱，責務
2008年1月25日（金）	才能児と繁栄
2008年3月27日（木）	才能児の成長―われわれは長期間の研究から何を知ることができるか

上記のように相当専門的な内容であるため，このセミナーは，才能教育を実践している教師や才能児の保護者を対象にしていることが理解される．

(3) 米国の才能教育を担う教師の養成

　才能教育の歴史が長い米国での，才能教育に携わる教師の養成については，10年以上前にコロンビア大学やメリーランド州プリンスジョージ郡の事例を報告した（月刊高校教育，新・才能教育のすすめ―才能教育を担う教師たち，学事出版，1995年4月）．ここではヴァージニア大学とメリーランド州モンゴメリー郡の事例を紹介する．

　ヴァージニア大学は，第3代米国大統領のジェファーソンが創設した名門州立大学で，ヴァージニア州の内陸部，ブルーマウンテンの山並みの東の裾野に立地するシャーロッツヴィル市に広いキャンパスをもつ．ヴァージニア大学には，カーリースクールと名付けられた教育学部・教育学研究科（Curry School of Education）があり，カリキュラム・学習指導・特別教育学科（Curriculum, Instruction, and Special Education, EDIS），福祉学科（Human Service, EDHS），リーダーシップ・基礎・教育政策学科（Leadership, Foundations, and Policy, EDLF）の3学科・専攻がある．この内の大学院のリーダーシップ・基礎・教育政策専攻（EDLF）の教育心理学コースのプログラムの一つとして，才能教育を教授するプログラムがある．

　カーリースクール大学院では，他の大学にはみられない特徴のある制度を2つもっている．一つは，成績の良い学生が希望すれば，学部の4年生の時に大学院修士課程に同時在籍することができる制度で，この制度を使うと，4年半～5年で大学院修士課程を修了することができる．他は，2年間の修士課程と4年間の博士課程の中間の3年間の教育専門士（Education Specialist）の学位課程制度をもつことである．教育専門士学位課程の目的は，(1)別のコースの修士の学位をもつ教師を，有能な教師に育てること，(2)リーダーシップをもった教育委員会の職員として事務的能力あるいは監督能力をもつ人材を育てること，(3)カリキュラム開発の能力をもつ人材を育てること，(4)教育工学やカウンセラーなどの専門家を育てることなど，主として高度な教育実践者を育成す

るために設けられている．

　このため，カーリースクール大学院の学位課程で授与される学位には，5年制人文学士または科学士と教授修士（Bachelor of Arts and Masters of Teaching, B.A./M.T., B.S./M.T., B.S.Ed./M.T.），教授修士（Masters of Teaching, M.T.），教育学修士（Masters of Education, M.Ed.），教育専門士（Ed.S.），教育学博士（Doctor of Education, Ed.D.），哲学博士（Doctor of Philosophy, Ph.D.）の6種類がある．教授修士と教育学修士の学位課程の違いは，教育学博士と哲学博士の学位課程の違いと同様，いずれも前者が実践者の養成をめざしているのに対し，後者が研究指向の学位課程の点である．なお，ヴァージニア大学に限らず，米国の大学院ではそれぞれの学位授与課程は独立しており，日本のように修士課程と博士課程が連続していることはないため，修士学位課程を修了してから博士学位課程に進学することはできない．どうしても博士の学位が必要な場合には，博士学位課程に入学し直さなければならない．ただし，カーリースクールの教育専門士の学位課程は，修士課程修了者が入学できるように設計されている．

　各学位課程の修了要件は，次の通りである．哲学博士学位（Ph.D.）課程は，72単位の講義履修が必要で，この内12単位が博士論文である．教育学博士学位（Ed.D.）課程は，24単位の講義履修，総合試験（Comprehensive examination），6単位の研究，6単位の実習またはインターンシップ，そして博士論文である．教育専門士学位（Ed.S.）課程は，60単位の講義履修，または修士課程で30単位の講義が既履修であることを前提に30単位の講義履修，および8～10講義時間の総合試験または論文あるいは指定された分野のプロジェクトである．教育学修士学位（M.Ed.）課程は，30単位の講義履修と研究分野の総合試験である．

　教授修士学位（M.T.）課程は，人文学士または科学士と組み合わせた5年制課程で授与される．また，教員養成を目的に設置されている課程なので，在学中にカーリースクールの定めた卒業要件と，Paraxis I, VCLA, Paraxis II, VRAなどのヴァージニア州の定めた教員免許要件（Teacher's Assessment

Requirements for Virginia Licensure) を満たすように設計されている．まず，学部 1 年次にこの課程 (Teacher education) に登録するためには，ETS (Educational Testing Service) の実施する，読解，作文，および数学からなる教員認証試験 (Praxis Examination) の Ⅰ (Pre-Professional Skills Test, PPST) にパスしなければならない．学部 4 年次には，ETS の実施している大学院入学試験である GRE (Graduate Record of Examinations) に合格し，さらに 2006 年 1 月から合格が義務付けられた州教育省が実施するヴァージニア州コミュニケーション・教養試験 (Virginia Communication and Literacy Assessment, VCLA) をパスしなければならない．専攻する専門分野によってはヴァージニア州読解試験 (Virginia Reading Assessment, VRA) にもパスしなければならない．修士課程の 5 年次には，コースによって定められた幼児・初等・中等教育の専門内容のいずれかと教科分野の教員認証試験Ⅱ (Praxis Ⅱ) に合格しなければならない．また，秋学期には 15 単位 (10 週間) の教育実習，春学期には 12 単位の講義履修が課せられている．学生が学習努力を必要とする 5 年間で修士の学位を履修するコースは，毎年約 350 人の入学生の内の約 30％弱，100 人程度の登録がある．

　2003 年現在の米国の公立小学校の教師とハイスクールの教師 (カッコ内) が所持している学位は，学士 52.0％ (49.4％)，修士 40.6％ (41.3％)，教育専門士 6.2％ (5.8％)，博士 0.8％ (1.7％) である．私立の小学校とハイスクールの教師の平均は，学士 55.5％，修士 29.5％，教育専門士 3.6％，博士 2.2％である (Digest of Education Statistics 2006, Institute of Education Sciences, National Center for Education Statistics, U.S. department of Education, July 2007)．このように米国では，修士以上の学位をもつ現職の教師が多いのが大きな特徴である．また，米国における学位の需要が高いのは，より高度な学位を所持することが，そのまま教師の給与に反映されるからである．たとえば，ヴァージニア大学のあるシャーロッツヴィル市の教員給与を例にとると，2007〜08 財政年度の学部卒初任給が 4 万ドルである (200 日ベース)．もし，修士の学位をもっていると 4 万

2千ドル，博士の学位だと4万4千ドルとなる（Teacher Pay Scale 2007-2008 & Supplemental Pay for Degree, Human Resource Department, Charlottesville City School）．日本では，学士の学位でも修士の学位でも給与が異なることはない．カーリースクール大学院の5年制の，文理学士と教授修士を同時に修了することのできるこの課程の需要が高いのが理解される．

　なお，ヴァージニア州の教員免許には9種類があり，特殊なものを除いて5年間有効で更新ができる．もっとも一般的な教員免許は，学部修了免許（Collegiate Professional License）と大学院修了免許（Postgraduate Professional License）である（Licensure Regulations for School Personnel, September 21, 2007, State Board of Education, Virginia Department of Education）．

　カーリースクールの才能教育プログラムは，5年制の課程を含み修士課程の大学院プログラムとして設計されている．また，その学習課程は，ヴァージニア州教育省の定めた，12セメスター時限（単位）の講義履修と5単位（25日）の実習またはインターンシップを修めることとされる修了要件にそって組み立てられている．そのコースには，(1)才能児を学校全体の教育環境の中に組み込む方法，(2)才能児の特徴，(3)才能児を認定するための特別な技術―指導のための診断あるいは予想アプローチ法，(4)教育モデル，教育方法，戦略，資源や資料の選択法，(5)カリキュラム開発と指導要領の評価，(6)義務教育における諸問題と才能教育の研究などの学習内容が含まれていることとなっている（Endorsement in Gifted Education, Virginia Department of Education）．

　才能教育プログラムの専門学習内容は，才能教育序論（Introduction to Gifted Education），才能児のためのカリキュラム序論（Introduction to Curriculum for the Gifted），創造性と問題解決法（Creativity and Problem Solving），個別化指導法（Differentiating Instruction），才能児の社会的・感情的発達（Social and Emotional Development of Gifted Students），才能児の教育のための指導戦略（Instruction Strategies for Teaching the Gifted），才能教育に関する専門セミナーなどである．

　才能教育序論の15週にわたる講義の内容は，才能教育の分野を広く概観す

るようにデザインされており，才能教育小史，さまざまな才能児の概念，才能児の認定法，才能児の特徴と広範囲なニーズ，才能教育プログラムの色々なオプション，才能児のためのカリキュラムと指導法など，この講義の履修者は，上級コースの講義を聞くための才能教育の分野の基礎知識と才能児のニーズについて学ぶようになっている．教科書は，コランジェロとデーヴィスのHandbook of Gifted Education（巻末参考図書参照）を使用している．受講学生の評価は，出席点15％，講義で何を学習したかをつづった2週間に一度提出する受講日誌（Journal）10％，書籍，映画などから才能教育に関連した内容について分析して自分の考えを記述するレポート（Character Analysis）15％，自分が才能教育の分野で興味や関心のある課題について教科書や書籍，論文などを読んでまとめたレポート（Issues Paper）25％，前記のレポート内容を講義の中で発表（Issues Presentation）10％，この講義で何を学習したかについてのポートフォリオ（Portfolio）25％による評価となっている．

　才能児のためのカリキュラム序論の13回の講義内容は，現在あるカリキュラムを効果的に才能児のために変更して作るかの過程を紹介するようにデザインされている．才能児の特徴に合ったカリキュラム，とくに，一般的に良いとされるカリキュラムと才能児のために良いカリキュラムとの比較対比，多様な視点からみたカリキュラムデザインについて考えるなどのトピックスを，それぞれがどのような意味をもつかという概念で統一された内容となっている．教科書として以下の4冊の書籍を使用する（著者，書名，出版社，所在地，出版年）．

1．H. Lynn Erickson, Concept-based Curriculum and Instruction-Teaching beyond the Fact, 2nd ed., Corwin Press, Thousand Oak, CA, U.S.A., 2001.
2．Steven Levy, Starting from Scratch: One Classroom Build Its Own Curriculum, Heinemann Educational Books Inc., Portsmouth, NH, U.S.A., 1996.
3．Carol Tomlinson, Sandra N. Kaplan, Joseph S. Renzulli, Jeanne H. Purcell, Jann H. Leppien and Deborah E. Burns, The Parallel Curriculum: A

Design to Develop High Potential and Challenge High-Ability Learners, Corwin Press, Thousand Oak, CA, U.S.A., 2001.
4．Grant Wiggins and Jay McTighe, Understanding by Design, Association for Supervision and Curriculum Development (ASCD), Alexandria, VA, U.S.A., 2005.

　受講学生の評価は，出席点15％，ゼロから始めるカリキュラム（Starting from Scratch），目標設定逆行式カリキュラムデザイン（Understanding by Design, UbD），または，概念を基礎としたカリキュラム（Concept-based Curriculum），平行カリキュラム（Parallel Curriculum）の内の3つのカリキュラムデザイン法による簡潔な総合ノートの作成（Book Syntheses）25％，知識メニュー（Knowledge Menu）法を用いたカリキュラムの作成25％，知識メニューによるカリキュラムの作成方法を用いて，(1)効果的なカリキュラムを作成するための理論付け，(2)知識メニューの内容，(3)作成したカリキュラムの内容，(4)発表の4点によって評価するカリキュラム開発プロジェクト（Curriculum Development Project）35％で評価するとなっている．

　創造性と問題解決法の14回の講義内容は，自身や他の人の創造性の発達を促すために設計された試行錯誤による問題解決法（発見的方法），創造的な製品，創造性を発達させる環境と外部要因などの創造的圧力など，創造性豊かな人びとや創造的な過程の研究を通して創造性の理論について学習する．教授および学習におけるこれらの分野の影響を調査することによって，教育学以外の分野の講義履修者は，自身が関心をもつ分野や日常生活で創造性の影響を研究するように促される．講義は，実践／個人の段階と同様，分析的／論理的な観点からの研究分野の理論と概念についての調査とコミュニケーションを容易にするようデザインされている．教科書として以下の3冊の本を使用する．

1．Gary A. Davis, Creativity is Forever, 5the ed., Kendall/Hunt Publishing Co., Dubuque, IA, U.S.A., 2004.
2．Thomas Kelly, The Art of Innovation: Lessons in Creativity from IDEO,

America's Leading Design Firm, Doubleday, New York, NY, U.S.A., 2001.
3. Denise Shekerjian, Uncommon Genius: How Great Ideas Are Born, Penguin Books, New York, NY, U.S.A., 1990.

　受講学生の評価は，出席点20％，トピックスの評価（Topical Assignments）25％，創造性豊かな人へのインタビュー（Creative Person Interview Project）15％，創造的試み（Creative Endeavor）15％，受講日誌（Journal-Notes and Synthesis）25％で行われる．

　個別化指導法の講義の概要は，現在ある才能児のための教育計画および，実行性のあるカリキュラムと指導に関する理論と実践を腑瞰し，才能児の特別な認知力と要求に効果的に対応する指導計画，およびその内容，過程，成果，教育環境の影響などを考慮した特別カリキュラムの作成研究と，才能児のためのカリキュラムの開発とその評価を講義内で実践する，などとなっている．

　才能児の社会的・感情的発達の講義の概要は，受講者は才能児と他の児童・生徒間の発達の類似と相違を学習する．また，類似と相違の比較の結果が，類似と相違は密接に関係していることが詳細に検証される．動機，成功と失敗，仲間との関係，他の才能児に対する態度，自己認識，適応問題，家族や学校の影響などのトピックスを扱う，となっている．

　才能児の教育のための指導戦略の講義の概要は，才能児を教育するためのいくつものプログラムとカリキュラムを検討し，才能教育のために一般的に用いられている指導法を検証する．同時に，才能教育に用いられている種々の方法と戦略の，それぞれの効果を評価する方法の開発が指導される，となっている．

　また，専門セミナーは，創造性，才能児のためのカリキュラム，才能教育の抱える問題点，才能教育研究などの内容となっている．

　米国でも1990年代の前半までは，市や郡の教育委員会が，現職教員の再教育によって才能教育を担当する教師の養成を行っていた．しかし，米国で本格的に才能教育が実施されるようになって35年近くが経ち，ヴァージニア大学

カーリースクールの例でみたように，米国の多くの大学で才能教育のコースを開設するようになったため，教育委員会が自ら才能教育を担当する教師の養成を行う必要がなくなった．米国教育省によると，すでに米国の100以上の大学で何らかの形の才能教育にかかわるコースが開設されているという．このため現在では，市や郡の教育委員会が行う現職教員のための才能教育セミナーは，才能教育を担当する教師のスキルアップをめざした，教育実践にかかわる内容が主流となっている．

ここではその一例として，郡教育委員会が才能児の系統的な探索と発見を行っているメリーランド州モンゴメリー郡教育委員会（MCPS）が開催している，現職教員を対象にした才能教育に関する再教育セミナーの事例を取り上げる．MCPSは，高い数学的能力の才能児のニーズへの取り組み（Addressing the Needs of the Highly Able Math Students: MA-68），数学演習クラスプログラム：個別化指導の観察（The Math Lab Classrooms Program: Observing Differentiated Instruction），読解と文学作品のレッスンの融合（Reading/Language Arts Lesson Integration: RD-40）といった3つのセミナーを，不定期ではあるが夏季休暇中に開催している．

MA-68は，教師の数学の促進教育と指導計画の作成を支援するためと，高い能力の才能児に的確な数学プログラムを与えられるようにするため，小学校教員や数学教育支援教員や職員を対象にした2単位のセミナーである．同じ学校から参加するチームに参加優先権が与えられる．セミナーは，小学校3年から5年の高い能力をもった才能児を想定した内容となっている．コースは，次のような数学の知識や指導戦略など，参加者の数学的背景を作りあげる．

- 係留活動，センター，学習ステーション，階層別学習指導，多重知能，コンピュータの利用などの個別化戦略を通して現代の教育研究による効果的な数学指導の概念
- 統計とデータ分析，確率，分数と小数点以下の端数，比率，比例，パーセント

数学演習クラスプログラムは，教師や教師の教育能力向上を担当する教師のために，専門的な能力向上の機会となるプログラムである．数学演習クラスの教師は，どれほど個別化数学指導を効果的に運営しているかをクラスで観察することを承諾している．数学演習クラスでの指導は，MCPS指導ガイドで推奨している数学ブロック計画と学習順序に基づいて行われる．参加者は，教師が，学習ステーション，センター，係留活動，出口カード，聴講カードなどさまざまな学習者のニーズに合った戦略を使うのを観察する．

　RD-40は，すべての生徒が読解と文学作品における高度な成果をあげるように導く教師を支援するための10週間2単位のセミナーである．参加者は，ジュニアー・グレイト・ブックやウイリアム・マリー文学プログラムなどの比較検討文学クラスの研究に基づくプログラムからもっとも実践的な方法を学習する．

【chapter 7】

教育予算

　2001年度の国内総生産（GDP）に対する学校教育費の割合は，日本3.5％，オーストラリア4.5％，米国5.1％，英国4.7％で，支出割合が多いのは，米国，英国，オーストラリア，日本の順であった．この内，幼児教育への支出（単位米＄）が日本＄3,478，オーストラリア統計なし，米国＄8,522，英国＄7,595，初等教育への支出が日本＄5,771，オーストラリア＄5,052，米国＄7,560，英国＄4,415，中等教育への支出が日本＄6,534，オーストラリア＄7,239，米国＄8,779，英国＄5,933，高等教育への支出が，日本＄11,164，オーストラリア＄12,688，米国＄22,234，英国＄10,753で，いずれの支出額も米国が多い（世界の統計2006，総務省統計局）．

　また，在学者一人当たりの学校教育費では，初等教育ではオーストラリアに比べ日本が＄700ほど多く，英国は＄640ほど少ない．米国はオーストラリアの約1.5倍，日本の1.3倍の経費をかけている．中等教育ではオーストラリアに比べ日本が＄700ほど少なく，英国は＄1,300ほど少ない．米国はオーストラリアの約1.2倍，日本の1.3倍の経費をかけている．しかし，日本127,757人，オーストラリア20,111人，米国298,213人，英国59,668人の各国の人口を考慮した支出額は，日本＄0.211，オーストラリア＄1.2421，米国＄0.1579，英国＄0.4808となり，オーストラリアは日本の5.9倍も支出しており，断然多

い（日本・米国・英国の人口統計は日本の統計 2006，総務省統計局，オーストラリアの人口統計は Year Book Australia 2006, Australian Bureau of Statistics）．

　2006 年度の日本の国家予算の歳出に占める文教科学関係費の割合は 6.6％（約 5 兆 2,671 億円，平成 18 年度一般会計歳入歳出概算，財務省），2006〜07 年度のオーストラリアの国家予算に占める教育支出の割合は 7.6％（約 1 兆 4,640 億円，Year Book Australia 2006, Australian Bureau of Statistics）で，教育関係費の国家予算に占める割合もオーストラリアが大きいことが理解される．

　2003〜04 年度には，オーストラリアの GDP の 5.55％（A\$43,611）が教育に支出され，初等・中等教育に 3.02％（A\$23,722），高等教育に 1.41％（A\$16,081），幼児教育に 0.22％（A\$1,736）支出されている．また，全教育支出に対する連邦政府支出分は 1.70％，州など地方政府支出分は 3.97％であった（Year Book Australia 2006, Australian Bureau of Statistics）．このように，オーストラリアの国家予算に占める学校教育費の支出額は，けっして少なくないことが理解される．

　これまで述べてきたように，日本では国家予算に才能教育のための予算などはない．オーストラリアでは，連邦教育省の各予算項目の中に含まれているため，どの予算項目にどれだけの才能教育のための予算があるかは不明である．しかし，1997 年連邦各省の財政運営ならびに説明責任法（Commonwealth Departments and their Financial Management and Accountability Act 1997）が，2003 年 6 月 26 日のマレー修正動議（Amended Murray Motion）によって変更され，連邦政府各省の予算執行を公開するとともに外部との契約状況が公開されるようになった．これらの公表されているデータ（Murray Order）を詳細に検討すれば，連邦教育省が才能教育政策の運営にどれだけの財政支出をしているかが分かる．その一部については，「才能教育の法制度と才能教育の動向の(3) オーストラリアの才能教育への関心」の項で述べたが，そのすべてについて検討するのは時間的に難しい．

　米国連邦教育省の州へ支出される教育予算の各項目をみても，才能教育とい

う項目はみられず，特別教育などの各予算項目の中に含まれていると思われる（State Table by State, Fiscal Year 2001-2008 State Table for the U.S. Department of Education, U.S. Department of Education, October 9, 2007）．たとえばこの資料では，2002～03財政年度に連邦教育省からヴァージニア州へ支出された費用は，初等中等教育費用が約5億8,200万ドル，高等教育費用が約2億5,800万ドル，学生への学費貸与費用が約8億6,400万ドルなどで，総計約17億7,700万ドルとなっている．しかし，ヴァージニア州の作成した資料では，2002～03財政年度に州が公立学校のために支出した総額が約102億2,800万ドルで，この内6.6％（約6億7,870万ドル）が連邦政府からの補助，39.6％が州予算，53.8％が市や郡の地域予算となっており，連邦教育省の資料と一致しない（2005 K-12 Education Comparative Data Report, Virginia Department of Education）．同様にメリーランド州についてもみてみると，州の公立学校への支出総額は約86億6,800万ドル，この内連邦教育省から州への補助は6.7％，州予算38.3％，市や郡の地域予算55.0％となっている．

さらにこの資料によると，2003～04財政年度のヴァージニア州の初等中等教育公立学校予算支出は約119億6,400万ドルで，この内の約1.6％の1億9,000万ドルが才能教育のために使われている．なお，メリーランド州についての同様のデータは示されていない．

次に，教員の平均の初任給（米国＄）について簡単に比較すると，初等教育教員ではオーストラリア＄30,858，日本＄25,593，米国＄33,521，前期中等教育教員ではオーストラリア＄31,092，日本＄25,593，米国＄32,225，後期中等教育教員ではオーストラリア＄31,092，日本＄25,593，米国＄32,367で，いずれも日本がもっとも低い．ただし，勤続15年の教員給与を同様に比較すると，初等教育教員ではオーストラリア＄44,423，日本＄47,855，米国＄40,734，前期中等教育教員ではオーストラリア＄44,526，日本＄47,855，米国＄41,090，後期中等教育教員ではオーストラリア＄44,526，日本＄47,863，米国＄41,044で，日本がもっとも高くなっている（OECD, Education at a Glance 2007, September

18, 2007).

日本でもっとも教員給与が高いのは東京都で，2007年度の初任月給は準学士で21万5,300円，学士は23万6,500円である．オーストラリアでもっとも教員給与が高いのはニューサウスウエールズ州で，初任年給をみると，学士の学位保持者は2007年度がA$49,050，2008年度がA$50,522，修士は2007年度がA$51,574，2008年度がA$53,121である（Crown Employees (Teachers in Schools and Related Employees) Salaries and Condition Award 2006, Department of Education and Training, New South Wales Government, 2006）．

米国の例としてメリーランド州モンゴメリー郡をみると，2007年度の初任年給は，学士で$44,200，修士で$48,693となっている（Teacher/Other MCEA Positions, FY 2008 Salary Schedules, Montgomery County Public School, July 2007）．また，2004年度の全米50州と首都特別地域（DC）の全教員の平均年給を比較すると，もっとも高いDCが$58,456，隣のメリーランド州が$52,331で12位，ヴァージニア州が$42,768で28位であった（2007-2008 Teacher Salary Survey Report, Budget Office, Virginia Department of Education）．

教員が教育に費やす時間の比較をみると，初等教育教員ではオーストラリア888時間，日本578時間，米国1,080時間，前期中等教育教員ではオーストラリア810時間，日本505時間，米国1,080時間，後期中等教育教員ではオーストラリア810時間，日本429時間，米国1,080時間となっている（OECD, Education at a Glance 2007, September 18, 2007）．日本の教員は，校内雑務や部活動の指導や学校行事など，実際に教育に携わる時間以外の勤務形態が多いため，この結果は実状とかけ離れた感じがするのは，著者だけではないであろう．先程の勤続15年の教員給与をこの勤務時間で除してみると，初等教育教員ではオーストラリア$50.0，日本$82.8，米国$37.7，前期中等教育教員ではオーストラリア$55.0，日本$94.8，米国$38.0，後期中等教育教員ではオーストラリア$55.0，日本$192.2，米国$38.0となる．最後に，ヴァージニア州の平均給与は，教員が$49,164，副校長が$71,374，校長が$86,462であった．

おわりに

　筆者は，米国の教育制度や才能教育について調査している間に，米国以外の他の国々における才能教育はどのような状況にあるのかという疑問が生じ，調査を行うようになりました．世界の中で，通常の公立の学校教育の中で，才能教育を教育制度の一環として取り入れている国は多くはありません．アジアにおいて公立の学校教育の中で，系統的に才能教育を実践しているのは，台湾とシンガポール，そして最近になって新たに韓国が仲間入りをしました（1997年12月成立韓国教育基本法第19条）．香港や中国も一時才能教育に取り組みましたが，現在ではほぼ立ち消え状態です．その後，米国に先んじてオーストラリアで才能教育が行われていた事実を知り，オーストラリアの才能教育の実践に関心をもつようになり，各州や地域の教育省や，才能教育のコースをもつ大学などを訪問して調査を行い，その結果の一部はすでに論文として公表しています．

　本書では，オーストラリア各州・地域の才能教育の実践について，教育法制や教育予算，教育制度や学校教育，カリキュラムや学習内容，教育方法や教育評価，教師教育や教師の再教育などの広範囲のトピックスを扱うことになりました．しかし，筆者の力不足によって資料の発掘などが不充分なため，掘り下げた記述や説明ができない部分も生じたことを反省しています．また，ただ一つ心残りであるのは，これまでノーザンテリトリーの才能教育を調査する機会を一度ももつことができなかったことです．

　本書を著すことができたのは，オーストラリア連邦政府や各州・地域の教育

省の才能教育を担当されておられる職員の方々，才能教育を実践されておられる小学校やハイスクールの教師の方々，あるいは才能教育を担当する教師の養成に携わっておられる大学の方々など，多数の方々のご協力があったからです．また，調査にご協力いただいてお名前だけはお聞きしたものの，実際にはお会いする機会もなかった方々，あるいは，筆者がお名前さえも知らずにいながら裏方として研究調査にご協力をいただいた多数の方々のご支援があったからこそ，完成することができたものと思い，ここに心から感謝を申し上げます．

日本国内では，紹介状を認めてオーストラリアでの調査の便宜をはかって下さった在日オーストラリア連邦大使館のマレー・マクリーン大使に，心より感謝申し上げます．また，ブルース・ミラー公使には，マクリーン大使への橋渡しをしていただき，お礼を申し上げます．オーストラリア連邦大使館豪日交流基金事務局長のルーシー・キング氏をはじめ，久松晶子氏，同じく堀田満代氏ならびにケネス・ホー氏には，現地の教育省や学校の訪問調査に必要なご連絡の労をとっていただくなど，陰になり日向になって支えていただき，感謝の言葉もありません．心よりお礼を申し上げます．クイーンズランド州政府日本事務所駐日代表の安達健氏ならびにニコル・パターソン氏には，クイーンズランド州教育訓練芸術省や関係大学などへの連絡と依頼をしていただくなど，一方ならぬお世話になりました．心より感謝申し上げます．ヴィクトリア州政府駐日代表のティム・ディロン氏および同州政府教育企画推進官の眞田まこと氏には，ヴィクトリア州政府教育幼児発達省への連絡や学校訪問の日程調整などの労をとっていただきましたことを感謝申し上げます．

オーストラリア連邦国内では，お忙しい日程をやりくりして時間を作って面接調査にご協力いただいた連邦議会上院特別委員会秘書のジョン・カーター氏，連邦政府教育科学訓練省で面接調査にご協力いただいたマイケル・ライアン氏，また，お忙しいなか時間のかかる古い資料の発掘にご協力をいただき，著者の帰国後も数々の資料を送って下さったアデル・カイノウエス博士に，心

より感謝申し上げます．

　クイーンズランド才能児協会（QAGTC）事務局長のジュディス・ヒュートン氏には，教師のための才能教育のワークショップを見学させていただくとともに，貴重な資料をいただき感謝申し上げます．訪問日程の調整にご尽力下さったクイーンズランド州教育訓練芸術省のキャスリーン・ティースデール氏，才能教育の実践についてお話下さったロビン・ヤード氏，ならびに突然のお願いにもかかわらずクイーンズランド・アカデミーのミッシェル・ジュラトウィッチ氏には，面接調査にご協力をいただき，お礼を申し上げます．

　ニューサウスウエールズ州教育訓練省のアンジェラ・チェスマン氏には数々の資料をいただき，またマグダ・ポラック氏とともに，長時間にわたり面接調査にご協力をいただき，感謝申し上げます．また，同省のハンナ・ウォーカー氏には，州内の学校訪問のすべてに同行していただき，お礼を申し上げます．

　オーストラリア首都特別地域教育者協会理事会（COACTEA）事務局長のジェーン・ブラウン氏には，才能教育の資料をお送りいただき，お礼申し上げます．また，オーストラリア首都特別地域教育訓練省のトリシュ・ウィルクス局長からは，著者のACT訪問調査にマイケル・キンドラー博士に同行するようご配慮をいただき，また，マイケル・キンドラー博士には，ACTの学校訪問のすべてに同行していただき，心より感謝申し上げます．さらに，同省のジャクリーン・フォード氏には，勤務時間外にもかかわらず面接調査にご協力いただき，お礼を申し上げます．

　ヴィクトリア州教育幼児発達省のデニス・ジャコブソン氏にはお会いする機会がありませんでしたが，州内の学校訪問の日程調整の労をとっていただき，お礼を申し上げます．

　タスマニア州教育省チェロ（CELO）部門のジェニー・テイラー氏とアンジェラ・クーク氏，さらに失礼ながら姓を失念してしまった職員のマリア氏の方々には，面接調査とシステムの説明に長時間を割いていただくとともに，貴重な資料をいただき感謝致します．

2007年に退職された元南オーストラリア州教育子どもサービス省のメアリー・ミンシ氏には長時間にわたり丁寧な説明をしていただきました．また，お会いする機会がなかったジェニファー・エミリー氏には学校訪問の日程調整をしていただき，アン・ヒューイ氏には面接調査の日程調整をしていただき，ケン・ローテン氏には，お忙しい時間をやりくりして面接調査に協力していただきました．お礼を申し上げます．

西オーストラリア州のパース・モンテッソリー学校長のギャリー・ピアーズ博士には，貴重な資料を多数いただくとともに，長時間にわたって説明していただき，心より感謝申し上げます．

ニューサウスウエールズ大学GERRICのミラカ・グロス教授と，2007年に退職されたフリンダース大学のマリア・マッケーン博士には，才能教育に携わる教師の教育について説明していただくとともに，さまざまな貴重な資料をいただき，心より感謝申し上げます．クイーンズランド工科大学のジム・ワッター准教授には，クイーンズランド州の才能教育の歴史的経緯や現状について貴重なご意見をうかがうことができました．心より感謝申し上げます．

ニューサウスウエールズ州ウーレイラ小学校のクリフ・ホイ校長先生には，才能教育の貴重な資料を下さった上長時間にわたり説明していただき，また，校内の案内をしていただくとともに才能教育を受けている子どもたちと話す機会を下さり，心より感謝申し上げます．シドニー女子ハイスクールのマーガレット・ヴァラディ校長先生には，才能教育について詳しい説明をしていただくとともに数々の資料を下さった上，才能教育を受けている生徒の皆さんと話す機会を与え下さり，貴重な体験をさせていただきました．心より感謝申し上げます．

オーストラリア首都特別地域のケイリーン小学校のフランキー・ダゥリング校長先生とアストリッド・ハーバート先生には，数々の貴重なお話と校内の説明と案内をして下さった上に，プレゼントまでいただいてしまいました．心より感謝申し上げます．また，ライネム高等学校のベリンダ・バートレット校長

代行，ティオナ・モス先生，サンドラ・パーカー先生は，長時間にわたり教育実践の説明ならびに校内の説明と案内をして下さいました．感謝申し上げます．

ヴィクトリア州ユニバーシティー・ハイスクールの訪問の機会を作って下さったヒーサー・トンプソン副校長と，才能教育の教育実践について説明していただくとともに数々の貴重な資料を送って下さったジェニファー・タール先生，遺伝子工学アクセス・センターの説明と案内をして下さった同センターのブライアン・スティーブンソン氏に，それぞれお礼を申し上げます．

南オーストラリア州では副校長のジェレミー・コーガン先生にグレヌンガ国際ハイスクールの訪問の機会を作っていただき，同校のジュリー・ハンフリース先生には長時間にわたって教育実践の説明をしていただき，感謝申し上げます．

また，米国における調査では，ヴァージニア州立大学カーリースクールのキャロライン・キャラハン教授とジョン・ホプキンス大学才能児センターのキャロル・ミルズ博士には，数々の貴重な資料をいただくとともに，才能教育に携わる教師の養成についての貴重なお話をうかがうことができました．心より感謝申し上げます．さらに，メリーランド州モンゴメリー郡教育委員会カレッジガーデン小学校のサンディー・ハリス先生には，モンゴメリー郡の才能教育制度と現職教師の再教育について数々の資料をいただくとともに，貴重なお話をうかがうことができました．同郡ブレアー・ハイスクールのアイリーン・スタインクラウス先生には，生徒の指導の合間をぬってマグネットスクールの教育実践について貴重なお話をうかがいました．両先生に感謝申し上げます．

それぞれの業務にお忙しい中にもかかわらず，オーストラリア国内・国外や米国で，多くの皆さまが貴重な時間を割いて面接調査や教育実践の説明や案内，資料の掘り起こしなどにご協力をいただきました．また，日本では社会的に関心の高くない，このような専門的な内容の書籍の出版は，オーストラリアの豪日交流基金サー・ニール・カリー出版助成プログラムの助成をいただいた

ことにより可能となりました．心より謝意を表します．また，出版助成プログラムに推薦して下さった帝京平成大学の田甫桂三教授，ならびに慶応義塾大学の米山光儀教授，一般向けの内容ではない本書の出版を快く承諾して下さった，学文社代表の田中千津子氏には，心から感謝申し上げます．

　最後に，本書の執筆を支えてくれた妻章子，編集などを側面から支援してくれた長女朋子，オーストラリア滞在中の連絡役を務めてくれた次女洋子など，家族の協力なしには本書を完成することはできませんでした．改めて感謝します．

2008年3月

著　　者

参考図書

　ここでは参考図書として，才能教育やオーストラリア連邦にかかわる書籍について列挙しました．記載内容は，著者，書名，ISBN，出版社，所在地，出版年の順です．

○才能教育についての参考図書

1．Abraham J. Tannenbaum, *Gifted Children-Psychological and Educational Perspectives*, ISBN 0-02-418880-8, Macmillan Publishing Co., Inc., New York, NY, U.S.A., 1983.
　米国コロンビア大学教員カレッジで，1920年代にリタ・ハリンワースによって始められた才能教育について，その後継者ハリー・パッソウ教授の弟子のアブラハム・トーネンバウム教授が著した書籍で，米国の才能教育の歴史的経緯，才能児の定義，創造性，拡充教育などについて解説．

2．Nicholas Colangelo and Gary A. Davis eds., *Handbook of Gifted Education*, ISBN 0-205-12652-9, Allyn and Bacon, Needham Heights, MA, U.S.A., 1991.
　ハンドブックの題名が示すように，幅広く才能教育の各トピックスの内容について解説．米国の大学院修士課程の才能教育専攻コースの教科書としても使用されている書籍．

3．Nicholas Colangelo and Gary A. Davis, eds., *Handbook of Gifted Education*, 3rd ed., ISBN 0-205-34063-6, Allyn and Bacon, Boston, MA, U.S.A., 2002.
　上記の書籍の第3版で，大幅に内容が変更されている．

4．Kurt A. Heller, Franz J. Mönks, Robert J. Sternberg, and Rena F. Subotnik, eds., *International Handbook of Giftedness and Talent*, 2nd ed., ISBN 0-08-043796-6 (HB), Elsevier Science Ltd, Oxford, UK, 2000.
　初版が1993年に出版された書籍の大幅に改定された第2版で，才能教育の幅広い内容をカバーしている．とくに第4部の第9章にオーストラリアの才能教育についても解説（Eddie J. Braggett and Roger I. Moltzen, Programs and Practices for Identifying and Nurturing Giftedness and Talent in Australia and New Zealand）．

5．Miraca U. M. Gross, *Exceptionally Gifted Children*, 2nd ed., ISBN 0-415-31490-9, Routledge Falmer, Oxon, UK, 2004.

オーストラリアの先導的な才能教育の研究者であるニューサウスウエールズ大学のグロス教授の著書の第2版．才能教育を受けた子どもたちの成長後の動向を伝える実践報告は圧巻．

6．Sally M. Reis ed., *Essential Readings in Gifted Education (Series)*, ISBN 0-7619-88750, Corwin Press, Thousand Oaks, CA, U.S.A., 2003 and 2004.
米国の The National Association for Gifted Children の発行している専門雑誌，Gifted Child Quarterly に掲載された論文の中から，才能教育の各トッピクス分野の代表的論文をピックアップして2003年から2004年にかけて12冊のシリーズとして出版されたもの．

7．麻生誠・岩永雅也編『創造的才能教育』ISBN 4-472-11061-X C0037，玉川大学出版部，東京，1997．
日本で最初に著された才能教育に関する書籍で，各国の才能教育の教育実践を調査研究した結果を解説．

8．松村暢『アメリカの才能教育―多様な学習ニーズに応える特別支援』ISBN 4-88713-514-9 C3037，東信堂，東京，2003．
アメリカの才能教育の歴史的経緯や理論と実践について解説．

9．J. S. レンズーリ著，松村暢訳『個性と才能をみつける総合学習モデル』ISBN 4-472-40257-2 C3037，玉川大学出版部，東京，2001．
才能教育の拡充教育の理論家であるレンズーリ教授の原著，Building a Bridge between Gifted Education and Total School Improvement (1995) と Enrichment Clusters: Using High-end Learning to Develop Talent in All Students (1995) の2冊の書籍を1冊の本として出版された，全校拡充モデル（SEM）の理論と実践について解説した好著．

10．小林哲夫『飛び入学―日本の教育は変われるか』ISBN 4-532-16299-8 C3037，日本経済新聞社，1999．
1998年の学校教育法の改正を受けて，千葉大学が日本ではじめて飛び入学制度を導入した経緯を中心に解説．

○オーストラリア連邦の教育についての参考図書
1．石附実・笹森健編『オーストラリア・ニュージーランドの教育』ISBN 4-88713-381-2 C3037，東信堂，東京，2001．
第1章から第6章，第13章から第15章にオーストラリアの教育の歴史的経緯や教育制度について解説．

2．日本教育大学協会『世界の教員養成Ⅱ―欧米オセアニア編』ISBN 4-7620-1457-5 C3337，学文社，東京，2005．
第6章オーストラリアの教員養成では，ヴィクトリア州の教員養成制度を中心に解説．

3．佐藤博志編『オーストラリア教育改革に学ぶ―学校変革プランの方法と実際』ISBN 978-4-7620-1701-8，学文社，東京，2007．
オーストラリアの初等および中等公立学校における教育改革プランについて考察．
4．L. E. フォスター著，吉井弘訳『オーストラリアの教育』ISBN 4-326-29845-6 C3037，勁草書房，東京，1990．
原著は1987年に出版されたAustralian Education: A Sociological Perspectiveで，オーストラリアの学校制度を社会学の立場から考察．
5．杉本和弘『戦後オーストラリアの高等教育改革研究』ISBN 4-88713-540-8 C3037，東信堂，東京，2003．
オーストラリアの高等教育の歴史的経緯からドーキンズ改革による高等教育の普及の試みまでを解説．
6．柳沢有紀夫『オーストラリアの小学校に子どもたちが飛びこんだ―子連れ移住のトホホとワハハ』ISBN 4-88319-227-X C0026，スリーエーネットワーク，東京，2002．
ご自身のお子さんのオーストラリアの小学校での生活の実践報告．

○オーストラリア連邦についての参考図書
1．遠藤雅子『オーストラリア物語―歴史と日豪交流10話』ISBN 4-582-85050-2 C0222，平凡社新書050，平凡社，東京，2000．
時間をかけて現地で収集した資料やインタビュー調査の結果をまとめたオーストラリアの歴史と日本との関係について解説した好著．
2．遠藤雅子『暮しの中のシドニー―オーストラリアを知りたいあなたに』ISBN 4-7660-0088-9 C0095，暮しの手帖社，東京，2002．
前記の著書のいわば裏話のような内容のオーストラリアの人びととの暖かい交流について記述．
3．竹田いさみ『物語オーストラリアの歴史―多文化ミドルパワーの実験』ISBN 4-12-101547-9 C1222，中公新書1547，中央公論新社，東京，2000．
オーストラリアの国際政治政策の動向を中心に解説．
4．越智道雄『オーストラリアを知るための55章』第2版，ISBN 4-7503-2192-3 C0336，明石書店，東京，2005．
オーストラリアに居住していた著者ならではの政治や経済をはじめとしたオーストラリア社会のさまざまな側面について記述．
5．堀武昭『オーストラリアの日々―複合多文化国家の現在』ISBN 4-14-001542-X C1336，NHKブックス542，日本放送出版協会，1988．
オーストラリアで暮らした日々の経験から，その歴史や文化について記述．

○オーストラリア連邦での日本語教育についての参考図書
1．互井俊之『南十字星の砂時計―オーストラリア・クイーンズランド補習校の日々』ISBN 4-915658-26-0 C0337，創友社，東京，1999.
海外派遣教員として赴任した日本語補習校での教育について報告．
2．出口裕一『あいうえおーすとらりあ―日本語教師体験記』ISBN 4-7974-0610-0 C0095，新風舎，東京，1998.
ニューサウスウエールズ州とヴィクトリア州の州境に近いヴィクトリア州の町ラザーグレンの現地小学校での日本語教育体験記．
3．木村真治『私とオーストラリア―日本語教師として過ごした10年』ISBN 4-286-01120-8 C0095，文芸社，東京，2006.
神戸日豪協会からオーストラリアのヴィクトリア州の現地校に日本語教師として派遣された時の経験を報告．

［索　引］

あ 行

アカデミー（オーストラリア）
　………………… 132, 133, 157, 161
アカデミー（米国） …… 65, 66, 67, 69, 70
アクセレレーション → 促進教育
アデレード宣言………… 88, 89, 91, 121
アーン報告書…………………………… 127
イマージョン… 190, 194, 195, 198, 199, 200
イミソン報告…………………………… 130
移行プログラム…………………………45
IQ → 知能指数
イグナイト（Ignite） …………… 73, 157
ウィスク………………………… 137, 150
ウェイス…………………………………32
ウェクスラー……………………… 31, 137
ウィプシイ………………………………32
ヴィクトリア州理科教員協会…………14
英才教育……………………………………8
エクスプローラー試験…………………12
エリート…………………………… 8, 218
エンリッチメント → 拡充教育
ACER → オーストラリア教育研究協議会
ACT試験 → 米国大学入学標準学力試験
AP（APプログラム，AP講義）
　……… 50, 62, 63, 110, 112, 206, 207, 208
APテスト（AP試験）
　………………… 70, 112, 113, 204, 208, 209
LDC → 才能児学習開発センター
MCEETYA → 教育・雇用・訓練・青少年問題大臣審議会
MCPS → モンゴメリー郡教育委員会
NCLB → 一人の子どもも置き去りにしない法
SAT試験 → 米国大学入学標準試験
SHS → 特別ハイスクール

応募プログラム…… 190, 196, 198, 200, 205
オーストラリア初等才能児探索（APTS）……………………… 11, 12
オーストラリア中等学校教育才能児探索（ASSETS）………………… 11, 12
オーストラリア教育研究協議会（ACER）
　………………………… 138, 143, 145, 158
オポチュニティ・クラス（OC）
　…… 72, 133, 134, 135, 169, 170, 171, 172, 173, 175, 176, 177, 179

か 行

会計年度（財政年度）…………………97
回転ドア認定モデル
　……………… 162, 163, 164, 188, 189, 193
ガイドライン
　…… 126, 135, 136, 137, 148, 154, 155, 160
課外学習（課外授業）…… 46, 60, 176, 201
拡充教育（エンリッチメント）
　…8, 39, 49, 50, 58, 127, 128, 139, 143, 147, 158, 163, 175, 189
拡大学習機会センター（チェロ，CELO）
　……………… 147, 149, 150, 151, 152, 153
学年………………………………………77
学年暦……………………………… 97, 99
学年度……………………………………97
学力テスト → 全国学力・学習状況調査
夏期（拡充講座，プログラム）
　………………………… 11, 46, 48, 67
学習到達度調査（PISA）…………… 92, 93
学期………………………………………97
学校運営協議会…………………………77
学校教育法（西オーストラリア）………80
学校教育法（日本）……………… 76, 103
校教育法施行規則………………………76
学校区………………………… 79, 80, 83, 167

学校群……………………………… 141, 160
家庭教育（ホームスクーリング）
　　　………………… 63, 80, 81, 82, 83, 84
学校支援法………………………………92
学校評議会……………………… 76, 80
ガニエ
　　…… 126, 163, 164, 165, 167, 169, 170, 219
ガバナーズ・スクール…………… 72, 109
カプラン・モデル……………………… 175
カリキュラム圧縮
　　………… 51, 52, 72, 146, 176, 181, 182
カレッジ → シニア課程
カレッジボード………………………… 12, 71
科学の協調………………………………13
危機に立つ国家………………… 85, 116
基準尺度測定シート… 27, 28, 29, 137, 200
共同学習……………………………………41
教育上の例外措置………… 102, 103, 104
教育法（オーストラリア）…… 79, 81, 82
教育・雇用・訓練・青少年問題大臣審
　議会（MCEETYA）…… 88, 89, 90, 119,
　　121, 122, 123
教員給与…………………………… 222, 232
教員免許………………………… 214, 221, 223
教員認証試験……………………………… 222
教員養成（教師養成）
　　…… 210, 213, 214, 215, 217, 219, 220, 221
きわめて高い能力の才能児…………… 196
クラスター（・プログラム）
　　………… 190, 198, 199, 200, 204, 205
グループ学習（グループ活動）
　　………………………… 41, 42, 139, 175
GARE…………………………………… 129, 130
ケリー報告……………………………… 159
ケンブリッジ大学資格…………………… 204
憲法（日本国）………………………… 75, 76
憲法（オーストラリア）…………… 78, 79
憲法（米国）……………………………… 83, 84
コア・カリキュラム
　　………………… 83, 86, 140, 142, 156, 174

高校卒業試験 → ハイスクール卒業資格試
　験
国際バカロレア（IB）
　　………………… 63, 64, 70, 197, 198, 203, 204
国際数学・理科教育動向調査（TIMSS）
　　……………………………………… 92, 93
国内総生産（GDP）……………… 3, 4, 229
個別学習（自己学習）……… 40, 164, 175
個別化………………………………… 175, 227
個別化カリキュラム…………………… 175
個別化教育………… 8, 139, 150, 169, 183
個別化指導……………… 223, 226, 227, 228
個別化モデル
　　……… 126, 143, 163, 164, 166, 169, 170
コネクションズ………………………… 143
混成学級…………………………… 41, 176
コンソーシアム（・プログラム）
　　………………… 190, 198, 200, 202, 203

さ　行

「才能教育」…………………… 102, 104
才能教育専門家開発用パッケージ…… 124
才能児…………………………… 9, 18, 38
才能児学習開発センター（LDC）
　　……………………………… 129, 131, 133
才能児教育報告（1988）
　　………………… 117, 119, 120, 121, 134
才能児教育報告（2001）………… 121, 124
サマーセッション → 夏学期
ジグザグ……………………………… 128, 129
シグニット…………………………… 128, 129
シップ（SHIP、クインーンズランド州）
　　……………………………………… 129
シップ（SHIP、南オーストラリア州）
　　……………………………………… 156, 157
シール（SEAL）
　　……… 73, 143, 144, 145, 146, 147
シール（SEAL、スポーツ）……… 140
CTY 才能児探索 …………………………12
CSC → 連邦学校委員会

索引 245

自己学習（個別学習）……………… 40, 175
初等事前……………… 52, 53, 88, 95, 167
進学準備課程 → シニア課程
シニア課程（進学準備課程，カレッジ）
……………… 97, 152, 167, 168, 177, 180
集中プログラム………… 190, 196, 198, 199
ジュニア課程……………………… 167, 180
授業時間………………………………… 98, 99
授業時数………………………………… 98, 99
スタンフォード・ビネー知能基準テスト
…………………………………………… 31, 150
政策綱領（才能教育）
…… 126, 127, 134, 136, 142, 143, 144, 148, 153, 155, 158, 160
精神年齢 → 知能年齢
背高ケシ症候群……………………………11
生活年齢……………………………………30
先進科学研究教育センター… 73, 103, 105
全国学力・学習状況調査（学力テスト）
……………………………………………… 77, 87
選択プログラム…………………… 202, 203
選抜ハイスクール（SHS）
…… 73, 135, 149, 169, 170, 171, 177, 178, 179, 180, 181, 184
聡明な子………………………………… 17, 18
促進教育（アクセレレーション）
… 39, 50, 51, 52, 58, 70, 142, 145, 147, 175
早期卒業…… 51, 59, 60, 61, 62, 63, 70, 176
早期入学
… 51, 52, 53, 54, 55, 57, 59, 62, 63, 64, 65, 67, 69, 70, 103, 104, 105, 149, 176
全校拡充モデル（SEM）……… 163, 164, 188

た 行

大規模審査
……… 14, 15, 190, 192, 193, 194, 195, 196, 197
ダブル・スクール……………… 59, 67, 69
探索（才能児の）……… 10, 11, 14, 67, 158
地域プログラム…………………… 189, 194

知能指数（IQ，知能指数テスト）
………………………… 30, 31, 32, 138, 150
知能年齢（精神年齢）……………… 30, 31
地方教育行政法…………………………… 77
チェックリスト
…… 15, 16, 18, 20, 21, 22, 23, 27, 137, 144, 145, 169, 183, 192, 194, 197, 202
チェロ（CELO） → 拡大学習機会センター
中央教育審議会（中教審）…… 76, 102, 104
TIMSS → 国際数学・理科教育動向調査
テレスコーピング…… 51, 52, 72, 176, 181
統合カリキュラム……………………… 139
ドーキンス改革………………………… 119
特別委員会……………………………… 7, 117
特別プログラム（SSPP）…… 158, 159, 160
独立学習………………………………… 40, 41
土曜拡充教育（講座）………… 11, 46, 47, 67
飛び級
… 51, 52, 58, 105, 142, 143, 149, 176, 215, 216
飛び入学……………………… 103, 105, 106

な 行

ナショナルカリキュラム………… 98, 174
夏学期……………………………………… 62, 71
西オーストラリア州理科教員協会………14
認定（才能児の）……………………………16
ニカルビー → 一人の子どもも置き去りにしない法
ニューサウスウエールズ大学才能教育研究・資料・情報センター（GERRIC）…………… 11, 124, 145, 219
認定（才能児の）
………………… 10, 16, 17, 170, 189, 195

は 行

ハイスクール卒業資格試験
……………………… 63, 64, 69, 143, 168
橋渡し……………………………………… 69, 70

発見（才能児の）……………10, 11, 13, 20
一人の子どもも置き去りにしない法
　（ニカルビー，NCLB）……33, 84, 85, 86,
　87, 110, 111, 112, 144, 207
標準テスト（米国）
　………………………33, 85, 86, 87, 144, 207
PISA → 学習到達度調査
PIPSテスト……………………………137, 138
ビネー……………………………………30, 31
ピロッツォの格子………………………………139
プルアウト…………………………40, 72, 127, 139
ブルーム分類法……………………………139, 175
米国才能児学会……………………………………107
米国才能児研究センター…………………………108
米国大学入学標準学力試験（ACT試
　験）………………………12, 30, 35, 36, 37, 69
米国大学入学標準試験（SAT試験）
　…………………………13, 30, 35, 36, 37, 68, 204
米国の卓越性………………………………………108
偏差知能指数テスト………………………………31
ヘッド・スタート…………………………………54
ホバート宣言………………………88, 89, 91, 120
ホームスクーリング → 家庭教育
ホリゾン・プログラム…………………………141

ま 行

マグネット・スクール
　…………………………40, 72, 109, 110, 111, 112
マグネット・クラス（マグネット学
　級）………………………………………72, 109

マグネット・コンソーシアム……198, 199
マグネット・プログラム
　……190, 197, 198, 199, 200, 204, 205, 206
マーランド報告……………107, 108, 133, 162
ミッドウエスト才能児探索…………………37
面接調査用シート…………23, 24, 25, 26, 27
名誉プログラム（名誉コース，名誉科
　目）……………………………49, 72, 206, 207
メーカー・モデル………………………………175
メンター……………………………………68, 149
メンターシップ
　……40, 41, 43, 44, 45, 139, 142, 146, 160, 176
モンゴメリー郡教育委員会（MCPS）
　…14, 32, 54, 57, 186, 188, 189, 190,
　192, 193, 194, 196, 227

や 行

ユニコーン………………………………128, 129
幼稚園…52, 53, 54, 57, 58, 94, 95, 167, 168

ら 行

リープ……………………………………140, 141
レヴィン知能検査
　…………………………15, 32, 33, 137, 192, 197
レンズーリ……162, 163, 164, 188, 193, 219
レンズーリ・ハートマン行動基準尺度
　測定………………………15, 27, 192, 202
連邦学校委員会（CSC）……114, 115, 116

〈著者紹介〉

本多　泰洋（ほんだ　やすひろ）

大阪大学大学院理学研究科博士課程生理学専攻修了，理学博士．米国国立衛生研究所（NIH）分子生物学部門客員研究員，米国メリーランド大学化学・生化学科・化学進化研究室主任研究員，鳴門教育大学・学校教育研究センター教授などを経て，現在，亜細亜大学非常勤講師．

〈主な著書・訳書等〉

『子どもの時代―1820～1920年のアメリカ』（共訳，学文社，1996年），『創造的才能教育』（共著，玉川大学出版部，1997年）など．

オーストラリア連邦の個別化才能教育
　　　　―米国および日本国との比較

2008年3月15日　第一版第一刷発行

著　者　　本　多　泰　洋
発行者　　田　中　千津子
発行所　　㈱学文社

〒153-0064　東京都目黒区下目黒3-6-1
電話（03)3715-1501㈹　振替 00130-9-98842
http://www.gakubunsha.com

落丁・乱丁本は，本社にてお取り替えします．　◎検印省略
定価は売上カード・カバーに表示してあります．

印刷／㈱亨有堂印刷所

ISBN 978-4-7620-1783-4

© 2008 HONDA Yasuhiro Printed in Japan